KB140305

원형의미론

범주와 어휘 의미

이 책은 2018년도 한국프랑스어문교육학회 송정희 교수
출판 지원금을 받아 출판되었음.

ⓒ Presses Universitaires de France/Humensis, *La semantique du prototype*,
1999, 2nd edition
Korean Translation Copyright ⓒ Hankook Publishing House, 2019
All rights reserved.

This Korean edition was published by arrangement with HUMENSIS (Paris)
through Bestun Korea Agency Co., Seoul

이 책의 한국어판 저작권은 베스툰 코리아 에이전시를 통해 저작권자와의
독점계약으로 한국문화사에 있습니다.
저작권법에 의해 한국 내에서 보호를 받는 저작물이므로
무단전제와 무단복제를 금합니다.

원형의미론

범주와 어휘 의미

조르주 클레베르(Georges Kleiber) 지음

김지은 옮김

한국문화사

　『원형의미론-범주와 어휘 의미』는 조르주 클레베르(Georges Kleiber)
의 *La sémantique du prototype-Catégories et sens lexical*(Presses
Universitaires de France, 1990)을 한국어판으로 옮긴 것이다. 출판된
지 30년이 되어가는 이 책을 우리말로 옮기게 된 이유는 다음과 같다.
1970년대에 인지심리학 분야에서 원형이론을 창안하여 발전시킨 로
시(E. Rosch)에 이어 1980~90년대 전후에 인지언어학 분야의 길을 개
척하고 발전시킨 필모어(Ch. J. Fillmore), 레이코프(G. Lakoff 1987),
레이코프 & 존슨(G. Lakoff & M. Johnson 1980/1985), 래너커(R.W.
Langacker 1987, 1991), 테일러(J.R. Taylor 1989/1995) 등의 학자는
물론이고, 2000년대 이후 인지언어학 관련 입문 및 설명서를 펴낸 리
(David Lee)(2001), 웅거러 & 슈미트(F. Ungerer & H.-J. Schmid
1996/2006), 에반스 & 그린(V. Evans & M. Green 2006), 기어랫츠
& 쿠이켄즈(D. Geeraerts & H. Cuyckens 2007) 등은 모두 영어 사용
학자들로 이들의 저술은 한국어로 옮겨져 국내 인지언어학의 발전에
기여한 바가 크다. 이에 반해, 유럽, 특히 구조주의 언어학(무엇보다도
구조주의 어휘의미론)을 주도한 프랑스에서 출판된 인지언어학 관련
책이 국내에 소개된 것은 없다. 따라서 본 역서는 많이 늦었지만 인지
언어학의 번성기라고 할 수 있는 1990년대 전후 프랑스 학계에서는
인지언어학, 특히 원형의미론의 문제를 어떻게 이해하고 분석하고 있

는가를 상세히 다루고 있다는 점에서 그 출판의 의의가 결코 작지 않다할 것이다.

　이 책은 제목과 그 부제에서 알 수 있듯이 원형의미론을 통해 범주와 어휘 의미의 문제를 치밀하게 다루고 있다. 이 책은 4장으로 구성되어 있는데 각 장에 담긴 주요 내용은 다음과 같다. 제1장에서는 낱말의 의미에 대한 고전적 어휘의미론을 대표하는 필요충분조건 모델의 부정적 측면과 한계를 살펴본다. 이와 함께 이 고전적 모델에 대한 Lakoff(1987)의 잘못된 비판 또한 부당하면서도 지나쳐보인다고 비판한다. 요컨대, 프랑스에서 발전된 구조의미론[곧 B. Pottier(1987a)의 의소분석 모델과 F. Rastier(1987a)의 해석의미론]의 정교한 설명력에 견주어 볼 때 영어권 학자들의 비판은 구조의미론에 대한 충분한 이해 부족에 기인하고 있음을 밝히고 있다. 제2장에서는 1970년대 초중반 인지심리학자 E. Rosch와 그녀의 동료들이 제안한 원형이론의 틀 내에서 원형의미론의 표준이론이 전개된다. 그들은 범주와 원형의 개념을 소개하고, 범주의 체계를 수평적 차원과 수직적 차원으로 나누어 설명한다. 수평적 차원에서는 범주들의 내적 구조화를 기술하면서 원형의 특성과 그 표상이 설명된다. 수직적 차원에서는 특정 범주의 포괄성 층위에 대해, 특히 기본 층위의 특징과 특성에 대해 설명된다. 마지막으로 원형의미론의 이점이 기술된다. 제3장에서는 표준이론에 대한 비판적 분석이 제시된다. 즉 표준 원형이론에 기반한 어휘의미론이 맞닥뜨리는 적용 한계는 무엇이며, 또한 범주화의 문제는 무엇인지 살펴본다. 마지막 제4장에서는 원형이 범주의 내적 조직을 구성하는 가장 나은 대표라는 표준이론의 핵심적 주장은 포기된다. 반면에 가족유사성의 개념을 통해 원형의 유형이 증대되고, 원형효과가 강조되고, 단의성의 개념에서 다의성의 개념으로 나아가는 확장된 새로운 원형 이론이 기술된다.

이 책에는 역주와 각주가 있다. 역주는 독자들의 이해를 돕고자 역자가 보탠 것으로 <역주>로 표시하고 있고, 각주는 원서에 본래 있던 각주로 <각주>로 표시하고 있다. 그리고 원문에서 예시나 강조 표시를 위해 이탤릭체로 쓰인 것들 중 역자가 보기에 핵심어로 판단되는 것은 볼드체로 처리해서 각 장의 핵심 내용을 파악하는 데 용이하게 했다. 또한 원문에서 ' ' 속에다 표시하고 있는 의미 자질을 우리는 대괄호 [ ] 속에다 표시했다. 그러나 원문에서 문장, 구절, 단어 등의 인용을 표시하는 데 사용한 괄호 « »는 그대로 사용했다. 그리고 찾아보기의 한국어 용어에 대응하는 본래 프랑스어 용어를 소괄호 ( )속에다 나타내었고 그 옆에 독자들의 이해를 돕고자 영어 용어를 병기했다.

초벌 번역 후 수정하는 과정에 프랑스 툴루즈 2대학(Université de Toulouse 2) 언어학과에 재직하고 있는 최인주(Injoo Choi-Jonin) 교수의 도움을 받았다. 내용 파악이 쉽지 않았던 단락들을 모은 6쪽 분량의 질문에 상세하게 답해주셔서 이 책의 완성도를 높이는 데 도움을 주셨다. 또한 서론의 시작 부분에 있는 알자스 속담 '낱말은 마을이다(A Wort, a Ort)'의 정확한 의미 파악을 위해 스트라스부르 2대학(Université de Strasbourg 2) 재직 시절 동료였던 이 책의 저자인 G. 클레베르 교수께 직접 여쭙는 수고도 아끼지 않으셨다. 최인주 교수께 깊은 감사의 마음을 전한다. 그리고 이 책이 출판될 수 있도록 「2018 송정희 교수 출판 지원금」의 지원 대상으로 선정해준 박만규 회장님

이하 2018년도 한국프랑스어문교육학회 임원진 여러분께 감사드린다. 출판 시장의 어려움에도 불구하고 이 책의 출판을 받아주신 한국문화사의 김진수 사장님, 판권 확보를 위해 힘써 주신 김형원 과장님, 편집과 교정을 위해 애써주신 유인경 씨, 그리고 표지 디자인을 해주신 이정빈 씨 등 편집부의 노력에 감사드린다.

마지막으로 이 역서의 초고를 꼼꼼히 읽으면서 우리말 표현을 가다듬어준 아내 김경희에게는 물론, 본격적인 게임언어 공부에 앞서 TOEFL 준비에 여념이 없는 준묵에게도 고마운 마음을 전한다.

2019년 6월

김 지 은

❚ 차례 ❚

제2장/ 원형의미론의 표준이론

제3장/ 표준이론의 어려운 점

제4장/ 원형의미론의 확장이론

서론

낱말은 마을이다(A Wort, a Ort)[1]
(알자스 속담)

이중으로 확인된 사실

첫 번째 것은 거저먹기다. 원형의미론(sémantique du prototype)이 순풍을 타고 있기 때문이다. 언어학자들은 원형의미론을 고전적 어휘 의미론의 모든 나쁜 점을 개선할 수 있는 «새로운 부적으로» 이용하고 있다고 C. Hagège[2](1987: 65)는 말하고 있다. 이런 자신감은 유일한

---

1 이 알자스의 속담은 '여러 사람들이 관계를 맺고 모여 사는 곳이 마을이듯이, 낱말 안에도 서로 다른 요소들이 관계를 맺고 모여 있다, 그리고 모든 마을들이 서로 다르듯이 낱말들도 서로 다르다.'는 뜻이다(이 주석은 저자인 클레베르 교수가 툴루즈대학의 최인주 교수를 통해 직접 보내준 것이다)<역주>.

2 아제쥬(Claude Hagège, 1936~)는 튀니지의 유대인 가정 태생의 프랑스 언어학자이다. 그는 프랑스로 건너와 루이 르 그랑 고등학교(Lycée Louis-le-Grand)

어휘의미론(sémantique lexicale)의 경계를 광범위하게 능가하는 지배력이 드러남으로써 강화된다. 왜냐하면 원형의 개념은 텍스트 언어학, 통사론, 형태론 그리고 음운론에서조차 그 적용이 활력을 띠고 있기 때문이다. 그러나 이 새로운 의미론적 흐름이 누리는 이런 인기에는 그것의 실제적 타당성에 대한 깊은 성찰이 뒷받침되어 있지 않다.

둘째로, 학술적 전문용어의 상당한 혼란이 확인된다. 한편으로는, 본래 심리학자들(E. Rosch[3])과 인류학자들에게서 유래한 **원형의미론**이라는 용어와 나란히 두 가지 다른 명칭, 곧 H. Putnam[4]에 의한 스테레

에서 고등학교를 다시 마친 후 고등사범학교(École normale supérieure)를 졸업했다. 이후 다시 소르본느 대학에서 고전문학 학사는 물론 아랍어, 중국어, 히브리어, 러시아어의 학사과정을 모두 졸업했다. 마르티네(André Martinet)의 지도로 박사학위를 한 후, 푸아티에(Poitiers)대학, 고등연구원(EPHE: École pratique des hautes études), 그리고 마지막에는 콜레주 드 프랑스(Collège de France: 1530년 프랑스에 설립한 교육기관)(1988~2006)의 교수로 재직하다 은퇴하여 현재 이 대학의 명예교수로 있다. 그가 20여권의 저서를 출간했는데, 이 중 『느간하의 므붐 언어: 음운과 문법 La Langue mbum de Nganha (Cameroun) : phonologie, grammaire』(1970), 『전치사의 언어학적 문제와 중국어의 해결 Le Problème linguistique des prépositions et la solution chinoise』(1975), 『제 언어의 구조 La Structure des langues』, 『종교, 말 그리고 폭력 Les religions, la parole, la violence』(2017) 등이 있다<역주>.

[3] 로시(Eleanor Rosch, 1938~)는 캘리포니아(버클리) 대학(University of California, Berkeley)의 심리학과 교수이자 인지심리학자로서 범주화 문제, 특히 인지심리학(psychologie cognitive) 분야에 깊은 영향을 끼친 원형이론에 관한 초기 기반을 탄탄히 닦은 연구가이다<역주>.

[4] 퍼트넘(Hillary Putnam, 1926~2016)은 미국의 분석 철학자이자 수학자이다.

오타입 의미론(sémantique du stéréotype)이라는 명칭과 L. Wittgenstein[5]
과 연관된 **가족유사성**(ressemblance de famille)이라는 명칭이 모습을
보인다. 그러나 이 세 가지 명칭은 다른 이론적 영역을 모체로 하고
있음에도 불구하고 동일한 현상에 대한 표기법의 변이형으로 매우 자
주 사용된다. 다른 한편으로 원형의미론에 대한 정의가 한 저자와 다른
저자 사이에 동일하다면 문제는 필경 그렇게 심각하지 않을 것이다.
그러나 사정이 그렇지 않기 때문에 이들의 정의에 대한 이해가 그다지
용이하지 않다. 따라서 **원형**의 개념은 '한 범주의 더 좋은 본보기'에서

그가 주장한 스테레오타입 의미론(곧 상투어 의미론)은 언어학적 작업에서
일상어에서 획득된 능력과 전문가의 능력을 구분할 것을 말한다. 그래서 이
이론은 일상어 영역에서 고전적 의미론에 의해 내버려진 의미의 소위 '백과
사전적' 구성요소들을 의미론적 분석에 재통합해야 한다고 주장한다[아모시
(R. Amossy) & 에르슈베르 피에로(A. Herschberg Pierrot) 저/ 조성애 역,
『상투어: 언어, 담론, 사회 *Stéréotypes et Clichés: Langue, Discours, Sociét
é*』(2001: 153~4) 참조<역주>.

5 비트겐슈타인(L. Wittgenstein, 1889~1951)은 오스트리아 빈 출신의 철학자
   이다. 그의 저작으로는 젊은 시절 1911년 러셀을 만나 논리학과 철학을 배우
   기 시작한 이후 10여년 모든 철학의 문제를 해결했노라고 선언한 불후의 저
   작『논리철학논고 *Tractatus Logico-Philosophicus*』(1921)가 있고, 그 후 10
   여 년간의 방황 끝에 자신의『논고』가 결정적인 결함이 있다는 것을 자각한
   후 다시 케임브리지로 돌아온다(1929). 케임브리지로 돌아온 후, 비트겐슈타
   인의 사상은 중요한 전환을 맞는다. 비로소 그의 독창적인 철학이 싹을 틔우
   기 시작했고, 그의 독창적인 사유는『논고』의 오류를 비판하는 여러 저술
   작업들로 이어졌다. 그러한 노력들은 미완성으로 끝나 사후에야 출판된『철
   학적 탐구 *Philosophical Investigations*』(1953)에 집약되어 있다<역주>.

'한 낱말의 더 좋은 사용'에 이르기까지 변할 수 있다. 예를 들어, 한 범주의 더 나은 구성원이라는 관점에서의 정의는, 예를 들어, 참새를 *새*라는 범주의 원형이 되게 한다. 《가장 대표적으로 사용되는 것이 원형이라 불린다》[C. Vandeloise(1986: 63)[6]]라는 설정된 정의에 따라 전치사 '*sous*(...아래에)'에 대해, 예를 들어, 위치 1이 원형적인 것으로 규정되는데, 그 이유는 위치 1이 *x가 탁자 아래에 있다*(*x être sous la table*)에 대해 위치 2보다 더 대표적으로 사용되기 때문이다[R.W. Langacker[7](1987)].

---

[6]   C. Vandeloise(1986), 『프랑스어의 공간 *L'espace en français*』(Paris, Seuil). 방드루아즈(Claude Vandeloise, 1944~2007)는 벨기에 태생으로 프랑스 대학에서 활동한 언어학자이다. 그의 연구는 두 기간으로 나뉜다. 1980년부터 1994년까지의 연구는 프랑스어의 공간 전치사와 그 기능을 설명할 수 있는 이론적 틀을 정의하는 데 집중되었고, 1995년에서 2007년까지의 연구는 (비어있는) 공간과 사물 간의 상호 작용을 설명하는 데 집중되었다<역주>.

[7]   래너커(R.W. Langacker, 1942~)는 인지언어학 운동의 창시자이자 인지문법의 창시자이다. 그는 인지언어학 분야의 주요 출발점이 된 두 권의 역저인 『인지문법의 기초, 제1권, 이론적 전제 조건 *Foundations of Cognitive Grammar, V. I, Theoretical Prerequisites*』(Stanford University Press, 1987)과 『인지문법의 기초, 제2권, 기술적 적용 *Foundations of Cognitive Grammar, V. II, Descriptive Application*』((Stanford University Press, 1991)을 출판하여 인지언어학 발전의 기초를 닦는 데 크게 기여했다(이 두 권의 책은 『인지문법의 토대』(I, II권)(김종도 역, 1999)로 국내 번역되어 있다). 그는 국제인지언어학협회장(1997~1999)을 역임했고 현재는 캘리포니아 대학(San Diego) 명예 교수로 있다<역주>.

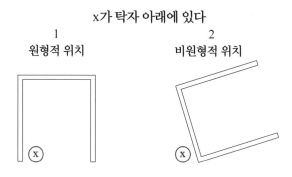

x가 탁자 아래에 있다

1	2
원형적 위치	비원형적 위치

　게다가, 비트겐슈타인이 말하는 **가족유사성** 개념이 낱말의 의미와
는 더 이상 연관이 없지만, 낱말의 의미 기술 자체에 사용된 의미 개념
(의미적 자질이나 의미적 특징)과 연관이 있다면 이 가족유사성 개념
을 어떻게 이해할 것인가? 예를 들면 C. Vandeloise는 동일한 용어가
가리키는 지시대상(référent)들을 연결하는 관계를 기술하기 위해서가
아니라, 낱말의 의미 분석 그 자체에 사용된 특성들의 특색을 드러내
기 위해서 이 의미 개념을 사용한다. 이는 자질 [수직적 방향]의 다음
과 같은 분석이 보여주는 것이다.

　수직적 방향이란 가족유사성인데, 여기서 그것에 대한 몇 가지 자질
들을 예로 들면 다음과 같다.
　그것은 다음의 것들과 평행한다.

— 깃발에 경례를 하는 군인들의 몸의 방향
— 숲의 나무들의 위치
— 낙하하는 몸의 방향

— 로켓탄의 방향, 등등 (C. Vandeloise, 1986: 89)

이러한 용어상의 불분명함으로 인해 현상의 해석에는 혼돈이 따르게 마련이다. 1978년 E. Rosch가 찬동한 원형이론(théorie du prototype)은 실제로 E. Heider[8]의 이름으로 이루어진 제1기(1970년대 초)의 작업과 제2기(1970년대 중반)의 작업에서 설명된 원형이론과는 상당히 다르다. 그런데, 심리학자들과 마찬가지로 언어학자들에 의해서 일반적으로 계승되었던 원형이론은 제1기의 것이다. 그런 이유로 우리는 그것을 **표준이론**(version standard)이라 불렀다. 제2기 원형이론에 동조하여 그것에 개인적인 이론 확장을 제시한 G. Lakoff(1987)[9]는 오해를 하고

---

[8] E. Heider는 바로 로시(E. Rosch) 자신을 가리키는 것으로 남편인 Fritz Heider (1896~1988)의 성으로 표기된 이름이다. F. Heider는 태도와 인지구조에 관한 균형이론(balance theory)을 발표하면서 학계의 주목을 받은 오스트리아 출신의 심리학자로 로시(E. Rosch=Eleanor Heider)의 남편이었다<역주>.

[9] G. Lakoff(1987), 『여자, 불 그리고 위험한 것들. 어떤 범주가 인간 마음을 드러내는가. *Women, Fire, and Dangerous Things. What Categories reveal about the Mind*』(The University of Chicago Press). 이 책은 『인지 의미론』(이기우 역, 한국문화사, 1994)으로 출판되어 있다.
레이코프(G. Lakoff, 1941~)는 촘스키의 제자이지만, 변형생성이론은 언어의 본질을 해명하는 데 근본적인 한계가 있다고 반기를 들면서 언어 연구의 인지적 측면을 강조한 미국의 인지언어학자이다. 그는 버클리 대학에 인지심리학자 E. Rosch와 동료 교수로 함께 있으면서 범주화, 은유, 몸의 철학, 프레임 등의 주제를 광범위하게 연구해 왔고, 최근에는 인지언어학을 인공지능과 머신러닝(기계학습 machine learning) 분야에 활용하는 데도 관심을 보이고 있다<역주>.

있다.

따라서 명료화가 절대로 필요하다. 왜냐하면 원형의미론이 단 하나
인 언어학의 틀을 훨씬 넘어서는 논쟁의 핵심에 위치하고 있는 만큼이
나 명료화하는 일은 더더욱 필요하기 때문이다.

객관주의와 경험적 실재론

원형이론은 사실 G. Lakoff(1987)가 경험적 실재론(réalisme
expériencial)(혹은 경험주의)이라고 명명한 인지적 접근을 위한 중요한
논거가 된다. 이 견해는 다음과 같은 인간 이해에 관한 전통적인 질문에
새로운 해답을 제시한다.

— 이성이란 무엇인가?
— 우리는 우리의 경험을 어떻게 조직화하는가?
— 개념 체계란 무엇이며, 그것은 어떻게 체계화되어 있는가?
— 모든 사람이 동일한 개념 체계를 사용하는가?
— 만약 그렇다면, 그 체계는 어떠한 것인가?
— 만약 그렇지 않다면, 모든 인간 존재의 이성적 사유에 공통되는
것은 도대체 어떠한 것이 있는가?(G. Lakoff, 1987: XI).

G. Lakoff가 객관주의(objectivisme)라는 이름하에 정리한 고전적인
대답은 무엇보다도 다음 네 가지 명제에 의거한다(참조. G. Lakoff,
1987: XI-XIII).

(i) 이성은 추상적이고, 육체에서 분리되어 있다.

(ii) 추론은 객관적으로 참인지 거짓인지 밝혀질 수 있는 명제들을 대상으로 한다는 점에서 문자 그대로 정확하다.

(iii) 사유는 철학자 및 논리학자의 관점에서 논리적이다. 따라서 그 것은 수학적 유형의 체계로 이론적 모델을 세울 수 있다.

(iv) 정신은 외적 현실 세계의 내적 표상인 추상적 상징을 사용한다 는 점에서 자연을 반영한다.

경험적 실재론은 심리학, 언어학, 인류학, 철학, 인공지능 그리고 정 보과학의 만남으로 이루어진 **인지과학**(science cognitive)의 새로운 과 학적 교차점에서 불쑥 나타나 다른 대답들을 제안한다(G. Lakoff, 1987: XI-IV). 그것은 사고는 《유형화(有形化)된다》고 단언한다. 즉 **개념 구조**는 우리의 육체적 경험에서 생기고, 바로 이 육체적 경험을 통해서만 의미를 갖는다. 이 이론은 사고의 상상적인 특징을 가장 중 요한 것으로 평가함에 따라, 우리의 개념 체계 내에서 은유, 환유, 심 적 비유 등에 선택의 장을 부여하기 위하여 글자그대로 의미의 우월함 을 포기한다. 그리고 또 다른 변화에 따라 비원자론적이고 생태학적인 이해를 위해 사고의 《논리적》 관점을 단념하게 된다. 즉 사고는 더 이상 구성적이 아닐 뿐만 아니라 **게슈탈트**[10] **특성, 곧 형태 특성**(gestalt

---

[10] 게슈탈트(Gestalt, 혹은 형태주의라고 번역해서 말함)란 형태 심리학(Gestalt psychology)에서 전체와 부분의 관계와 조직화를 강조하는 용어이다. 형태주 의는 전체를 구성하는 부분 혹은 요소의 의미가 고정되어 있다고 보지 않고

properties)을 가진다. 인지적 예측의 효율은 의미 개념 체계의 총체적 구조와 의미 개념들이 의미하는 것에 의존한다. 바로 그러한 이유로 사고는 추상적인 상징의 단순한 기계적인 조작을 능가한다.

현실 세계의 존재와 이 세계에 대한 안정적인 지식의 존재를 고려한 이중적인 맞물림 외에도, 이 두 가지 접근 방식은 **범주화** (catégorisation)를 해결해야 할 핵심 문제로 보는 공통점이 있다.

범주화

범주화는 필수불가결하다. 그 이유는 범주화가 이 두 견해(곧 객관주의와 경험적 실재론)에 있어서 *우리가 경험을 이해하는 주된 방법*을 나타내기 때문이다(G. Lakoff, 1987: XI). 범주화의 정신 작용은, 서로 다른 «것들»을 함께 배열하는 데 있으며, 사고, 지각, 말과 같은 우리의 모든 활동에서뿐만 아니라 우리의 행동에도 존재한다. «E. Cauzinille-Marmèche, D. Dubois & J. Mathieu(1988)가 해석적 틀의 존재를 가정하는 범주와 범주화의 과정에 대한 자신들 연구의 서문에서 강조하는 것처럼, 지각하는 것, 행동하는 것, 소통하는 것, 이해하는 것 등등은 모두 다 활동이다.» 우리가 하나의 사물을 사물의 한 종류로 지각할 때마다 우리는 범주화를 하고 있는 중이다. 우리가 예를 들어 '노래를 부르는' 행동을 실행하고 싶을 때, 문제가 되는 것은

─────────────

이들 부분이 이루는 전체에 따라 달라진다고 본다. 전체 또한 부분에 의해 달라지게 되므로, 형태주의는 전체와 부분의 전체성 혹은 통합성을 강조한다 [곽호완, 『실험심리학용어사전』(2008) 참조]<역주>.

행동이 이루어지는 행동 범주이다. 따라서 범주화와 범주는 우리 경험 조직의 근본적인 요소들이며, 대부분의 경우 무의식적이다. 이것들 없이는, 말하자면 **개념 구조화**에 도달하기 위한 개별적인 실체들(구상적인 것과 마찬가지로 추상적인 것에서도)을 능가하는 이러한 능력 없이는, «지각된 환경은 (...) 혼돈에 빠지거나 영원히 새로운 것일 것이다»(E. Cauzinille-Marmèche, D. Dubois & J. Mathieu, 1988). 어떤 방식으로라도 지각된 모든 실체는 유일한 것으로 남는다는 것을 고려한다면, 육체적일 뿐만 아니라 사회적이고 지적인 주변인들 속에서 우리의 행동이 범주가 없을 것이라는 것을 생각하기란 힘들다. 범주가 없을 경우 «우리는 우리 경험의 절대적인 다양성에 휩쓸려 우리가 만나는 것들을 한순간도 더 이상 기억할 수 없을 것이다»(E. Smith & D. Medin, 1981: 1).

이와 같이 사고는 무엇보다도 범주와 관계가 있다. 예를 들면 대부분의 개념들이나 정신적 표상(representation mentale)들은 범주와 일치하지, *스트라스부르의 성당*이나 *조르주 레이코프*와 같은 특수한 것들과 일치하지 않는다. 따라서 범주화가 어떻게 실행되는지 아는 것은 논거와 추론의 모든 접근에서 필수불가결하다. 어떤 바탕들 위에서 이런저런 특별한 것이 다른 것들과 함께 동일한 범주에 분류될까? 예를 들어 내가 시·공간적으로 한정된 어떤 물체에서 *나무*를 보지, 단지 특별하고, 독특하고, 다른 모든 것들과는 다른 사물을 보지 않는 것은 어찌된 일일까? 한 구성원을 한 범주에 속하도록 결정하는 기준은 무엇일까? 통합은 어떻게 행해지는가?

객관주의의 경향은 명확한 대답을 제시한다. 곧 범주화는 공통된 특성을 기준으로 하여 이루어진다. 동일한 범주의 구성원들은 동일한 자질들을 나타낸다. 특별한 사물이 *나무*인 것으로 지각된다는 것은 그것이 *나무*의 범주나 의미 개념을 정의하는 특징들을 가지고 있기 때문이다. 공유된 특성의 원리에 따라 사물들이 함께 통합된다. **경험주의**(expérientialisme)의 경향은 정확히 말해서 원형이론 때문에 사물들을 다르게 본다. 원형이론은 모든 구성원들에 의해 공유된 공통된 특성의 존재가 더 이상 한 범주를 설정하는 필수적인 조건이 되지 않는 새로운 범주화의 이론을 제안하면서, 범주화의 《아리스토텔레스식의》 고전적 견해와는 관계를 끊는다. 필요충분조건(conditions nécessaires et suffisantes: CNS)의 목록에 의해서 정의된 *논리적*인 범주들에서 무엇보다도 기능과 관련된 내적·외적 조직을 기술하는 것을 목표로 하는 이른바 *자연적*인 범주들의 분석으로 변화가 일어난다. 따라서 범주화 과정(processus de catégorisation)은 더 이상 분류 규칙을 발견하는 것이 아니라 연계 변이(covariation)와 포괄적인 유사성을 강조하고 지시 관계의 원형을 형성하는 것이다(E. Cauzinille-Marmèche, D. Dubois & J. Mathieu, 1988).

따라서 우리는 왜 원형이론이 새로운 인지적 접근에서 이렇게도 중요한지를 알게 된다. 즉 정신 활동에서 범주화의 중심 역할을 고려하여 범주들의 구조와 조직을 올바르게 설명하는 이론은 또한 정신과 추론 일반의 설명 모델을 제공하기 때문이다. 《원형이론은 오늘날 진화하고 있기 때문에, 가장 근본적인 인간능력-범주화하는 능력-에 대한 우리의 이해를 변화시키고 있고, 그것과 더불어 인간 정신과 인간의 이성이 무엇인가에 대한 생각을 변화시키고 있다고 G. Lakoff(1987: 7)는 말한다.》 이것은 **경험적 실재론**이 주로 원형이론의 **적합성**에서 자신의 적합성을 이끌어내는 것을 말한다. 따라서 쟁점은 **낱말 의미론**(sémantique du mot)을 포괄하면서도 그것을 훨씬 뛰어넘어서 있다. 즉 유용하면서도 훨씬 더 유행하는 용어를 사용하자면 문제로 떠오르는 것은 **인지**이다.

인지와 언어학

우리는 *구식의 유심론자들*과 *신식의 인지론자들* 사이의 토론에 적어도 직접적으로 참여할 어떤 의도도 없기 때문에 우리들의 의견을 큰소리로 내세우지 않을 것이다. 물론 능력 부족(우리는 갑자기 단번에 인지언어학자가 되지는 않는다!)이라는 이유 외에 두 가지 중요한 이유 때문이다. 첫 번째 이유는 합목적성의 문제이다. 우리는 지금 아주 눈길을 끄는 관심의 이동을 목격한다. 즉 인지과학의 유행으로 인해 많은 언어학자들은 인간의 정신과 이성적 사유에 대한 더 일반적인 고려를 위해 언어학적 목적을 단념하게 된다. 그러한 시도는 칭찬할 만할 뿐만 아니라, 그것이 언어학적 분석에 이론의 여지없는 이점을 가져다준다는 것을 강조할 필요가 있다. 그렇지만 한 가지 위험, 즉 인지적 원칙을 위하여 언어학적 기능을 시야에서 놓칠 위험이 있다. 왜냐하면 인지적 원칙의 일반성이 너무나 강해서 그것이 언어학적 현상들에 의해서 오류로 취급될 수 없기 때문이다. 이는 언어학적으로 그 일반성이 더 이상 실제로 설명적인 효력을 가지지 않는다는 것을 말하는 또 다른 방식일 뿐이다. 예를 들면 J.M. Sadock(1986)은 D. Sperber & D. Wilson(1986)의 관여성 원리(principe de pertinence)

가 너무... 관여적이어서 이 원리가 더 이상 어떠한 실제적인 도움이 되지 않는다는 것을 증명한다. 이러한 관점을 예증하기 위하여 그가 사용한 다음의 경험담은 시사하는 바가 대단히 크다. 8살 먹은 그의 아들이 자동차를 어떻게 만드는지 알고 있다고 단언할 때 그는 어린 아들에게 《어떻게?》라고 물었다. 대답은 다음과 같았다. 《모든 부품들을 가져와 그것들을 적절히(*제대로*) 한 덩어리가 되게 해요.》 이에 대해 J.M. Sadock은 《확실히 맞아, 벤(Ben). 그런데 그게 특별히 유용하진 않군.》이라고 논평한다. 특히, 어떤 부품들을 사용할지, 각 부품들을 배치할 적절한 방법은 무엇인지, 부품들을 어떤 순서로 조립해야 하는지 등등을 알아야만 할 것이다. 벤의 일반적인 원리 같은 것은 모두, 아무리 옳고 적절할지라도, 아무것도 설명해주지는 않는다. 어떤 분야와의 동화도 분명히 배제되어야, 언어학은 그 존재 가치를 비로소 되찾게 되는 것이고, 언어학이 인지과학의 중요하고 혁신적인 기여를 통합할지라도, 인지과학 안에 용해되지는 않는 것이라고 말할 수 있다.

두 번째 이유는, 어떤 면에서는 첫 번째 이유에서 생기는 것으로, 되도록이면 이 두 측면의 무조건적 융합을 피해야만 하는 것이다. 이것은 무엇보다도 인지과학의 지지자들에 의해서, 그리고 더욱 유달리 원형이론의 옹호자들에 의해서 항상 실현되지는 않는다. 원형이론은 범주화의 이론이며, 그 자체로서는 우선 낱말의 의미 이론이 아니다. **원형의미론** 또는 **자연적 의미 범주**(catégorie sémantique naturelle)라는 표현의 **의미론** 혹은 **의미**라는 용어는 심리학자들에게 있어서 언어학자들에게 있어서만큼의 동일한 현실을 포함하지는 않는다. 심리학자들은 이 용어를 관념과 **정신적 표상**에 대해서 말하기 위해서 사용할 수 있으므로, 이 용어를 특별히 언어학적 보편개념(**노에마**[11] 혹은 의미의 **기본 개념**)이나 혹은 정확한 언어학적 기호와는 결부시키지 않는다. 인공지능에서 **의미망**(réseau sémantique)에 대해서도 똑같은 관찰을 할 수 있다. 즉 이들 **의미 그래프**(graphe sémantique)의 매듭은-비록 대부분의 경우 이 매듭에 나타나는 것이 바로 낱말들이라 할지라도-관념들을 나타내지 어휘소(lexème)들을 나타내는 것은 아니다. 반대로 언어학자들은 **원형**의 개념을 파악할 때 무엇보다도 거기에 어휘 의미(sens lexical)의 문제를 해결할 수 있게 하는 이론을 본다. 따라서 **원형의미론**은 《언어의》 의미에 관한, 특히 낱말의 의미에 관한 이론이 된다.

범주화와 낱말

심리학자들과 인류학자들이 대개의 경우 암묵적으로 범주(혹은 관념)의 개념과 낱말의 개념 사이의 등치관계를 설정하고, 이번에는 명시적으로 언어학적 차원에서도 똑같이 관여성의 의지를 표방한다는 점을 고려한다면, **원형** 개념의 이러한 추이는 그들 자신의 연구에서 이미 이루어졌다는 것을 강조해야만 한다.

이 등치관계는 적어도 상당한 부분에 있어서, 어휘 단위들(동사, 형

---

11 '노에마(Noema)'는 후설(E. Husserl, 1859~1938)의 현상학에서 노에시스와 짝이 되는 기본 용어이다. 즉 현상학에서 의식은 항상 어느 대상을 향하는 지향성을 가지고 있는데, 거기에서 작용적인 측면은 노에시스라 하고 대상적인 측면은 노에마라 한다<역주>.

용사 등과 같은 실사)이 명명이거나 *이름*이므로(G. Kleiber, 1984a), 이들 단위가 기본적인 역할로 지칭(désignation)이나 표상의 기능을 갖는다는 사실에 의해 정당화된다. 명명 관계는 기호를 사물과 관련지음에 따라 지시적 관계 곁에 자리 잡는 과정의 일부이다. 따라서 '*지시하다, 가리키다, 표시하다, 나타내다*' 등등과 같은 서술어는 모두 *X(기호)→χ(사물)*라는 도식과 일치한다. *보비(Bobby)* 등과 같은 고유명사처럼 특별한 명명에 관한 문제라면 이때는 어휘 단위가 범주화의 문제를 야기하지 않는다. 그러나 *개*나 *모래*와 같은 명명이 다루어지자마자 어휘 단위와 범주(혹은 관념)는 필연적으로 만난다. *개*나 *모래*와 같은 실사나 *달리다*와 같은 동사는 무엇보다도 외부 세계의 한 가운데에서 *개*라거나 혹은 *모래*라거나 하는 개체들을 인식하고, *달리는 것*에 해당하는 과정을 인식하는 *이름*으로 사용된다. 이 현실 세계의 모든 요소가 이처럼 분명하게 불릴 수 없기 때문에 채택된 이름붙이기의 근원이 되는 원리들이 무엇인지를 자문해 보아야 한다. 달리 말해서, 예를 들어 개에 *개*라는 이름을 사용하도록 하는 기준은 무엇인가? 이러한 질문은, 알다시피, 범주화의 문제를 명명으로 공식화하는 것일 뿐이다. 즉 이러이러한 요소를 개들의 범주로 통합하는 원리는 무엇인가? 그리고 일련의 출현 요소들이 '모자'라는 동일한 이름으로 통합되도록 *하는 것을 지배하는 기준은 무엇인가*와 같은 질문에는 *한 가지 출현 요소가 한 범주에 소속되도록 하는 기준은 무엇인가* 하는 질문이 곧바로 되돌아온다. 따라서 낱말은, 더 정확히 말해서, 형태소는 범주(혹은 개념)를 가리키며, 이 낱말이 사용될 수 있는 구성원들에 대하여 자문하는 것은 그것이 나타내는 범주에 속하는 구성원들에 대하여 자문하는 것으로 귀결된다. 이러한 관점에서 보면, 범주화는 본질적으로 의미론적 문제, 곧 《낱말》의 문제가 된다.

그것은 언제나 그러한가? 어휘 단위는 항상 단 한 가지 범주의 존재를 믿을 수 있게 하는 표지인가? 이 질문에 대답하기는 너무 이르다. 그렇지만 지금부터 다음 사실을 강조할 수 있다. **동음이의**(homonymie) (예를 들어 '날다', '(비행기를) 조종하다', '훔치다' 등을 뜻하는 *voler*) 는 그것에서 두 개 혹은 여러 개의 어휘 단위를 읽어내는 데에 어려움이 없는 반면, **다의성**은 단 하나의 어휘 단위와 연계된 다중적 의미현상의 문제이기 때문에 범주 표지로서 낱말을 고려하여 잘라야 할 것인가, 아니면 의미(혹은 말의 뜻)를 고려하여 잘라야할 것인가라는 점에서 *낱말=범주*라는 등가 방정식의 타당성 문제가 곧바로 제기된다.

목표

이 마지막에 언급한 점은 **어휘의미론**에 대한 **원형이론**의 중요성을 보여주기에 충분하며, 그 자체만으로도 어휘 의미를 향한 설명을 정당화한다. 따라서, 비록 앞으로 논의 과정에 우리가 범주화에 대한 두 경쟁 이론의 주된 주장들을 설명하게 될지라도 범주의 문제는 우선적으로 낱말의 의미의 관점에서 다루어지지 인지적 논쟁의 문제로 다루어지지는 않을 것이다. 우리에게는 무엇보다도 **원형의미론**을 고전적 의미이론의 대안으로 평가하는 것이 중요할 것이다. 따라서 우리에게 도입부의 역할을 했던 이중의 확인된 사실과 그 확인된 사실에 이은 고찰들은 다음에서처럼 이 책의 목표의 직접적인 실마리가 된다.

a) 원형의미론이 우리가 **표준이론**이라고 부르는 것에서 볼 때 기적적인 해결책이 아니라는 것을 보여주는 것이다. 원형의미론은 자신이 대신하려고 하는 고전적 의미이론이 맞닥뜨린 모든 어려움을 해결하지 못하고, 자신이 극복할 수 없는 난관에 스스로 부딪치기도 한다. 반면에, 원형의미론은 다음과 같은 세 가지 새로운 요소들을 제시하는데, 그 중요성은 모든 어휘의미론에서 핵심적인 것이다.

(i) 원형이론은 낱말의 의미에 고전적 모델에 의해 배제된 특성들을 회복시켜 줄 수 있다. 사실 고전적 모델에서 이들 특성들은 불가결하지 않는 백과사전적인 지식, 곧 비언어학적인 지식, 말하자면 전형적이거나 스테레오타입(stéréotype)의 특성들로 판단되었다.

(ii) 원형이론은 범주 안의 내적 조직의 존재를 증명하는데, 그 의미적 적절성은 여러 가지의 담화적 현상에 의해서 드러난다.

(iii) 원형이론은 어휘 계층구조의 조직에서 똑같이 새롭고 기대되는 반향을 갖게 되는 범주간의 계층구조를 기술한다.

b) 원형의미론에 대하여 현저하게 다른 견해들이 있다는 것을 강조하는 것이다. 한편으로는 **표준이론** 내에서의 정의의 점진적인 변화들이 있고, 다른 한편으로는 **가족유사성 개념**을 통해서 궁극에는 **다중적인 원형의 관점**에 이르게 하는 **확장이론**으로의 이행이 있다. 그런데 이 확장이론에서 원형의 개념뿐만 아니라 범주의 개념은 표준이론에서 이들 개념이 갖는 것과 완전히 똑같은 영향력을 더 이상 가지지 않는다.

우리의 여정에서 가장 중요한 단계는 네 부분으로 구성될 것이다. 제1장에서는 낱말의 의미에 대한 고전적 견해를 제시하고, 또한 이 견해가 갖는 이점들과 함께 주요한 부정적인 측면들을 제시할 것이다. 가장 중요한 제2장에서는 원형이론의 표준이론의 틀 내에서 원형의 개념을 소개하고, 범주들의 내적 구성과 계층적 구성을 차례차례로 제시하면서 매번 중요한 구성원들과 그것들의 특성, 그리고 그것들이 야기하는 의미적 영향, 논쟁, 적용이 나타나게 할 것이다. 제3장은 표준이론의 비판적 분석에 할애할 것이다. 즉 우리는 표준원형이론에 바탕을 둔 어휘의미론이 만나는 주요한 한계, 난관 그리고 모순성을 보여주는 데 전념할 것이다. 끝으로 마지막 제4장에서는 어떻게 가족 유사성 개념이 표준이론의 핵심 주장의 포기, 원형 유형의 증대 그리고 다의성 영역에서의 확장으로 특징되는 새로운 원형이론에 이르게 되는지를 기술할 것이다.

제1장

필요충분조건 모델

I. 고전적 대답: 필요충분조건의 관점에서

A/ 범주, 구성원 그리고 특성

*어떻게 범주화가 이루어지는가?*라는 근본적인 질문에 우리가 즉각적으로 생각하는 《아리스토텔레스식의》 고전적인 대답은 범주화가 공통된 특성을 기준으로 하여 이루어진다는 것이다. 서로 다른 사물들을 동일한 범주로 모으기는 결합된 구성원들이 몇 가지의 공통된 속성을 나타낸다는 것이 인정되면 사실상 더 이상 어려움이 없다. 어떤 χ를 개의 범주에 포함시킬 것인가를 결정하기 위해서는 문제의 χ가 범주의 공통분모를 구성하는 속성을 가지고 있는지를, 달리 말해서 그것이 동물, 포유류 등등인지를 확인하는 것으로 충분하다. 그러한 특성들이 입증된다면 그것은 개일 것이다. 반대의 가정에서는 그것은 해당 범주에 속하지 않을 것이므로 개로 간주되지 않을 것이다. 그와 같은 내용의 범주화는 R.W. Langacker(1987)가 기준적 속성의 모델(modèle des attributs critériaux)이라고도 부른 **필요충분조건**(conditions nécessaires et suffisantes)(앞으로는 CNS로 표기됨)의 모델과 일치한다.

　이러한 틀에서 범주화하는 것을 배운다는 것은 결국 우연히 마주치는 실례와 반례들을 분석적이면서도 논리적인 방식으로 다루면서 분류 규칙을 발견하는 것이 된다. 그러한 과정의 적합성을 증명하기 위하여 심리학자들은 으레 제한된 수의 특성들을 조합하는 것에서 출발하여 구성된 제한된 수의 사물을 문제 삼는 실험들에 의존했다. 이러한 연습의 목적은 실험대상자들에게 실험자에 의해 선택된 분류 규칙을 발견하게 하는 것이다. E. Cauzinille-Marmèche, E. Dubois & J. Mathieu (1988)에 의해 인용된 다음 예는 이러한 유형의 방식을 잘 보여준다. '형태(삼각형↔원), 크기(대↔소), 색깔(백↔흑)'이라는 이항 대립의 세 가지 차원을 기준으로 하여 구성된 일련의 사물들이 있다하자. 실험 대상자들에게 아래에서처럼 사물 1, 2, 3을 제시하고, 이들에게 세 개의 사물 모두 실험자에 의해 선택된 범주에 속한다는 것을 알려준 후, 문제의 범주가 어느 것인지를 찾아내도록 한다.

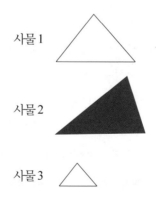

사물 1

사물 2

사물 3

적합한 범주는 삼각형일 수밖에 없는데, 실험대상자들은 논리적으로 생각해 볼 때 이 삼각형을 사물 3의 제시 후에야 발견할 수 있다. 사물 1에서는 3개의 가정(크고, 희고 혹은 삼각형)이 가능하며, 사물 2에서는 단지 2개의 가정(크고, 삼각형)만이 가능하고, 그리고 사물 3에서는 범주 '삼각형'만 남는다.

이러한 아리스토텔레스식의 범주 모델은 철학, 인류학, 심리학 그리고 언어학에 광범위하게 확산되어 있는데, 그것은 다음과 같은 명제들에 기초하고 있다.

(i) 관념 혹은 범주는 분명하게 범위가 정해진 경계가 있는 실체이다.

(ii) 특별한 실체의 범주에 소속은 참 혹은 거짓 체계와 일치한다. 즉 어떤 χ는 그것이 범주 '개'의 기준 조건을 만족시키느냐 아니냐에 따라 개이거나 혹은 개가 아니다.

(iii) 동일한 범주의 구성원들은 동등한 범주의 지위를 가진다. 왜냐하면 각 구성원은 범주의 정의가 요구하는 특성들을 가지고 있기 때문이다. 구성원들이 속한 범주를 고려할 때, 각 구성원은 나머지 구성원들만큼 《좋은》 구성원이다.

또한 D. Geeraerts(1998)의 말대로라면 필요성과 충분성(caractère suffisant)이 동일한 사물에 적용되지 않는다는 것이 분명해질 것이다. 필요성은 조건들의 각각을 대상으로 하는 반면에, 충분성은 필요조건의 총체와 관련이 있다. 한 범주의 정의를 구성하는 것은 필요한 자질들의 충분한 결합이다. 이러한 자질들 사이의 결합 관계 외의 어떤 관계가 있는가? CNS(필요충분조건) 모델은 이러한 유형의 어떠한 의무조항도 표명하지 않으므로, 이들 자질을 서로서로 독립적인 것으로 나타낸다. 이들 자질을 통합하는 관계는 아래의 도식이 보여주는 것과 같이 **등거리의 관계**(relation d'équidistance)이다.

어휘의미론과의 관계는 분명하다. 즉 한 실체 χ가 범주 Y에 분류되기 위한 필요충분조건의 총체는 낱말 Y의 의미와도 일치할 것이다. *개*로 명명되기 위한 CNS의 구성 다발은 이처럼 낱말 *개*의 의미를 만들어 낸다. 바로 그러한 이유로 한 낱말의 의미적 정의는 한 실체가 그렇게 불려 지기 위해 만족시켜야만 하는 독립적인 자질들의 결합으로 나타난다. 각 조건은 **분석적 진리**[1]의 원인이 된다. 예컨대, [동물]이

---

[1] 분석적 진리(analytic truth)는 진술되는 단어의 의미에 의해서 진실이 되는 진리를 말한다<역주>.

라는 자질이 *개*에 대한 필요조건이라면, *개는 동물이다*라는 문장은 **분석적 문장**[2]으로, 다시 말하면 오로지 문장 그 자체의 의미에 의해서 참인 문장으로 나타난다. 따라서 CNS 의미 모델은 분석적 문장의 기초를 이루는 **기본적인**(곧 본질적인) 자질들과, 어휘항목의 의미적 정의에는 속하지 않으므로, 예를 들어, *개는 충직하다*와 같이 **종합적 문장**[3]에서만 나타날 수 있는 **우연적인**(곧 비본질적인) 자질들 사이의 엄격한 구분을 전제로 한다. 그러므로 낱말의 의미 정의에 나타나야만 하는 유일한 것들인 «의미적» 혹은 «언어적» 구성요소들과 낱말의 의

---

[2] '분석적 문장(phrase analytique)'은 '종합적 문장((phrase synthétique)'과 대립되는 개념으로, 그 진리치가 문장 자체의 의미에 의해서 결정되며, 현실 세계에 대한 우리의 경험적 사실과는 무관한 문장을 말한다. 칸트의 『순수이성비판』(1781)이래 일반적으로 분석적 문장은 술부의 의미가 주부의 의미의 일부인 문장이라고 규정된다. 즉, 술어의 의미해독이 가지는 모든 의미적 표지(marqueur sémantique)가 주어의 의미해독에 나타나면 분석적 문장으로 간주한다. 예를 들면, (a) Spinsters are unmarried women(노처녀는 미혼 여성이다). (b) Bachelors are male(노총각은 남성이다).과 같은 문장에서 주어인 'spinsters'나 'bachelors'는 술부인 'unmarried women'과 'male'이라는 의미적 표지를 포함하고 있기 때문에 분석적 문장이다(『영어학사전』(조성식 외편) 참조)<역주>.

[3] '종합적 문장((phrase synthétique)'은 '분석적 문장(phrase analytique)'과 대립되는 개념으로 그 진리치가 문장 의미 자체에 의해서만 결정되는 것이 아니라, 언어외적인 세계에 대한 지식과 경험을 바탕으로 결정되는 문장을 말한다. 예를 들어 (a) Jane is intelligent. (b) It is raining now. (c) Some bachelors are rich. (d) John ate something.과 같은 문장의 진리치는 세상 지식과 관련해 부여되기 때문에 종합적 문장이다(『영어학사전』(조성식 외편) 참조)<역주>.

미 속에 자신의 자리를 가지고 있지 않는 《언어외적》 혹은 《백과사전식의》 구성요소들 사이에는 잘 알려진 대립이 생긴다. 이러한 관점은, 다소간, 낱말의 의미에 대한 고전적 견해들, 즉 외시적 의미(sens dénotatif) 혹은 지시적 의미(sens référentiel), 진리조건적 의미(sens vériconditionnel) 혹은 더 나아가 잠재적 지시관계(référence virtuelle)와 같은 이름으로 알려진 고전적 견해들 속에서 재발견된다(J.-C. Milner, 1978). 이들 고전적 견해의 공통분모는 낱말의 의미는 《지시적》 자질들의 총체라는 것을 전제로 하는 것이다. 즉 이들 지시적 자질이란 그 낱말로 명명되기 위해서 현실의 분절체가 가져야하는 자질들을 말한다[의미론에서 이러한 견해의 《원형적인》 표본에 대해서는 J.-J. Katz(1966 & 1972)를 볼 것].

B/ 구조의미론과 지시관계

유럽의 구조의미론의 경우는 전혀 사정이 다르다. 비록 유럽의 구조의미론이 의미의 구성성분 가설(hypothèse de componentialité du sens)을 공유함으로써 의미를 자질의 결합으로 정의하는 것에 동의한다할지라도, 그것은, 우리가 알다시피, 모든 지시적 오용의 밖에 가정된 구성 자질 혹은 의소[4]를 유지하려고 한다. 의소들의 관여성[5]은 지

---

4   소리에서 음소(phonème)가 음운 자질의 복합체라면, 의미에서 어휘소(더 정확히는 의미소(sémème))는 의미 자질의 복합체이다. '의소(sème)'란 의미 자질, 곧 의미의 최소 변별 단위를 말한다<역주>.

5   '관여성(pertinence)'이란 최소의 음운 단위인 음소, 의미 자질인 의소 등의

시대상들에 대해 행해진 최초의 확인에서 비롯되는 것이 아니라 그것들의 변별적 특성(caractère distinctif)에서 비롯된다. 따라서 관여성은 근본적으로 언어학적인, 곧 《차이적인》 목표에 속하는 것이며 자율적으로 남기를 원한다[B. Pottier, E. Coseriu, G. Wotjak, H. Geckeler, A.J. Greimas, B. Baldinger, K. Heger, G. Hilty, P. Schifko의 저작들과, 최근의 연구로 이 문제를 눈에 띄게 명확히 설명하고 있는 F. Rastier(1987a)를 볼 것]. 대조적인 관점은 결정적이다. 왜냐하면, 이러저러한 자질의 선택을 결정하는 것은 바로 이 대조적인 관점이기 때문이다. 낱말의 의미는 그 낱말이 다른 말들과 맺고 있는 관계에 의존한다는 것이 요지이다. 이러한 점이 첫눈에는 아무리 역설적으로 보일 수 있을지라도 원형이론에서는 그 면모가 재발견될 것이다.

사실은, G. Hilty(1983)와 G. Lüdi(1985: 71)가 강조한 바와 같이 변별적 자질을 지시적으로 해석할 필요성을 옹호할 때 지시적 관점이 실제로 없는 것은 결코 아니다. 의소들을 강조하기 위한 대치 조작(opération de commutation)에서 서로 대립하는 단위들을 결정하는 것

언어학적 단위가 같은 수준의 다른 단위들과 대조를 이루면서 해당 언어 체계에서 변별적 기능을 갖도록 하는 특성을 말한다. 예를 들어 어음 [l]과 [r]은 영어에서는 두 낱말 'light[laɪt](빛)/right[raɪt](옳은)'의 의미를 구별케 하는 관여적 특성을 갖는 반면, 국어에서 이 두 어음은 음소 /ㄹ/의 이음(allophone)에 지나지 않기 때문에 관여적이지 않다. 언어학의 범위를 벗어난 일반적인 예로 '큰 나무'가 있다할 때, 제재공에게 있어서는 잎의 색깔이나 모양은 관여적이 아니며, 화가에게 있어서는 그것의 열량은 관여적인 것이 못된다[A. Martinet, *Éléments de linguistique générale*(Armand Colin, 1974) 참조]<역주>.

은 지시적 관점이다. 외견상 의소들은 어휘소들 간의 대립에서 벗어나 있지만, 실제로는 각 어휘소의 의미에 대한 지식은 의소들의 대립에 앞서야 한다. 그렇지 않으면 우리는 어떤 변별적인 의미 자질도 밝힐 수 없다. 내가, E. Coseriu(1964)가 의소 [사람들의 나이에 비례해서]와 [사람들의 나이에 비례하지 않고]가 나타나도록 하기 위하여 대립시키는 senex와 vetulus[6]의 의미를 알지 못한다면 이들의 비교가 내게 대립적인 두 의소를 제공하지 못할 가능성이 매우 크다(G. Kleiber, 1978a). 의소들의 언어적 혹은 관여적(즉, 변별적) 성격은 지시적 적용 가능성(applicabilité référentielle)의 필요한 기준으로서 자신들이 갖는 특징에 대한 표시일 뿐이다. 의소 [도시용]이 'autobus(시내버스)'에 대해 관여적이라고 말하는 것은-이 의소가 'autobus(시내버스)'와 (의소 [시골용]을 가지고 있는) 'autocar(시외버스)'를 구별하도록 하기 때문이다-결국 이러한 유형의 대중교통수단이 autobus로 불릴 수 있기 위해서는 도시 노선용이어야 한다는 말이 된다.

화제에 올랐던 **백과사전적인**(곧 «비언어적인») 자질들의 제거는 동일한 방식으로 해석될 수 있다. [흰색]은 *백조*의 경우에는 변별적이 아니기 때문에 제거된다. 이는 다른 색깔의 백조들을 가리킬 수 있는 한 낱말 혹은 여러 낱말과 대립되는 '흰 백조'에 해당하는 말이 없기 때문이다. 이것은 단순히 의소 [흰색]이 어떤 지시대상이 *백조*로 불리

---

6   라틴어에서 *senex*는 '(약 60이 넘은) 노인'을 뜻한다면, *vetulus*는 형용사로서는 '오래된, 작고 오래된'을 뜻하고 명사로서는 나이를 고려하지 않고 '늙은이, 영감, 작은 노인' 등과 같은 친애의 뜻을 나타내는 지소형이다<역주>.

기 위한 필요조건이 아니라는 것을 의미한다. 혹은 달리 말해서 백조는 검은 색일 수도, 파란색일 수도, 빨강색일 수도 혹은 더 나아가 노란색일 수도 있으며, 그렇다고 해서 백조가 아닌 것이 아니다. 이러한 의견 일치 속에서 놀랄 것은 아무것도 없다. 구조의미론이 결국 CNS 모델의 이론들과 가깝다면 이는 범주화와 명칭이 분리될 수 없는 것이기 때문이다.

C/ 잊지 않아야 할 네 가지 점

우리는 원형의미론과의 비교에 사용할 다음 네 가지 점을 주목해야 한다.

1/ 범주에 소속 문제는 규칙적이다. 사물이 소속되는 범주를 결정하기 위해서는 이 사물이 이 범주의 CNS를 충족시키는지를 확인하는 것으로 충분하다.

2/ 의미 혹은 내포(intension)(말하자면 CNS의 구성 다발)가 외연(extension) 혹은 지시대상을 결정한다. 따라서 CNS 모델은 의미에 의한 지시대상의 결정이라는 프레게[7]의 규칙[8]과 일치한다. 이에 따른 당

---

[7] 프레게(Gottlob Frege, 1848~1925)는 근대 수리철학과 분석철학의 기초를 마련한 독일의 수학자이자 논리학자이다. 특히 그는 개념에 대한 전통적인 외연(外延)과 내포(內包)의 구별을 명제로까지 확장하여, 전자를 명제의 진리치라고, 후자를 그 의미라고 생각한다. 그는 또한 표현에 대하여는 문장적인 규칙으로서 결정되는 그 의미와 대상과의 지시관계에서의 의미를 구별하였

연한 귀결은 낱말을 사용할 수 있기 위해서는 그 의미(말하자면 CNS)를 알아야만 한다는 것이다.

3/ 이중의 평행관계는 CNS 모델에서 내포-외연 관계를 단적으로 나타낸다(참조. 아래 도식). 한편으로는, 명백하게 결정된 내포, 말하자면 필요조건들의 충분한 결합에서 범주는 외연적인 면에서 명확하게 설정된 경계와 일치한다. 다른 한편으로, 하나의 자질이 다른 하나의 자질만큼 필수적이기 때문에 독립적이고 등가적인 자질들로 구성된 내포와 범주의 중심에서 등가적인 지위를 나타내는 구성원들로 구성된 외연이 일치한다.

	동등한 지위	*명확한 획정*
외연	등가적인 구성원들	명확한 경계
내포(혹은 의미)	등가적이고 독립적인 자질들	CNS의 결합

4/ CNS 모델은 《다중적 의미》, 즉 여러 유형의 가능한 지시대상들을 가리키므로 CNS의 결정에 있어서 문제를 제기하는 낱말들을 설명하는데 어려움을 겪는다. 이들 유형의 지시대상들이 분명하게 구별된다면(따라서 그것들이 어느 정도 분리된다면) 문제는 동음이의의 처

다(『두산백과』 참조)<역주>.

8   프레게의 규칙(règle frégéenne)이 말하는 '의미에 의한 지시대상의 결정'이
    란 단어는 고유한 의미(내포)를 가지며, 그 의미에 의해서 지시대상을 지시한
    다는 '의미 경유 지시의 학설'을 말한다<역주>.

리로 해결될 수 있다. 왜냐하면, 서로 다른 지시대상들의 유형만큼 다른 낱말들의 유형이 있을 것이므로 CNS의 여러 가지 구성 다발에 상응하는 만큼의 다른 범주들이 있을 것이기 때문이다. 우리는 *grève₁*(일의 의도적인 중지: 동맹 파업)과 *grève₂*(바다 또는 개울의 가장자리에 위치한 평평한 땅: 모래사장)의 경우, 또는 *voler₁*(하늘에서 이동하다, 즉 날다)와 *voler₂*(훔치다)의 경우와 같은 고전적인 경우를 떠올릴 수 있을 것이다. 반대로, CNS의 중첩이 있을 때, 다시 말하면, *veau*(살아있는 동물로서의 송아지)와 *veau*(이 동물의 고기)의 경우 뚜렷한 관련성이 있음에도 불구하고 꽤 다른 지시대상들의 유형들을 연결할 때는 그 어려움은 그다지 쉽게 극복되지 않을 것이다. 동음이의와는 대립적으로 여기서 다의성과 관계가 있다고 말하는 것은 결코 문제를 진전시키지 못한다. 다의성, 특히 동사와 형용사의 다의성은 사전 표제어들의 수와 내용에서 변이(variation)들이 증명하는 바와 같이 낱말 의미의 고전적 접근의 범위 내에서는 미해결 문제로 남아있다. 기욤주의[9] 학파에서는[예를 들어 J. Picoche(1977, 1986 & 1989)에서처럼] 다의성이 너무 추상적이어서 지나치게 강력해진 (다시 말하면 관련 낱말이 나타나지 않는 지시적 용법들을 예상하는) 기의들로 귀착되는 위험을 무릅쓰고 하나의 의미만을 전제할 수밖에 없는가? 아니면 반대로, 통제할 수 없는 다의성의 증가를 만들어내는 위험이 있는데도 불구하고 여러 유형의 지시대상이 있는 만큼 많은 다른 의미들을 설정

---

[9]   기욤(G. Guillaume, 1883~1960)은 프랑스 언어학자로 언어 역학(psychomechanics)으로 알려진 언어학 이론의 창시자이다<역주>.

할 수밖에 없는가? 그런데 규칙이나 일반적인 기능을 통해 기본 의미와 파생 의미의 관점에서 또 다른 해법을 상상하는 것은 어떤 면에서는 CNS의 고전적인 틀에서 벗어나는 것이 아닌가? 그럴 경우 단 하나의 범주가 있는가 아니면 여러 개의 범주가 있는가? 달리 말해서 소속의 문제가 어떻게 해결될 것인가?

II. CNS 모델의 심리학적, 언어학적 증명

심리학적 관점에서 논쟁하기를 원하지 않는다면 다음 사실을 강조해야만 한다. 즉 CNS 모델은 이중의 직관과 일치한다. 첫 번째로는, 낱말의 의미는 다소 정확하게 결정될 수 있는 어떤 것이라는 직관이다. 일반적으로 널리 퍼져있는 의견은 각 낱말에는 정확한 의미가 있다는 것이다(*이 낱말이 정확하게 무엇을 의미하는가*와 같은 유형의 질문들을 참조하라). 이는 **분업**이라는 당연한 사회적 결과가 따르는 의견(H. Putman, 1975)이다. 이를테면 우리가 낱말의 의미를 정확하게 알지 못할 때면, 더 교육을 받은 누군가-이것은 사회적 역할이다-우리에게 그것을 가르쳐줄 수 있다(참조. 사전에 대한 신뢰감). 두 번째로는, 범주들은 명확하게 서로 구별되는 **이산적**[10] 실체라는 직관이

---

[10] '이산적 단위(불연속적 단위, unités discrètes)'란 자신들의 존재 유무로만 가치가 있는 단위를 말한다. 숫자는 대표적인 이산적 혹은 불연속적 수량 단위이다. 음소도 자신들의 언어적 가치가 문맥이나 다양한 상황에 따른 세부변이에 의해 전혀 영향을 받지 않는다는 점에서 이산적 단위이다. 예를 들어

다. 달리 말하면, 암소는 개가 아니라는 것, 즉 암소들을 개들과 구별하고, 왜 한쪽 것들이 다른 쪽 것들이 아니며 그 역도 아닌지를 설명하는 공통적인 자질들이 암소들에게 있다는 것이다. 이러한 직관의 근원에는, G. Lakoff(1987: 121)에 따르면, 범주화의 **민중론**(folk théorie)이 인류에게 존재하며, 이 민중론은 «우리에게 사물들은 잘 정의된 종들로 분류되고, 종들은 공유된 특성들에 의해서 특징지어짐에 따라 종들의 올바른 분류학이 존재한다는 것을 가르쳐준다.» 여기에는 CNS 모델이 결국 범주화의 *오류를 증명할 수 있는* 이론이 아니라 이론의 여지가 없는 *정의를 내리는 진리*라고 인정될 수 있게 한 철학적 전통의 무게가 추가된다. G. Lakoff(1987)는 이러한 유형의 논증을 내세우면서, 내 생각으로는 그것에다 지나친 중요성을 부여하는 것 같다. 철학적 전통을 결정적인 설명적 요소로 삼는다는 것은 여러 가지 점을 인식하지 못하는 것이다. 첫째로, CNS 모델에 대한 지지는 대개의 경우 한 철학적 입장-이것이 아리스토텔레스 철학의 입장이라 할지라도-에 대한 명백한 지지의 결과가 아니고, 레이코프 자신이 자신의 저서의 또 다른 곳(G. Lakoff, 1987: 121쪽과 그 앞부분)에서 강조하듯이 오히려 범주화의 대중적인 이론에 속한다. 둘째로, 그가 주장한 것과 반대

'발을 다쳤어.'와 '팔을 다쳤어.'라는 메시지 간에 혼란이 없는 것은 음소 /ㅂ/와 /ㅍ/ 간에 화자의 선택이 있기 때문이다. 요컨대, 이 두 메시지가 이해되기 위해서는 음소 /ㅂ/이거나, 아니면 음소 /ㅍ/이지 이 두 음소의 중간으로 이해되는 음소는 없다는 것이다. 이는 바로 의미를 구별하는 최소의 소리 단위인 음소란 이산적, 곧 불연속 단위이기 때문이다<역주>.

로, 심리학적 측면(앞의 삼각형의 예 참조)에서만큼이나 언어학적 측면에서, 보다 더 특별히 의미론적 측면에서 많은 경험적 연구들이 고전적 모델의 적합성을 보이기 위해서 *귀납적*으로 시도되었다. 비록 의미론적, 어휘론적 그리고 사전학적 연구들이 완전하지는 않을지라도-이것은 우리가 아래에서 재론할 점이다-우리는 그것들을 조용히 덮어둘 수 없다. 이들 연구의 실제적인 결과들은 이 방향으로 이루어진 사전, 학습참고서 등등에 기록되어있다. 셋째로, 원형적 경향을 지지하는 사람들이 말하는 것과 같이 범주화가 무엇보다도 사람들의 문제라고 주장하는 것과, 이들 동일한 사람들이 옳다고 생각하는 모델에 작용하는 범주화를 거부한다는 것 사이에는 모순이 있다는 것이다.

이 이중의 직관 혹은 믿음은, 우리가 그 영향력을 줄이는 것을 선호한다면, 화자가 가지고 있는 의미적 정의의 수정을 평가하는 능력을 통해서 화자 자신의 언어능력 내에서 표현된다는 것을 우리는 보여줄 수 있다. CNS 모델과 대립되고, 또한 일반적인 낱말의 의미 개념과도 대립되는 가장 강력한 고전적 논거들 중의 하나는 화자들이 대부분의 경우 이러저러한 일상어에 대한 적합한 정의를 표명하지 못한다는 사실에서 얻어진다. 이러한 논거는 어떤 정의가 옳은지 혹은 그렇지 않은지를 판단하는 화자가 가지고 있는 언어능력과 대립될 때 기이하게도 그 무게를 잃는다. 어떤 정의가 적합해 보이지 않으므로 그 정의를 거부할 수 있다는 사실은 동시에 이것이 화자의 언어능력 내에는 잘못 정의된 낱말의 지시적 정의(définition référentielle)의 모델이 존재한다는 것을 전제하는 것과 함께 올바른 정의에 도달하기 위해서 취해야 할 방향에 대한 적합한 지표를 제시한다[U. Weinreich(1966: 447)을 볼 것].

언어는 어느 정도 직접적으로 그런 직관들과 그런 어휘적 능력을 반영한다. 다음과 같은 유형의 지시적 질문들은 범주의 출현에는 공통된 자질들이 나타난다는 직관에 반향을 불러일으킨다.

개란 무엇인가?
노래한다는 것 그것은 무엇인가?

이를테면, 개란 무엇인지에 대하여 달리 물을 수 없을 것이고, 또는 노래한다는 사실에 대해 달리 자문할 수 없을 것이다. 게다가 그런 질문들을 하면서 화자는 무엇이 *개* 혹은 *노래하다*에 대한 가장 좋은 본보기(혹은 원형)인지를 묻는다는 느낌을 가지지 않는다는 것을 우리는 주목할 것이다. 그런 유형의 질문에 대한 다음과 같은 대답들은 외견상 범주의 소속 기준들을 제시하고 있다.

개라는 것은 …. 인 동물이다
노래한다는 것은 목소리로 일련의 음악적 소리를 만들어내는 것이다

이와는 대조적으로 더 나은 본보기라는 관점에서의 대답은 다음 예에서 보듯이 거의 «전형적»이지 않은 것처럼 보인다.

새는 무엇인가? - 새는 참새야.

한 범주의 총체에 대한 참된 특성의 표현으로서 *LES/UN/LE N +*

SV 형태[11]의 **총칭적 문장들**은 CNS 모델에 내재한 범주적 등질성이라는 생각을 믿게 한다. 이러한 문장들의 일반적인 처리는 그것들을 보편적으로 수량화된 문장들(*Les/Un/le N = tous les N* 또는 *Tout N*)과 동류시하면서, 그것도 잘못 동류시하면서(G. Kleiber, 1985b & 1987a) 한걸음 더 멀리 나아가기까지 한다. 그러나 이들 문장들은 무엇보다도, *une sorte de*(일종의), *une espèce de*(한 종류의) 또는 더 나아가서 *presque*(거의)와 같이, 이 분야에서 가장 현저한 울타리치기(hedges)이다[G. Lakoff(1972), G. Kleiber & M. Riegel(1978) 참조]. 왜냐하면 이들 문장의 용법은 다음과 같은 발화들에서처럼 범주 경계 가설과 소속을 위한 결정적 자질과 비결정적 자질들의 존재 가설에서만 타당하기 때문이다.

> *그것은 일종의 새이다*(C'est une sorte d'oiseau).
> *그것은 한 종류의 새이다*(C'est une espèce d'oiseau).
> *그것은 거의 새이다*(C'est presque un oiseau).

이들 세 발화는 사실 지시대명사 *ce*(그것)로 나타낸 지시대상이 새가 아니라, 새라고 불리기에는 충분하지 않지만 새의 몇 가지 특성을

---

11 다음은 '*LES/UN/LE N*(주어명사구)+*SV*(동사구)'로 구성된 세 유형의 총칭문을 보여주는 예시이다<역주>.
 . (i) Les chats sont intelligents(고양이들은 영리하다).
  (ii) Un chat est intelligent(고양이는 영리하다).
  (iii) Le chat est intelligent(고양이는 영리하다).

가지고 있다는 것을 나타낸다. 이러한 사실은 다음 두 문장 간의 대립을 통해서 입증된다.

> *? 참새는 일종의/ 한 종류의/ 거의 새이다.*
> (*? Le moineau est une sorte de/ une espèce de/ presque un oiseau.*)

> *박쥐는 일종의/ 한 종류의/ 거의 새이다.*
> (*La chauve-souris est une sorte de/ une espèce de/ presque un oiseau.*)

III. CNS 모델의 부정적 측면과 한계

CNS의 분석이 야기하는 부정적 측면의 원리들을 점검하기 전에 나는 **필수적 자질**(trait nécessaire)의 개념에 내재된 이론적 장애를 강조할 것이다. 필수적 자질이라는 것을 단순히 모든 구성원들이 이 자질을 가지고 있다는 것을 뜻하는 것으로 이해한다면 우리는 검증의 어려움에 봉착하게 될 것이다. 낱말이 과거와 현재에 일어난 일들에 대해서뿐만 아니라 미래에 일어날 일 그리고 있었을 수도 있거나 또는 있을 수도 있는 일들과도 관계가 있다고 하더라도, 모든 구성원들에 대한 검증은 본래 가능하지 않다(G. Kleiber, 1988a & b). 이 어려움은 보편성을 필연성에서 생기게 하면 제거된다. 이때 필연성의 근원은 다른 곳에서 찾아야 하며, 그 역이어서는 안 된다. 따라서 모든 구성원들이 어떤 하나의 자질을 가지지 않는다면 이 자질은 필수적인 자질이 아니라는 점에는 변함이 없다.

편의상 **설명적 힘**(pouvoir explicatif)과 **기술**(記述)**적 힘**은 분리될 수 있다. 이때에 CNS 모델은 설명적 힘은 강하지만 기술적 힘(pouvoir descriptif)은 약한 이론으로 나타난다. 그러나 전자는 완벽하지 않는데, 우리가 최고로 강조하는 것이 바로 이 관점이다. CNS 모델은, 사실, 이러저러한 사물에 대해 이러저러한 용어의 사용이 제기하는 문제에만 반응을 보인다. 이 모델은 한 실체가 이러저러한 범주에 분류된다는 것을 명시하면서 이 실체의 범주화에 이론적으로 만족스러운 설명을 제공한다. 왜냐하면 이 실체는 이 범주의 **정의적 자질**(trait définitoire)들을 나타내기 때문이다. 그러나 이 모델은 문제의 다른 면, 즉 범주나 용어의 선택 문제를 완전히 무시한다. 이때 여러 개의 범주나 용어들이 사용 가능하게 된다. 이를테면, 이 모델은 왜 χ가 개이지, 고양이나 자전거 더 나아가 소설이 아닌지를 설명할 수 있을지라도, 그에 반해 범주의 선택에 대해서는 아무것도 얘기하지 않는다. 이를테면, χ가 개뿐만 아니라 동물이거나 더 나아가 포유동물임에 비해, 왜, 사용되고 있는 것은 *개*의 범주이거나 *포유류*의 범주이거나 또는 더 나아가 *동물*의 범주일까? CNS에 의한 검증 체계는 이러한 서로 다른 범주들의 등치관계를 예측한다. *개*, *포유류*, *동물*의 위계에서 이들 세 범주(또는 낱말) 중 어느 것도 특권을 누리고 있지 않는데, 이는 동일한 범주화의 가능성을 갖게 한다. 이와 관련하여 F. Cordier(1980)는 의미의 수형도에서 범주에 대한 Collins와 Quillian 실험의 기저 가설은 계층구조에서 한 층위 위로 이동하는 데 소요되는 시간은 계층구조 상에서 도달한 층위가 무엇이든 간에 동일하다는 것을 상기시켜 준다. 그러나 이 가설은 L.J. Rips, F.J. Shoben & E. E. Smith(1973)의 연구에 의하여 무효화된다. 이들의 연구는 반응시간이 χ가 동물이라고 결정하는 데보다 χ가 포유류라고 결정하는 데 더 많은 시간이 걸린다는 것을 보여준다(F. Cordier, 1980: 211). 이 가설은 무엇보다도, 한 계층 구조의 몇몇 용어들이 다른 것들에 비해서 특권을 누리는 지위에 대해서 R. Brown(1958)이 이미 정립한 확인된 사실에 의해 그 평판이 여지없이 손상되었다. 예를 들어, 모두 알다시피 개는 동물이기도 하고 포유류이기도 하지만, *개*라는 낱말은 *동물*이나 *포유류*보다는 어떤 개를 범주화하기 위하여 더 자연스럽게, 그리고 더 자주 사용된다.

이러한 범주화의 차원은 때때로 **수직적 체계의 차원**이라고 불리는 것으로 CNS의 고전적 모델에서 완전히 벗어나지 못한다. 그 이유는 이 고전적 모델이 설령 아리스토텔레스의 오래된 논리적 구별에 의하여 **속(屬 genre)**과 **종(種 espèce)**으로 될지라도 범주들의 위계적 조직의 존재와, 그러니까, 의미적 측면에서 어휘소들의 존재를 설명하기 때문이다. **하위개념(hyponymie)**과 **상위개념(hyperonymie)**의 도입 [A.J. Greimas(1966); J. Lyons(1970)]은-이들 개념을 통해 예를 들어 *장미*는 *꽃*이라는 상위개념의 하위개념으로 명시된다-I. Tamba-Mecz (1988: 85)가 주목하듯이 속(genre)과 종(espèce)의 개념이 **동의관계** (synonymie)와 **반의관계**(antonymie)와 같은 다른 의미적 관계들과 나란히 구조적 관계의 일부로 포함된다는 것을 단순하게 표시한다. 반대로 이러한 유형의 계층화에 없는 것은 기능적 차이에 대한 고려이다. 왜냐하면 포괄적인 범주들은 여기서 일반적으로 등치관계를 이루는 것으로 고려되기 때문이다. 구조의미론만이 그러한 성찰에 출발점으로 사용될 수 있는 구별을 제시한다는 점에서 부분적으로 이러한 비난에서 벗어난다는 것을 강조해야만 한다. B. Pottier(1963)에 의해 공식화된 이 구별은 의미적 측면에서는 원의미소(archisémème)를 의미소[12]에 대립시키고, 상응하는 어휘적 실현의 측면에서는 원어휘소(archilexème)를 어휘소에 대립시키는 구별이다. 이 구별은 'siège(의자 일반)'가 'chaise(팔걸이 없는 의자)'와 같은 어휘소에 대한 원어휘소로서 기능한다는 것을 보여준다. 달리 말하면 이때 'chaise((팔걸이 없는 의자)'는 'siège(의자 일반)'가 원어휘소인 그룹의 어휘소들(chaise, tabouret, pouf, canapé, fauteuil[13] 등)의 여러 가지 의미적 내용들, 곧 의미소들의 교차에 의해서 구성된 의미적 내용, 곧 원의미소를 가지고 있다, 이러한 설명은 원어휘소가 통합하는 어휘소들과 관련하여 원어휘소와는 다른 **명명하는 역할**의 분석으로 통할 수도 있었을 것이지만, K. Baldinger(1948: 59)의 아래 주장이 보여주는 것처럼 이 방법은 일반적으로 채택되지 않았다.

우리가 *당신은 ..... 을 보았습니까?(Avez-vous vu le ...?)*라는 질문

---

12 '의미소(sémème)'는 의소(sèmes)라 불리는 의미자질 다발로 구성되는 의소 분석(analyse sémique)상의 단위이다. 따라서 의미소는 형식적으로 어휘 차원에서만 말해지는 어휘소와 비교된다<역주>.

13 이들은 모두 'siège(의자 일반)'의 하위 유형인데, chaise는 '(팔걸이 없는) 의자'를, tabouret는 '(팔걸이·등받이가 없는) 의자'를, pouf는 '(팔걸이 없는) 쿠션의자'를, canapé는 '소파'를, 그리고 fauteuil는 '(등받이·팔걸이가 있는) 일인용 안락의자'를 뜻한다. 이렇게 볼 때 이들 의자들은 원어휘소인 'siège (의자 일반)'의 어휘장을 구성한다<역주>.

을 한다면, 정관사 *le* 다음에 오는 실사의 목록은 대단한 의미를 지니지 않는다.

이처럼 CNS 모델의 설명적 힘은 어쨌든 본질적으로 **수평적(즉 동일 층위의) 차원**에 제한된다. 즉 그것은 한 구성원이 범주에 소속됨을 이 구성원이 속할 수 없는 범주와 관련하여 설명하지만, 이 구성원이 똑같이 속하는 다른 범주와 관련해서는 이 소속됨을 정당화하지는 않는다.

범주화의 수평적 차원(dimension horizontale)에 대한 설명적 힘은 상응하는 기술적 힘을 수반하지 않는다. CNS가 갖는 첫 번째 부정적인 측면은 어휘의 모든 부문에 적용될 수 없다는 것이다. 색깔 형용사들은 자질을 통한 분석을 완강히 거부한다(R.S. Jackendoff, 1983). 자질 [색깔]이 *rouge*(빨갛다), *jaune*(노랗다), *bleu*(푸르다) 등과 같은 형용사에 적절하다는 것 이외에 무슨 필수적인 조건이 있단 말인가? 이른바 **자연 종(種)**(espèce naturelle)이라는 말들의 부문에서 CNS 모델 또한 빠르게 그 한계를 드러낸다. *oiseau*(새)와 같은 예를 어떻게 다룰 것인가? D. Geeraerts(1998)가 제시한 것처럼 가능한 새들의 총체를 포함하는 CNS를 알아내는 것은 어렵다. 모든 확장, 즉 '[동물], [부리를 가짐] 그리고 [난생(卵生)동물]'의 자질들에 해당하는 특성들은 새들을 다른 범주들과 갈라놓는 것을 허용하지 않는다. 왜냐하면 알을 낳거나(예: 뱀들), 부리를 가지고 있는(예; 오리너구리) 다른 동물들과 다른 종(種)들이 있기 때문이다. 다른 한편, 특징적인 것처럼 보이는 자질들이 모든 구성원들에 의해 공유되지는 않는다. 예를 들어 타조,

펭귄, 병아리들은 날 수 없고, 키위새는 날개가 없기 때문에, 펭귄과 키위새 등에 대하여 우리는 깃털을 이론의 여지가 없는 자질로 말할 수 없다. D. Geeraerts(1998)의 다음 도표가 요약하고 있듯이, *새*의 확장은 CNS의 결합으로 결정될 수 없다.

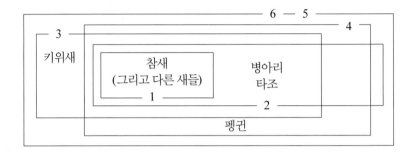

새

1 날 수 있다
2 깃털을 가지고 있다
3 전형적으로 ⑤ 형태를 가지고 있다
4 날개를 가지고 있다
5 난생동물이다
6 부리를 가지고 있다

친척관계의 어휘, 몇몇 인공물 등등과 같은 CNS로의 분해에 호의적인 어휘 부문의 측면에서조차 일이 항상 어려움 없이 진행되지는 않는다. 우리는 전제된 소속 조건들의 필수적인 특징이든(A. J. Lyon, 1969), 이들 조건들의 결합이 보이는 충분한 특징이든 어느 것이나 의심할 수 있다.

L. Coleman & P. Kay(1981)는 예를 들어 동사 *lie*(거짓말하다)를 위해 전제된 다음 세 가지 조건들의 필수적인 특징을 거부한다.

(i) 거짓말하는 화자에 의해 단언된 명제 *P*는 거짓이다.
(ii) 화자는 그 명제가 거짓이라는 것을 믿는다.
(iii) *P*를 진술하면서 화자는 자신의 대화 상대자를 속이기를 원한다.

이들이 거부한 논거는 이들 세 가지 조건을 모두 제시하지 않는 거짓말이 존재한다는 것이다.

CNS 지지자들의 부적 같은 예, 즉 *bachelor*(독신남)는 C.J. Fillmore (1975 & 1982)에게 CNS의 다발이 항상 충분한 것은 아니라는 것을 보여줄 기회를 준다. '결혼하지 않은 성인 남성'으로서 *bachelor*의 정의는 교황의 경우나 오래된 동성애자 커플의 구성원, 등등과 같이 자연스럽게 독신자라고 불려질 수 없는 모든 일련의 경우를 설명하기에는 불충분함이 드러난다. 전제된 CNS의 타당성의 틀에 대한 지침을 제시할 모든 일련의 보충적인 조건들이 필요하다. 즉 «남자들이 일정한 나이 무렵에 전형적으로 결혼을 하고, 독점적인 결혼을 위해 단한번만 결혼하고, 배우자가 죽을 때까지 결혼 상태로 남아 있는다는 단순한 세계의 맥락에서, 결혼할 수 있을 시기에 결혼하지 않은 남자들은 *bachelors*(독신자)라 불린다»(C.J. Fillmore, 1975: 129).

CNS 모델이 함축하는 범주에 대한 외적인 견해는 지나치게 엄격한 것으로 드러난다. 즉 범주들 사이에 명확한 경계를 전제한다는 사실은 지시적 적용의 모호함을 설명하는 데 방해가 된다(G. Kleiber, 1987b).

소속은 CNS의 소유 혹은 무소유에 의해서 정의되기 때문에 출현 χ는 이들 기준적 속성들과 일치하는가의 여부에 따라 범주의 구성원이거나 구성원이 아니다. T. Givon(1986: 77)의 아래 도식에서, 출현 B는 범주 A를 위해 요구되는 기준적 자질을 가지고 있기 때문에 A의 구성원인 반면, 출현 C는 A의 CNS에 부합하지 않기 때문에 확실하게 범주 A의 밖에 있다.

이 유연성(flexibilité)의 부족으로 인해 CNS 모델은 주변적인 경우에 잘 들어맞지 않는다(D. Geeraerts, 1985b & 1986). 게다가 그러한 유연성의 부족은 우리가 몇몇 사물들을 X라고 부르는 것을 방해한다. 설사 분명히 우리가 그것들을 그렇게 부르기를 원한다고 하더라도 그렇다. 그 이유는 단지 그것들이 X의 CNS상 정의와 완전히 일치하지 않기 때문이다(A. J. Lyon, 1969: 409). 예를 들어, 우리가 [네 개의 다리], [단단한 물질로 되어 있다], [등받이] 등과 같은 필요조건들의 도움으로 chaise((팔걸이 없는) 의자)를 정의한다면 우리는 이러한 특징들을 가진 sièges(의자 일반)만을 chaise라고 불러야할 것이지만, C. Schwarze (1985: 78)가 강조하듯이 이러한 특성들 중에 하나가 없는 가구를 chaise라고 부르는 경우들이 쉽게 발견된다.

가장 큰 기준의 공통분모를 토대로 한 내적 조직화는 다음 두 가지의 중대한 결함을 야기한다.

(i) 지나치게 큰 동질성이 문제가 된다. 왜냐하면 구성원들은 동등한 것으로 제시되는 반면에(참조. 위에서 총칭적 문장들에 대한 우리의 관찰), 범주의 내적 구조 속에는 명확한 경계가 부재한다는 직감이 직관적으로나 언어학적으로 근거가 있어 보이기 때문이다. 예를 들어, 참새는 반론의 여지없이 병아리, 펭귄 혹은 타조보다 더 나은 새의 본보기이다. 다음의 발화 a), b), c) 사이에는 참의 정도에서만 차이가 있다는 인상이 그것을 증명한다[G. Lakoff(1972), G. Kleiber & M. Riegel(1978)].

a) *참새는 새이다*(참).
b) *병아리는 새이다*(b는 a보다 덜 참인 것처럼 보인다).
c) *펭귄은 새이다*(c는 b보다 덜 참인 것처럼 보인다).

그러나 이 비판은 조정될 필요가 있다. 사실, 고전적 틀 속에서 시도된 몇몇 접근들이 이러한 데이터들을 다루는 방식을 서로 주고받았다는 것을 잊지 말아야 한다. 예를 들어 구조의미론은 의미적 구성성분(composant sémantique)의 양과 가치를 개입시키면서 이러한 위계를 설명할 수 있다. 예를 들면, F. Rastier(1987a: 160)는 반복되는 의소들의 수와 그것들의 위계적 수준에 따라 평가된 **동위성**[14]의 정도의 관점에서 참의 정도의 개념을 설명한다. 이것은 a)가 b)보다 더 강한 동위성을 나타내고, b)는 c)보다 더 큰 동위성의 정도를 가지고 있다는 말이다. 그 이유는 반복되는 의소의 수가 b)에서보다 a)에서 더 많고, c)에서보다 b)에서 더 많기 때문이다.

(ii) 채택할 자질들의 «스파르타식의 엄격한», 지나친 최소주의적 시각이 문제가 된다. 오로지 CNS만을 가지고 연구할 때 우리는 낱말의 의미 정의에서 전형적이길 원하지만, 그럴 수 없는 수많은 특성들을 제거하게 된다. 왜냐하면 모든 구성원들이 이들 수많은 특성들을 입증하지 못하기 때문이다(다시 말하면 이들 수많은 특성들이 비필연적인 조건들에 해당하기 때문이다). 이들 자질은, 예를 들어 *새*의 경우 [*voler*(날다)]와 같이, 단순한 백과사전식의 정보들이 아니다. 이는 우리가 그 정보들이 언어외적인 지식에 속한다는 것을 돋보이게 하면서 그것들의 배제를 정당화할지라도 그렇다. 그 증거는 그것들을 수용하기 위한 특별한 구성단위를 만들어내는 고전적 모델의 이런저런 버전에서 깊이 느끼는 필요성이다. B. Pottier(1987a)는 자신의 의소분석 모델에 **잠재소**(virtuème)를 도입하는데, 이것은 F. Rastier(1987a)의 **해석의미론**(sémantique interprétative)에서 **내재적 의소**(sème inhérent)에 대립되는 **부수적 의소**(sème afférent)의 개념으로 다음 인용에서와 같다.

---

14 '동위성(isotopie)'은 그레마스(A.J. Greimas, 1917~1992)가 제창한 개념으로 '언어 단위의 모든 반복'을 뜻한다. 따라서 언어의 잉여성은 그 성격이 무엇이든 간에 동위성의 시초가 된다<역주>.

우리는 또한 **잠재소**, 혹은 일련의 경험들을 가진 한 개인이나 한 집단의 특별한 인식과 관련된 비변별적인 의소들의 총체를 도입했다. 그것들의 결정은 매우 섬세하다. 잠재소는 이따금 어휘 의미의 정의에 나타난다. 예를 들어 *coffre*(궤)는 '*나무나 금속으로 만들어진 사각형 형태를 띠면서, 대체로 가운데가 불룩 올라와 있고, 자물쇠로 채워져 있는 큰 상자*'(일반 사전)로 정의된다. 재질 가운데가 불룩 올라온 특징 등은 잠재소에 속한다. 그러나 그 사실은 대체로 참이기는 하지만 변별적이지는 않다. 가운데가 불룩 올라오지 않은 뚜껑을 가진 이 유형의 사물들이 존재하지만, 우리는 그것들 또한 기표 *coffre*(궤)로 지칭할 수 있다(B. Pottier, 1964: 125).

오늘날 널리 알려져 있는 이러한 자질들의 언어학적 적합성은 우리가 그 당시 그 현상들 중 몇몇을 **일반적으로 참인 문장**이라 불렀던 것의 틀 속에서 다루었던 수많은 언어 현상들 속에 나타난다(G. Kleiber, 1978b). 나는 여기서 그러한 자질들이 다음과 같은 발화들 속에서 접속사 *mais*(*그러나*) 뒤의 긍정문에 나타나기가 어렵다는 것만을 상기할 것이다.

? C'est un oiseau, mais il vole(*? 이것은 새이지만 난다*)

이에 반해, 부정문에서는 그러한 자질들의 용법(곧 *mais*의 사용)은 다시 자연스러워진다.

C'est un oiseau, mais il ne vole pas(*이것은 새이지만 날지 않는다*).

IV. 네 가지 «잘못된» 비판에 대하여

CNS 모델에 반대해서 종종 내세워지는 네 가지 «잘못된» 결함은 버려야한다. 첫째로, 우리는 이 CNS 모델이 가진 지나치게 엄격한 예측 가능성을 비난할 수 있었다. 그 논거는 X이기 위해 요구되는 정의적 자질들을 가지고 있는데도 불구하고 X라고 불리지 않는 사물들이 있다는 것이다. 예를 들면, G. Nunberg(1978)는 CNS의 정의에 따라 대형여객선의 선실과 허파꽈리에도 적용되어야 할 낱말 *cell(cellure,* 세포)이 그럼에도 불구하고 이들 유형의 지시대상에 대해서는 사용되지 않는다는 것을 지적한다. 내가 보기에 이 비판은 결정적이지 않다. 왜냐하면 CNS 모델은 그와 같은 문제를 다의성의 영역으로 옮겨놓으면서 궁지에서 빠져나갈 방법들을 가지고 있기 때문이다. 이의가 제기된 문제가 사라지도록 하기 위해서는 *cell*에 유일한 의미를 거부하고 이 낱말을 다의어로 보는 것으로 충분하다. 분명한 사실은 『로베르 소사전 *Petit Robert*』이 이 방식을 끌어오고 있다는 것이다. 이 사전은 *cellule*(세포)에다 단 하나의 의미만을 명확하게 부여하지는 않는다. 사실 지나치게 엄격한 예측 가능성에 대한 반대가 목표로 삼는 것은 너무 강력한 유일한 의미로 다른 지시적인 용법들을 포함하려는 시도이다. 그럼에도 불구하고 이 유일한 의미의 조건에 부합하는 일부 지시대상들이 왜 아직 그렇게 불리지 않는지를 설명하지 못하는 것이 사실이다.

두 번째 «잘못된» 비판은 한 낱말의 의미에 대해 우리가 갖는 직관과 명백하게 일치하지 않는 CNS의 관점에서 그 낱말에 대한 정의를 부각시키는 데 있다. *homme*(인간)를 [깃털이 없는 두 발 달린 동물]로 정의하고, *triangle*(삼각형)을 [세 개의 변을 가진 다각형]으로 정의하는 것은 CNS상의 일방적인 정의이지만, 그러한 정의들이 우리가 *homme*의 의미와 *triangle*의 의미에 대해서 갖는 생각과는 엄청 거리가 멀다는 것은 분명하다(R.W. Langacker, 1987). 기하학에 대해 조금이라도 (그리고 자세히) 알지 않는 한, 우리가 [세 개의 변을 가진 다각형]이라는 특성에 충실한 주석으로 삼각형을 인지할지는 전혀 확실하지 않다. *circle*(원)의 개념도 마찬가지이다. 원을 지표(指標)에서 명시된 거리에 위치한 평면의 점들 집합으로 보는 수학적 정의는 R.W. Langacker (1987: 86)가 강조하듯이 원의 기본적인 구성성분은 중심과 반지름이라는 것을 믿게 한다. 우리가 화자들의 편에 서보면, 우리는 그들이 사실 원을 오히려 전체의 형태로서, 곧 크기에 관한 비대칭을 드러내지 않거나 혹은 각이 없는 궤도와 마주보고 있는 간격을 드러내지 않는 최소의 닫힌곡선으로 지각한다는 것을 깨닫는다.

이 주장 또한 받아들일 수 없다. CNS 모델은 낱말의 지시대상에 대한 정의가 하나뿐이라고 주장하지 않는다. 모든 문제는 이 모델이 낱말의 의미적 정의를 목표로 한다는 사실, 다시 말해서 그것이 언어능력이 있는 화자의 CNS를 제시하기를 바란다는 사실에 있다. 이것은 과학적이고 뭐고 가릴 것 없이 서로 다른 영역들에서 타당한 다른 정의의 존재 가능성을 전혀 배제하지 않는다(예를 들어 *eau*(물)에 대한 H_2O, 또는 *homme*(인간)에 대한 [깃털이 없는 두 발 달린 짐승]이 그렇다). 유일한 큰 차이점은 그러한 정의와 함께 낱말의 의미가 문제가 되는 것은 아니라는 것이다. 게다가 우리는 빈번히 «d'expert(감정인)[15]»의 정의 또한 다른 확장을 수반한다는 것을 주목할 수 있다. F.

Rastier(1987a, n. 20, p. 161)에 의해 보고된 낱말 *baie*(장과(漿果))의 다음 (1)과 같은 언어학적 정의와 다음 (2)와 같은 식물학자의 정의 간의 대립은 지시대상의 차이에 의해서도 나타난다.

(1) *Une baie est un petit fruit rouge, sauvage, délicieux ou vénéneux.*
(장과는 야생으로 맛있거나 독을 지닌 빨강색의 작은 과일이다.)

(2) *Une baie est un fruit qui compte plusieurs noyaux.*
(장과는 여래 개의 씨앗이 있는 과일이다.)

왜냐하면 식물학자의 정의는 장과로 멜론, 바나나 그리고 토마토 또한 포함하기 때문이다.

같은 용어에 대해 생성된 CNS에 있어서의 불일치(다른 의소, 자질들의 다른 위계, 다른 사전들의 정의 등)는 또한 매우 자주 의미의 고전적 접근에 대한 비판으로 사용된다. 그러나 꽤 실제적인 이러한 결함은 CNS 모델에 고유한 것은 아니다. 이 결함은 사실 어휘 의미의 모든 기술(記述)-그 기술이 위치한 정의의 틀이 고전적인 것이든 아니면 새로운 것이든 간에-을 위협한다. 이러한 변이들은 CNS 모델의 쪽에서만큼이나 원형의미론의 쪽에서도 확인된다.

이처럼 우리는 사용된 분석 모델 그 자체를 직접 재검토하기 위하

---

15 프랑스어에서 'expert'는 '전문가'라는 뜻을 갖지만, 정관사 *le(l')*를 수반한 '*l'expert*'는 '감정인'을 뜻하는 의미 확장(extension de sens)이 일어났다<역주>.

여 어떤 용어의 이러저러한 의미 기술에 사용된 자질들의 관여성 부족을 활용할 수 없다. B. Pottier(1965)가 말하는 *sièges*(의자 일반)의 계열체적 예가 예시로 사용될 수 있다. 우리는 B. Pottier가 [*팔걸이의 유무*], [*등받이의 유무*], [*한 사람용 아니면 여러 사람용*], [*딱딱한 재질의 유무*] 등과 같은 의소들의 도움으로 *chaise, pouf, tabouret, sofa* 그리고 *fauteuil*라는 낱말들을 기술한 것을 안다.[16] *tabouret*[(팔걸이·등받이가 없는) 의자]의 의미가 [*등받이가 없는*]이라는 의소를 포함하는 것이라면, *chaise*[(팔걸이 없는) 의자]의 의미는 [*등받이가 있는*]이라는 대립적 자질을 가지는 것일 것이다. A. Wierzbicka(1985: 333)는 이 마지막 가정만이 실제로 변별적이라는 것을 보여준다. *tabouret*의 경우, 비록 대부분의 *tabouret*들이 실제로 등받이를 가지고 있지 않는 것으로 드러난다고 할지라도, 등받이를 가지고 있는지의 여부가 결정적인 점이 아니라고 그녀는 주장한다. 그러나 의소분석(또는 성분분석)에 대한 대부분의 비방자들과는 달리, 그녀는 의미 자질로 분석하는 것을 비난하기 위해서 그러한 데이터를 사용하는 것이 아니라, 다른 자질을 밝히는 경쟁적인 기술에 전념한다. *tabouret*에 대해 변별적인 것으로 드러나는 것은 그것이 앉은 사람들을 앞으로 기울어지게 할 수 있는 무언가의 문제가 있는데도 공간이 많지 않은 장소에서 사람들이 앉아 있을 수 있는 용도로 쓰인다는 사실이다. 이 마지막 사실은 *tabouret*에 있어서 등받이가 필수불가결한 것은 아니라는 생각의

---

16   앞 p. 50 참조<역주>.

단초가 된다. 그것은 또한 한정된 공간의 자질과 관련해서 왜 *tabouret*
가 부엌, 술집, 피아노 앞, 작업장 등에서는 유용하게 쓰이는 데 반해,
대기실에서는 좌석으로 유용하게 사용되는 것이 오히려 *chaise*[(팔걸
이 없는) 의재인지를 설명한다. 이와 같은 수정들은 특성을 통한 분석
의 정당성을 부정하지는 않지만, 알다시피 그러한 특성들이 갖는 성격
의 문제를 다시 다루어야 할 필요성을 보여준다. 우리는 여기서 범주
들에 대한 고전적 견해로 향한 근본적인 비난들 중 하나, 즉 지시대상
의 내재적 자질들, 곧 《객관적인》 자질들을 문제 삼는 비난을 다루고
있다.

　이 비난은 정확히 무엇인가? 나는 여기서 다시금 그러한 비판을 올
바른 자리에 되돌려 놓아야 한다고 믿는다. 고전적인 소개들이 필요충
분조건이란 지시대상의 객관적인 특성들이라고 믿게 하는 것은 사실
이다. '*낱말의 의미, 그것은 어떤 현실의 단편이 그렇게 불리기 위해서
나타내야 하는 특성들이다*'와 같은 표현들은 이 생각을 믿게 하고, 다
음 사실을 강조하는 G. Lakoff(1987)가 겉보기에는 옳다고 인정된다.
요컨대, G. Lakoff(1987)는 범주를 구성하는 지시대상들이 요구하는
기준적 자질들의 독립적이고 객관적인 존재를 규정하는 범주들에 대
한 고전 이론이 의미의 《비물질적인》 견해에 기초를 두고 있다는 것
을 강조한다. 그러나 심지어 이러한 주장의 올바름과는 관계없이, 그
런 고전 이론이 전제된 범주화 모델(modèle de catégorisation)에 직접
연결되어 있지 않다는 것을 알아야 한다. CNS에 의거한 범주화 모델
은 그 조건들이 지시대상의 내재적 특성들이어야 한다는 것을 함축하
지 않는다. 아무것도, 객관적이지는 않지만 화자, 문화 등을 쟁점으로

삼는 필요충분 자질들을 형식화하는 것을 금하지 않는다. 따라서 이러한 기준을 따라 고전적인 의미적 접근을 비판하는 것은 범주에의 소속이 공유된 속성으로부터 결정되지 않는다고 결론짓는 것을 허용하지 않는다. G. Lakoff(1987)가 고전적 모델들에 가하는 비판의 모든 부분은 이처럼 나에게 부당해 보인다.

G. Lakoff(1987)의 그러한 비판은 내가 보기에는 두 가지 이유 때문에 부당하면서도 지나쳐보인다. 첫째로 G. Lakoff는 유럽의 구조주의자들이 의소의 조작적, 기능적, 다시 말해서 전적으로 언어학적인 면만을 고려하기 위하여 그것들을 지시대상과의 모든 관계로부터 자유롭게 만들려는 열망을 분명히 가지고 있었다는 것을 완전히 무시하기 때문이다. 우리가 봤다시피, 비록 그다지 객관적이거나 내재적이지 않는 지시적 해석이 항상 잠재되어 있지만, 그렇다 할지라도 어떻든 고전적인 모델을 따르는 구조의미론이 독립적인 의미를 파악하기 위하여 현실과 멀어지려 하는 것을 첫 번째 열망으로 삼고, 그러한 열망을 달성하기 위해서 낱말들의 대립, 다시 말해서 범주들의 대립을 전제로 한다는 것을 확인하는 것은 대단한 의미를 지닌다. 구조의미론은 바로 그러한 이유로 원형의미론이 분명하게 강조하는 점들 중의 하나, 즉 범주들의 내적 조직은 그것들의 외적 조직, 다시 말해서 나머지 다른 범주들과의 대조적인 관계에 달려있다는 것을 보여준다.

두 번째 이유는 원형의미론이 그 표준이론에서 원형과 결합된 속성과 특성들이 '현실은 범주들의 형성에 자신의 제약들을 부과할 수도 있다'라고 일반적으로 말해지는 것만큼 자의적이지는 않다는 것을 보여주는 것을 목표로 한다는 점이다. 원형의 확장이론이 이러한 유형의

약속을 부정하는 것은 사실이지만, 우리가 살펴볼 바와 같이 확장이론은 원형과의 짝지우기의 방편으로 범주적 소속의 문제를 해결하기를 더 이상 주장하지 않는다는 것 또한 사실이다.

　마지막으로 토론을 명확히 해주고, 이 토론의 과도한 이원론적인 성격을 알리기 위해서 두 가지 보충적인 상세 설명이 필요하다. 첫 번째 것은 지시대상의 «객관적인» 혹은 «내재적인» 자질의 개념과 연관되어 있다. 오늘날 이 개념은 화자들이 그것에 대하여 가지고 있는 지각과 관련하여서만 의미를 갖는 것은 분명하다. 우리가 현실이라고 부르는 세계, 따라서 «객관적인» 세계는 우리가 지각하고 우리가 그것을 지각하는 그대로 생각하는 세계일 뿐이다. 예를 들어 이 나무가 갈색이라고 말하는 것은 실제로 이 나무가 객관적으로 갈색이라는 것을 말하는 것이 아니다. 정말이지 그것은 실제로는 초록색인데 내게 그것을 갈색으로 보게 하는 시각효과가 있을 수도 있는 일이다. 일단 이러한 상세 설명이 제시되면 R.S. Jackendoff(1983)가 자신의 «투사된 세계»를 가지고 이 저술 내내 과하게 말한 것처럼 그것을 반복할 필요는 전혀 없다. 그리고 한편, 우리는 이 지각된 세계가 *대체로* 공유된 방식으로 지각된다는 것을 인정할 수 있다. 이것은 우리가 바란다면 *brun*(*갈색*)의 것과 같은 자질들을 처음부터 *주관적인* 특성이라고 여겨지는 *beau*(*아름다운*), *intelligent*(*영리한*) 등의 것과 같은 특성들과 대립시키기 위하여 지나치게 큰 피해 없이 *객관적인* 분류를 재통합하는 것을 허용한다. 또 한편으로 CNS에 의거한 접근은 **믿음 세계**(univers de croyance)의 개념과 같은 개념들의 도움으로 지나친 어려움 없이 이 문제에 대한 이런 새로운 상황을 제어할 수 있다(R. Martin,

1983 & 1987).

두 번째의 상세 설명은 인간과, 세계 속에서 그리고 세계에 대한 인간의 행동 방식을 문제 삼는 특성들과 관계가 있다. 원형의미론의 중심적인 주제들 중의 하나는 «몇몇 범주들의 특성들은 인간의 생물학적 능력의 성격과 물질적·사회적 환경 속에서 작동하는 경험에서 유래한다는 것이다»(G. Lakoff, 1987: 12). 이 주장은 개념은 «생각하는 존재들의 육체적 성격과 그들의 경험과는 관계없이 존재한다»는 생각과 대조를 이룬다(G. Lakoff, 1987: 12).

따라서 여기서, 지시대상의 객관적, 내재적 특성들에 대한 생각은 우리가 기본 범주들의 특성화와 함께 아래에서 볼 수 있듯이, 인간의 특수성과 관계가 깊은 상호작용적 특성들에 대한 생각과 대립된다. CNS 모델은 첫 번째 유형의 특성들만을 포함할 것이므로, 여러 번 강조된 상당수 자질들의 의인주의[17]에 대한 사실을 설명할 수 없을 것이다(A. Wierzbicka: 1985). 예를 들어 *devant*(... *앞에*)의 사용 조건들을 기술하기 위해 사용된 자질들은 이러한 의미에서 한 유형의 발화 상황들이 보이는 객관적인 특성이 아니다. 그 이유는 *a est devant b*(*a 가 b의 앞에 있다*)에 상응하는 동일한 발화 상황이 *derrière*(... *뒤에*)에 의해서도 파악될 수 있기 때문이다(C. Vandeloise, 1986). 이 두 표현

---

[17] '의인주의(擬人主義 anthropomorphisme)'는 인간 이외의 존재인 신이나 자연에 대하여, 인간의 정신적 특색을 부여하는 경향을 말한다. 신화나 종교 같은 데서 이러한 견해를 찾아볼 수 있다. '의인주의'는 '의인관' 또는 '인간 형태관'이라고도 한다(『표준국어대사전』 참조).

사이의 사용 분배는 우리가 알다시피 근본적으로 화자의 방향과 위치를 개입시키는 제한들에 따라 달라진다. A. Wierzbicka(1985: 134)는, 예를 들어, (나무의) *feuille*(잎)의 개념은 사람의 손과의 유사성을 토대로 형성된다는 것과, 왜 전나무의 바늘 모양의 잎들이 비록 식물학자들에게 있어서는 잎이나 마찬가지이지만 일상 언어에서는 잎으로 이해되지 않는가를 설명하는 것은 이러한 유사성이라는 것을 암시하면서도, 일상적인 개념들의 구축에 있어서 의인주의의 우위성을 강조한다. 우리가 보다시피, **지시적 의미론**의 모든 형태와, 그에 더하여 특히 의미의 진리조건적 접근들에 대한 반론이 제기된다. 그러나 이러한 반론은 고전적 모델의 여러 버전이 이러한 유형의 자질들을 실제로 완전히 소홀히 할 때만 정당화된다. 한 가지 사실은 확실하다. 즉 고전적 모델의 여러 버전들이 이러한 차원을 충분히 고려하지는 않았지만, 아무것도, 우리가 본 상세 설명의 초기에 강조했던 것처럼, 그런 고전적 모델들이 이러한 유형의 자질들을 통합하는 것을 금지하지 않는다. 이는 A. Wierzbicka에 의한 *tabouret*[(팔걸이·등받이가 없는) 의자]에 대한 선택적인 분석이 보여주었던 것과 마찬가지이다. 또 한편으로 우리는 이 점에 관해서 예를 들어 **진리조건적 자질**이, 비록 몇몇 고전적인 설명이 그렇다고 생각하게 하더라도, '객관적 자질'을 꼭 의미하지는 않는다는 것을 유의해야 할 것이다.

다른 한편으로, 우리는 많은 의인주의적 자질들이 이미 CNS 모델의 보호 아래 행해진 기술들에 나타나고 있다는 것을 말하지 않을 수 없다. 가장 유명한 것은 아마도 B. Pottier가 말하는 *siège*(의자 일반)가 갖는 [앉는 데 쓰이는]의 자질이다. 고대 프랑스어에서의 어휘소 *ire*에 대한 연구에서(G. Kleiber, 1978a) 나 자신도 이 유형의 자질들을 많이 사용했지만, 의미 분석이 이루어진 이론적 틀은 J. Lyons, B. Pottier, E. Coseriu, K. Heger, K. Baldinger, H. Geckeler 등의 연구에서 나온 **성분 의미론**의 틀이었다. 그리고 다른 여러 이론적 틀 하에서도 그 일은 알려져 있는 것이라는 것을 마침내 특기할 필요가 있다. L. Danon-Boileau[18]는 의미에 대한 퀼리올리식[19] 접근의 틀에서 행하는 연구가들이 구축한 의미론에서 그러한 자질들에 부여된 우선권을 나에게 정확하게 상기시켜주었다. 나는 여기서 또한 이 분야에서 J. Picoche(1986)에 의해 개별적으로 행해진 주목할 만한 연구를 인용할 것이다. 즉 기욤[20]의 영향을 받은 의미론에서 어휘 의미가 갖는 의인주의적 구조화에 가장 큰 중요성을 부여한 것은 아마도 그녀일 것이다.

이 비판의 비판은 결과적으로 CNS 모델에 반대하는 G. Lakoff의

---

[18] L. Danon-Boileau는 정신분석학자(SPP 회원)이자, 파리 5대학의 언어학 교수이며, 어린이 언어의 습득 및 병리학 연구소(CNRS)의 연구원이기도 하다 <역주>.

[19] 언어학자 퀼리올리(Antoine Culioli, 1924~2018)를 말한다. 그는 프랑스 파리 7대학 교수를 역임한 언어학자로 'Théorie des Opérations Énonciatives(발화행위 작용이론)'(간혹 TOE로 약칭됨)이라 불리는 발화(énoncé)와 발화행위(énonciation)에 관한 이론을 만들었다<역주>.

[20] 기욤(Gustave Guillaume, 1883~1960)은 프랑스어 언어학자로 '언어의 정신 역학(psychomechanics of language)'이라고 알려진 독창적인 언어이론의 저자이다. 그는 언어 연구는 문장으로 실현된 표면 구조를 밝히는 것에 만족치 않고, 더 나아가 근원적인 언어 구조, 곧 낱말이 나타내는 인간 정신의 동적인 메커니즘을 설명할 수 있어야 한다고 말한다<역주>.

주요 논증을 무너뜨리게 된다. 이는 한편으로는 아무것도 **체화된 개념** (concept embodied)의 차원이 CNS에 의거한 의미론에 의해 지지되는 것을 막을 수 없기 때문이고, 다른 한편으로는 그러한 자질들이 CNS 모델에서 비롯되는 의미이론들에서 완전히 부재하는 것도 아니기 때문이다.

제2장

원형의미론의 표준이론

우리가 원형의미론의 **표준이론**이라고 부르는 것은 E. Rosch와 그의 동료 연구가들에 의해 1970년대 초반과 중반의 연구에서 공식화된 제안들에 해당한다. 이 제안들은 **범주**에 대한 견해와, 다음과 같이 이중적인 **범주화**에 대한 견해를 공식화한다. 즉 이 제안들은 한편으로는 범주들의 내적 구조화를 기술하고(**수평적 차원**), 다른 한편으로는 범주 상호간 구조화의 개요들이 무엇인지를 정립한다(**수직적 차원**). 원형의 표준이론의 이 두 양상을 연달아 설명하기에 앞서 서론에서 이미 거론된 점, 즉 선구자들 자신이 범주의 내적 조직을 기술하기 위하여 공리로 내세워진 주요 주장들을 포기하면서까지 궤도를 수정했다는 사실을 강조해야만 한다. 이러한 선회로부터 결국 우리가 원형의미론의 **확장이론**이라고 부르는 것이 생긴다. 우리는 이러한 조건들에서 원형 모델(modèle prototypique)의 지나간 이론적 상태를 설명하는 것이 여전히 유용한지를 자문해 볼 수 있다.

그러한 전개에는 두 가지 주된 이유가 있다. 첫 번째 이유는 이전의 상태가 그것을 공들여 만든 사람들 자신에 의해서 부분적으로 아무리 부정된다고 할지라도 그것이 가장 잘 알려져 있는 이론이기 때문이다. 즉 원형 개념이 대중화되고 널리 알려지게 된 것은 이 형태하에서이다. 오늘날 여전히 원형의미론을 표방하는 대부분의 연구들은 표준이론의 이론적 틀에 포함된다. 따라서 표준이론의 지지자들과 그 귀결점을 아는 것은 필수적이다. 아마도 두 번째 이유가 더 중요할 것이다. 원형에 대한 **확장적** 견해의 주창자들-특히 G. Lakoff가 그렇다-이 생각하는 것과는 반대로 내가 보기에 표준이론이 시대에 뒤떨어진 것 같지 않다. 표준이론은 자신의 정당성과 자신의 고유한 독창성을 지키고 있다. 왜냐하면 확장이론은, 내가 나중에 보여 주려고 하는 것처럼, 표준이론의 단순한 자연적 결과가 아니기 때문이다. 요컨대, 확장이론은 초기에 표명된 제안들의 실효를 입증할 수도 있을 것이나, 몇몇 본질적인 점들, 특히 원형의 중심 개념에 대해서 표준형의 틀 내에서 지켜진 주장들과는 근본적인 단절을 이룬다. 원형의 개념을 특수성과 변별성(distinctivité)으로 삼는 것은 원형에 대한 완전히 다른 이해를 위해 확장이론에서는 사라졌다. 그렇기 때문에, G. Lakoff가 생각하는 것과는 반대로, 우리는 연장된 발전과 추월에 대해서 말할 수 없게 되고, 특히 판단이 실질적으로 정당화되는 몇몇 점 외에는 우리는 확장이론의 주장들을 내세우면서 표준형의 견해에 대하여 잘못이나 오해라는 결론을 끌어낼 수 없게 된다. 확장이론은 원형의 초기 이론에 비하여 완전히 진일보한 것으로 고려될 수 없다. 따라서 우리는 표준이론의 지침들, 즉 수직적 구조화를 나타나게 하는 지침들만큼이나 범주(또는 개념)의 내적 구조를 조직화하는 지침들을 상세하게 설명할 것이다.

CNS 모델의 한계에 대한 조사를 통해 우리는 (범주화할 사물인) *X는 왜 범주 Z에 분류되는가?*라는 질문과 그 명명적 이형(variante dénominative)인 *x는 왜 Z라고 불리는가?*라는 질문이 어떤 의미로는 양면성을 갖는다는 것을 알게 되었다. 왜냐하면 이들 두 의문문이 *x*가 속하지 않는 범주(혹은 *x*라고 부를 수 없는 이름)와 관련하여 *Z*의 선택에 영향을 미치거나, 똑같이 *x*에 알맞을 수 있는 범주나 이름과 관련하여 *Z*의 선택에 영향을 미치는 질문과 일치하기 때문이다. 첫 번째 설명은 왜 *x*가 개이지, 예를 들어 자전거나 고양이가 아닌지를 대답하도록 한다. 두 번째 설명은 *x*가 동물이나 포유동물이라고 말할 수도 있었을 것인데도 불구하고 왜 *x*가 *개*라고 불려지는지를 정당화할 것을 요구한다. 원형이론은 **수평적 관점**에서의 범주화-범주의 내적 조직화-와 **수직적 관점**에서의 계층적인 범주 상호간의 구조화를 고려하면서 이들 두 문제에 답한다. 범주화의 이 두 차원은 중요하다. 두 번째 차원은 아마도 첫 번째 차원보다 언어 의미론, 특히 텍스트 의미론에 대해 더 흥미로운 결과를 갖는다. 그러나 가장 눈길을 끄는 것은 첫 번째 차원이다. 그 이유는 이것이 범주에의 귀속 문제와, 이에 따른 낱말 의미의 정의 문제를 직접적이면서도 새로운 방식으로 해결하기 때문이다. 따라서 우리가 원형의 정의, 범주의 내적 조직, 그런 내적 조직에서 유래한 범주화의 과정, 원형의 성격과 표상의 문제, 전형적인 특성의 문제, 그리고 마지막으로 원형효과(effet prototypique)[1]를 차례차례 점검하면서 우리가 우선적으로 다룰 것은 첫 번째 차원이다.

I. 수평적 차원: 범주와 원형

A/ 원형이란 무엇인가?

원형의미론은 CNS에 의거한 고전적 견해에 비하여 아래 내용과 같이 원형의 관점에서 범주들을 해석할 필요성을 나타나게 한다는 점에서 M. Posner(1986)에게는 근본적인 단절, 진정한 혁명(로시식의 혁명)으로 받아들여진다.

E. Smith & D. Medin(1981, p. VIII)은 다음과 같이 말하고 있다. 자극적이었던 것은 연구자들-특히 버클리 대학의 E. Rosch-은 아리스토텔레스에게서 물려받은 개념들에 대한 견해가 심히 쇠퇴했으므로, 그 견해는 원형들에 바탕을 둔 이론으로 대체되어야 한다는 것을 시사하는 발견의 결과물들을 보고했다는 것이다.

우리는 무엇을 원형이라 부르는가? E. Rosch의 초기 연구들(참고문헌을 볼 것)에서 기술된 테스트와 실험을 보면 원형의 개념은 가장

---

1   '원형효과(prototype effect)'[또는 전형성 효과(typicality effect)]는 원형이론을 처음 주창한 E. Rosch가 발견한 개념으로 '범주의 구성원 간의 비대칭성'을 말한다. 예를 들어, 사람들은 '탁자'나 '의자'를 '양탄자'에 비해서 범주 *가구*의 '더 나은 본보기'로 판단하고, '울새(robin)'를 '닭, 펭귄, 타조'에 비해서 범주 *새*의 '더 전형적인 본보기'로 판단하는 범주 구성원 간의 비대칭성이 나타난다. Lakoff(1987)는 여기서 더 나아가 이 원형효과를 범주 구조의 '이상적 인지 모델(idealized cognitive model)'에서 나타나는 구성원 간의 비대칭성으로 설명한다. 이에 대한 논의는 앞으로 계속 이어진다<역주>.

나은 본보기 또는 가장 나은 사례, 가장 나은 대표 또는 범주의 중심적 사례로서 소개된다. 따라서 이는 '대량 생산 이전에 제조된 (기계, 차량의) 모델의 최초의 본보기'라는 일반적인 의미와는 다른 기술적인 말뜻과 관계된다. 기본 개념은 범주들이 그들을 포함하는 범주와 관련하여 《등거리의》 구성원으로 구성되지는 않지만, 다른 것들보다 더 나은 본보기의 구성원들을 포함하고 있다는 것이다. 예를 들어 범주 *과일*의 경우 E. Rosch(1973)가 질문한 실험대상자들은 가장 나은 본보기로서 사과를 제시했고, 가장 덜 대표적인 구성원으로 올리브를 제시했다. 이 둘 사이의 대표성의 등급(échelle de représentativité)에는 그 대표성이 점점 약해지는 순서에 따라 자두, 파인애플, 딸기 그리고 무화과가 자리한다.

이러한 예시에서 알 수 있듯이 원형의 개념은 원래 개인과 결정적으로 관련되어 있다. 즉 원형은 실험대상자들에 의해 최상의 것으로 인식되는 본보기이다. 이러한 심리적 기원은 개인적 변이의 문제를 직접 제기한다. 왜냐하면 원형은 먼저 개인들이 생각하는 최상의 사례이므로 이론적으로 개인에 따라 바뀔 수 있기 때문이다. 따라서 이 사실은 원형이론이 범주화의 이론으로서, 그리고 무엇보다도 어휘의미의 이론으로서 갖는 변별성의 문제를 심각하게 훼손할 수도 있다는 것을 말한다. 예를 들어, 장(Jean)과 피에르(Pierre)가 *새*에 대한 동일한 원형을 가지고 있지 않다면, 그 경우 *새*의 부류에 대한 그들의 범주화 과정이 그럼에도 불구하고 거의 동일한 결과에 도달하는 것을 어떻게 설명할 수 있겠는가(다시 말해서 어떻게 그들이 동일한 지시대상들을 *새*라고 부를 수 있겠는가)? 더 나아가 그들이 *새*라는 낱말에 대체로 동일한 의미를 부여하는 것을 어떻게 설명할 수 있는가? 심각한 난관이다. 왜냐하면 그러한 변이들이 존재하기 때문이다[P. Encrevé & M. de Fornel(1983) 외에, G. Nunberg(1978)에서, 예를 들어, 낱말 *jazz*를 볼 것]. M. Denis(1978), D. Dubois(1982, 1983, 1984), F. Cordier(1980), F. Cordier & D. Dubois(1981) 등의 연구에서 프랑스인 실험대상자들을 상대로 다시 만들어진 E. Rosch의 최초의 분석들처럼 원형을 강조하는 실험의 결과는 그렇지만 상당히 큰 안정성(stabilité)에 근거를 두고 있다. 요컨대, 비록 불일치가 잔존한다할지라도[참조. 예들 들어 D. Dubois(1982)], 동일한 공동체의 발화주체들에게는 상당히 넓은 합의가 유지되고 있고, «인간 주체들의 기억 속에는 비교적 안정되고 영속적인 의미적 표상들이 존재 한다고 F. Le Ny는 전제한다[D. Dubois(1986: 66)에 의해 인용됨]». 원형의미론의 목적은 당연히 공유된 원형 지식의 이런 영역들을 기술하는 것이다(R.W. Langacker, 1987: 62).

새로운 정의적인 요점은 원형은 그런 식으로 가장 자주 제공되는 본보기인 것으로 나타나는 경우에만 범주의 가장 좋은 본보기로 간주된다는 것이다. 확장이론에서는 종종 간과되는 사실인 원형의 지위는 높은 빈도-이 빈도는 원형의 변별성에 필수적인 개인 상호간의 안정성을 보장하는 유일한 것이다-를 기준으로 해서만 표준이론에서 부여된다. D. Dubois(1982)는 프랑스어의 22개의 의미 범주에 대한 자신의 분석에서 최소한 실험대상자들의 75%가 인용한 본보기만을 원형으로 채택하고 있다. 이 경우 실험은 낱말 생산의 고전적 테스트로 이루어졌다. 즉 실험대상자들은 22개의 범주 각각에 속하는 사물의 이름을 열거해야 했다. 다른 실험들에서는 실험대상자들에게 그들에게 있어서 최상의 본보기들이 무엇인지를 직접 물었다[E. Heider=E. Rosch(1971 & 1972), F. Cordier(1980)]. 테스트-이것이 언어적이든 비유적이든-의 다양성은 이처럼 크다[F. Cordier & D. Dubois(1981), D. Dubois(1986)를 볼 것]. 그러나 그 다양성은 공통분모, 즉 개인 상호간의 일치를 드러나게 하는 공통분모를 제시한다. 따라서 원형은 범주에 *일반적으로* 결합된 최상의 본보기로 이해된다. 바로 그러한 이유로 변이에 대한 비난은 배제되고, 개인에서 화자들 전체로의, 요컨대 «합의에 의한 것, 곧 관례적인 것»으로의 이러한 이행은 동시에 원형의미론을 «사회적인» 것에 기원(D. Geeraerts, 1985a)을 둔 H. Putman(1975)의 스테레오타입 이론에 접근시키는 집단적 차원으로 통한다. 우리는 이러한 발전으로부터 다음과 같은 매우 중요한 사실을 받아들이게 된다. 즉 한 사례는 이 사례를 범주의 나머지 다른 사례들보다 더 나은 사례로 판단하기 위하여 발화주체들 사이에 일치가 있을 때만이 원형 또는 더 나은 본보기이다. 당연한 결과로, 어떤 사례는, 발화주체들이 실제로 그렇게 생각한다면, 덜 좋은 본보기 또는 덜 대표적인 본보기, 혹은 더 나아가 주변적인 구성원이 될 수도 있을 것이다. 범주와 관련된 대표성의 등급 또는 «원형성의 정도(degré de prototypicalité)»(F. Cordier, 1980)는 그 변별성을 이러한 개인 상호간의 안정성으로부터 이끌어낸다.

위에서 언급된 과일들의 예는 자주 무시된 두 번째의 정의적 정확성으로 이어진다. 최상의 본보기는 특별한 본보기가 아니다. 실험대상자들이 새, 자동차, 가구 등에 대한 최상의 본보기를 들라는 질문을 받을 때, 우리는 이들이 *새*의 경우, 예를 들면 내 이웃의 카나리아인 *Cuicui*(퀴퀴)와 같이 특별한 사례가 아니라 *참새, 독수리, 병아리* 등과 같은 하위범주를 들면서 대답하기를 기대한다. 특별한 예는 원형으로 받아들여지지 않는다. 첫 번째 대답은 즉각 머리에 떠오른다. 특정 사례가 원형으로 고려될 수 있다면, 개인 간의 안정성은 더 이상 보장되지 않을 것이다. 우리는 예를 들어 *고양이*의 경우 개인적으로 고양이를 얼마만큼 좋아하는 모든 개인이 이 범주의 더 좋은 본보기로 자신의 고양이를 제시하는 것을 예상할 수 있을 것이다. 그러나 다른 한편, 테니스 선수의 원형의 경우 대부분의 실험대상자들이 보그(Borg), 메켄로(Mac Enroe) 또는 콘너스(Connors) 같은 유명한 선수를 가리킬 것이라고 생각하는 것은 전혀 비정상적이 아니다. G. Lakoff(1987: 87)는 자신의 환유 모델들에 이러한 과정을 포함하고 있다. 그가 *모범적 본보기*(*parangon*)라고 부르는 과정은 이상적 본보기(idéal)이거나 아니면 그 반대의 것을 나타내는 개별 구성원들의 관점에서 범주를 파악하는 데 있다. 언어는 *그는 또 다른 나폴레옹이다*(C'est un autre Napoléon.)와 같은 용법을 통하여 그러한 범주 파악을 반영한다할 것이다.

따라서 우리는 보다 심층적인 논거를 통해서 첫 번째 설명을 완성해야 한다. 최상의 본보기가 개별적인 사례가 아니라 하위범주라는 것은, *새* 유형의 범주와 같은 어떤 범주가 실제로 존재하거나 실제로 존재했던 특별한 사례들을 통합할 뿐만 아니라 또한 잠재적이고 사실과 반대되는(*만약 x가 Y라면* / *만약 x가 Y였더라면*) 경우들을 다시 모이게 하기 때문이다. 범주는 열린 부류이지 우연적이 부류가 아니며, 바로 이 사실이 똑같이 우연적이 아닌 더 좋은 본보기들, 다시 말해서 하위범주들 또는 하위 부류들, 또는 일반 개념들의 생산을 이끌어낸다. 원형이 범주의 차원에서 작용하는 가치를 가져야 한다면, 그것은 개별적 사례가 구성하는 특별하고, 한정되고, 우연적인 경우를 능가해야 한다. 바로 그런 이유로, 더 좋은 본보기로 된 스키마[2]조차도 특별한 사례를 나타내는 것이 아니라 다른 범주, 다른 《유형》을 파악하는 것을 목표로 하고 있다. 더구나, 이것 없이는 어휘의미론으로의 이행은 지레 불가능할 것이다.

실험대상자들에게 원형의 존재를 검증하고, 또한 한 범주에 대한 여러 가지의 본보기들이 어느 정도의 대표성을 가지는지를 정하는 원형성의 등급(échelle de prototypicalité)에 대한 검증은 다음 세 가지 영역에서 이루어졌다. 첫째는 생리학적 기반의 자연적 범주들로, 이것들은 특히 E. Rosch가 초점색채(couleur focale)[3]나 원형적인 색채의 우월성을 강조한 색채의 연구와 함께 한다. 둘째는 《의미적인》 자연 범주[자연 종과 가공물. 예를 들어 D. Dubois(1983)에 의해 조사된 22

---

[2] '스키마(schema, 도식)'는 피아제(J. Piaget, 1896~1980)에 의해 체계화된 개념으로 기억 속에 저장된 지식, 곧 정보의 추상적 구조이다. 스키마는 외부로부터의 정보를 조직화하고 인식하는 일련의 범주로서, 지각적 심상, 추상적 지식, 정서적 특성, 시간 순서에 관한 정보 등을 비롯한 다양한 종류의 요소로 구성될 수 있다. 결국, 스키마란 지식, 곧 정보를 통합하고 조직화하는 인지적 개념 또는 틀을 말한다(『두산백과』 참조)<역주>.

[3] '초점색채(focal color)'란 색을 식별하는 기준으로 작용하는 중심적인 지각 색을 말한다<역주>.

개의 의미 범주를 볼 것]이고, 세 번째는 인공 범주[보다 더 상세한 내용은 F. Cordier & D. Dubois(1981)를 볼 것]이다. 이 삼중의 검증을 통해서 우리는 원형의 개념을 기반으로 범주와 범주화에 대한 새로운 견해를 가정할 수 있게 된다.

B/ 범주와 범주화

이 새로운 견해는 다음과 같은 주장들에 근거를 두고 있다.

1/ 범주는 원형적인 내적 구조를 가지고 있다.
2/ 본보기의 대표성의 정도(degré de représentativité)는 그 범주에 소속의 정도(degré d'appartenance)와 일치한다.
3/ 범주나 개념의 경계는 모호하다.
4/ 범주의 구성원은 모든 구성원들에게 공통된 특성을 나타내지는 않는다. 모든 구성원들을 함께 통합하는 것은 **가족유사성**이다.
5/ 범주에 소속은 원형과의 유사성의 정도(degré de similarité)를 기준으로 행해진다.
6/ 범주에 소속은 분석적으로 작용하지 않고 포괄적으로 작용한다.

첫 번째 점은 원형성의 등급을 범주의 내적 조직과 직접적으로 동일시한다. 실험대상자들에게 원형성의 정도가 존재함에 따라 원형이론의 선구자들은 이러한 스칼라[4]의 대표성 또한 범주들의 내적 구조를 구성한다는 가정을 하게 된다. 범주의 구성원은 등가적인 본보기들이 아니기 때문에 범주는 더 이상 CNS 모델에서처럼 구조화될 수 없다. 범주의 조직은 원형성의 정도를 반영해야 한다. 따라서 원형은 그 주위에 모든 범주가 조직되는 중심적 실체가 된다. 매우 약한 대표성의 정도를 가지고 있는 사례들, 그러니까, *과일*에서의 *올리브*나 *새*에서의 *타조*와 *펭귄*처럼 범주의 좋지 못한 본보기의 사례들은 범주의 주변에 나타날 것이다. 예를 들어 *새*에서의 *카나리아*나, *개*에서의 푸들처럼 중간 정도의 원형성(prototypicalité)을 가지고 있는 사례는 원형적 사례와 범주의 가장 적절치 않은 대표들 사이의 중간 정도의 거리에 위치한다. 원형적인 사례에서 주변적인 사례로 이르게 하는 것은 정도성의 관계이다. «E. Rosch(1975a: 544)가 개괄한 것처럼 자연 범주는 범주의 원형(가장 분명한 사례와 최상의 본보기)과, 더 좋은 본보기에서 덜 좋은 본보기에 이르는 순서로 위치된 비원형적인 구성원들로 구성된 내적 구조를 가지고 있다.»

대표성이 소속과 연결될 때 추가적인 한 단계가 극복된다. 중심적인 원형의 사례들-이들 주위에 덜 원형적인 사례들이 다소 밀착된 방식으로 모인다-로 구성된 내적 구조를 받아들일 때, 범주의 이러한 원형 구조(structure prototypique)가 우선적으로 강조되는 것은 아주 자연스럽다. «F. Cordier(1980: 212)가 말하고 있듯이, 이 틀에서 범주에 한 요소의 소속을 결정하는 것은 주어진 범주에 대한 이 동일한 요소의 대표성의 정도를 결정하는 것보다 덜 흥미로운 것이 된다.» 이러한

---

4   '스칼라(scalar)'란 '방향을 가지고 있지 않고 크기만 가지고 있는 물리량을 뜻한다. 물리량의 크기를 나타낸 수에 단위를 붙여 그대로 사용하며, 질량이나 온도, 에너지 등이 이에 속한다.'(『두산백과』 참조)<역주>.

진행 방향의 변화로 대표성의 정도와 소속의 정도가 동일시되기에 이른다. 새의 범주에서 *울새*가 *백조*보다 더 높은 대표성의 정도를 가지고 있다는 확인된 사실로부터, 우리는 그것이 새의 최상의 본보기일 뿐만 아니라 더 나아가 그것이 *더 나은 새*이거나, F. Cordier(1980: 212)가 말하는 것처럼 그것이 《*울새*보다 더 *새*라는》 결론에 이른다 [또한, 예를 들어, G. Lakoff(1972)를 볼 것]. 한 본보기가 다른 본보기보다 *더 나은 새*이거나 *더 새*라고 말하는 것은 그것이 더 강하게 범주에 속한다는 것을 말한다. 따라서 대표성의 정도는 소속의 정도로 해석되고, 원형, 즉 범주의 중심에 그것의 공간화가 이미 예상되도록 한 것은, 그것이 최상의 대표이기 때문이고, 또한 그것이 가장 나은 소속의 정도를 가진 것으로 생각되는 본보기가 되기 때문이다. 동일한 범주의 구성원들은 고전적 모델에서처럼 더 이상 《완전하고 동등한 소속의 정도》(E. Rosch, 1975a: 544)를 가지지는 않지만, 그것들은 자신들의 대표성 정도에 따라 얼마간 범주의 구성원들이다. 그 결과, G. Lakoff(1972)가 제안하듯이, *실체 x가 범주 Y에 속하는지를 결정케 하는 기준은 무엇인가?*라는 질문은 *실체 x가 범주 Y에 속하는 소속의 정도를 결정하는 기준은 무엇인가?*라는 새로운 질문이 대신한다. 이 새로운 질문은 우리가 아래에서 이 문제를 거론할 전형적인 특성의 개념을 직접적으로 문제 삼고 있다.

이러한 동일시의 훨씬 더 심각한 결과는 범주(또는 개념)의 경계가 더 이상 분명하게 제한되지 않는다는 것이다. 《E. Rosch(1975a: 544)의 원형에 대한 첫 번째 견해에 따르면, 범주는-심리학, 언어학 그리고 인류학에서의 전통적인 연구들이 함축하고 있는 바와 같이-그 소속

이 자질들에 의해 정의되는 제한된 논리적 실체가 아니다.» 범주는, E. Rosch(1973: 112)가 전제하는 것처럼, «잘 정의된 경계»를 가지고 있지 않다. 이처럼 원형의 표준이론은 범주에 대한 불분명한 이해로 귀착하게 되는데, 그러한 불분명한 이해에서는 부류와 비부류의 구성원들 사이를 명확하게 분리한다는 생각은 포기된다. «G. Lakoff(1972)에서 범주의 불분명함을 옹호한 G. Lakoff는 범주에 소속은 *예* 혹은 *아니요*의 단순한 문제가 아니라 오히려 정도의 문제라고 주장한다.» 그는 이 사실을 다음과 같이 예증한다. 즉, 그는 *X는 새이다*나 *X는 새가 아니다*와 같은 유형의 문장들은 참이거나 거짓인 것으로 지레 선고받은 것이 아니라, 이들 문장은 참의 정도를 나타낼 수 있다는 것을 지적하고 있다. 이처럼 그는 우리가 위에서 이미 그것의 첫 세 문장을 소개한 바 있는 다음의 발화들에서 *참*에서 *완전히 거짓*인 것에 이르게 하는 정도성을 설정한다[G. Kleiber & M. Riegel(1978)도 볼 것].

a) *참새는 새이다*(참)
b) *병아리는 새이다*(a보다 덜 참)
c) *펭귄은 새이다*(b보다 덜 참)
d) *박쥐는 새이다*(거짓 혹은 참에서 아주 멂)
e) *소는 새이다*(완전히 거짓)

이 유형의 예는 범주에는 분명한 경계가 없다는 사실을 강조하고 있다. 즉 우리는 한 범주에서 다른 범주로의 이행이 어디에서 행해지는지를 정확하게 말할 수 없다. 그러한 이행은 퍼지집합[5](L.A. Zadeh,

1965)이나 «불연속적이 아닌» 수학적 분석(예를 들어 W. Labov (1973)에서 컵(*cup*)의 정의를 볼 것)에 의지하게 되는데, 그렇게 함으로써 범주와 개념의 모호성(flou)을 파악하게 된다[G. Lakoff(1972), P. Kay & C.K. McDaniel(1978), L. Coleman & p. Kay(1981) 참조].

네 번째 가설의 첫 번째 제안, 말하자면 범주의 정의적 기준으로서 CNS의 거절은 논리적으로 우리가 방금 설명했던 앞선 두 개의 제안에서 유래한다. 즉 대표성의 정도가 소속의 정도와 마찬가지라면, 따라서 범주들이 불분명하다면, 동일한 범주에 통합된 구성원들은 필요충분조건의 결합을 기준으로 하여서는 더 이상 통합될 수 없다. 그러나 이러한 결론은 또한 범주의 구성원들의 비등가성에 대한 첫 번째 가설에서 파생될 수 있으므로, 그 결과 그러한 관점을 옹호하기 위하여 다른 두 가설에 동조할 것을 강요받지 않는다는 것을 강조하여야 할 것이다. 그 추론은 다음과 같다. 즉 CNS 모델은 구성원의 동등한 범주적 지위를 예상한다. 따라서 동일한 범주의 본보기들이 등가적이 아니라는 것이 증명된다면-이것은 원형의 표준이론의 첫 번째 주장을 구성한다-그러면, E. Cauzinille-Marmèche, D. Dubois & J. Mathieu (1988)가 결론을 내린 것과 같이, «소속의 기준은 더 이상 필요충분조건의 관점에서 결정될 수 없다». 따라서 우리는 범주에는 원형성의 정도가 존재한다는 확인된 사실에서 CNS 모델의 실패를 직접적으로 추론할 수 있다. 이것은 동시에 원형이론의 주장자들이 대체할 해결책

---

5   '퍼지 집합(ensemble flou, fuzzy set)'은 각 요소가 그것에 속하는 정량적 비율(곧 소속도)에 따라 정해지는 '모호 집합'을 말한다<역주>.

을 찾아야 한다는 것을 말한다. 즉, 동일한 범주의 구성원들이 공통적인 모든 자질들을 공유하지 않는다면 그 경우 그것들을 함께 묶어주는 관계란 무엇인가? 네 번째 가설의 두 번째 제안을 구성하는 대답은 E. Rosch & C.B. Mervis(1975)가 L. Wittgenstein(1953)에게서 빌려온다. 이는 **가족유사성**, 다시 말해 한 범주의 구성원들이 그 범주를 정의할 수 있는 공통된 특성을 갖지 않고도 서로서로 연결될 수 있도록 하는 구조화의 문제이다. 다음의 인용된 내용과 같다.

> 현재 연구의 목적은 의미 범주의 원형적 구조의 형성을 해결할 수 있는 주요한 구조적 원리들 중의 하나를 탐구하는 것이었다고 우리는 믿는다. 이 원리는 철학에서 먼저 제시되었다. 즉, 비트겐슈타인(1953)은 낱말의 지시대상들이 언어의 정상적인 기능에서 이해되고 사용되기 위해서는 공통된 요소들을 가질 필요는 없다고 가정했다. 그는 낱말의 여러 가지 지시대상들을 연결하는 것은 오히려 **가족유사성**의 문제라는 것을 암시했다. 가족유사성 구조는 AB, BC, CD, DE의 형태를 취한다. 말하자면 각 항목은 하나 혹은 여러 개의 다른 항목들과 공통된 최소한 하나이거나 아니면 아마도 여러 요소들을 가지지만, 모든 항목들에 공통적인 요소는 없거나 거의 없다(E. Rosch & C.B. Mervis, 1975: 574-575).

이 개념의 도입은 우리가 아래에서 더 길게 논의할 원형의미론의 확장에 상당한 반향을 불러일으킬 것이다. 잠시 동안 우리는, 어휘의 미론을 향한 이행 이외에 원래 낱말의 의미를 설명하기 위한 구조의 문제이기 때문에 **원형의미론**이 이중의 작용, 즉, 닮음의 관점에서 원형의 재정의와 가족유사성을 구성하는 요소들에 대한 철저한 연구를 내포하고 있다는 것을 지적하는 것으로 만족할 것이다. 이 후자의 과제는 또한 원형이론이 전형적인 특성들에 관심을 가지게 한다.

표준이론에서 가족유사성 구조(structure en ressemblance de famille)는 범주의 구성원들이 임의로도, CNS에 의거한 동일성을 기준으로 하여서도 결집될 수 없다는 것을 설명하는 본질적인 힘을 가지고 있다. 구성원들을 다시 묶는 것은, 우리가 이미 위에서 제시했던 D. Geeraerts에 의해 그려진 *새*의 확장 도표가 나타내 보이는 것처럼 서로 엮이고, 부분적으로 서로 겹치는 유사점, 곧 닮음이다. 우리가 아래에서 D. Geeraerts(1987a)의 버전을 되풀이하고 있는 이 도표는 표준이론에서 가족유사성 개념의 기능을 잘 보여준다. 즉, 이 도표는 *새*의 지시대상들, 말하자면 여기서 키위새, 참새, 타조, 병아리 그리고 펭귄은 CNS에 의해 통합되는 것이 아니라, [날 수 있는], [깃털을 가지고 있는], [날개를 가지고 있는] 등과 같은 특성들에 의해 통합된다는 것을 보여준다. 그런데 이러한 특성들은 모든 지시대상들이 아니라, 둘 또는 몇몇 구성원들이 가지고 있는 특성이다. 따라서 이들 특성의 집합은 가족유사성 모델(modèle de la ressemblance de famille)의 특징인 이러한 중첩과 교차를 만들어 낸다.

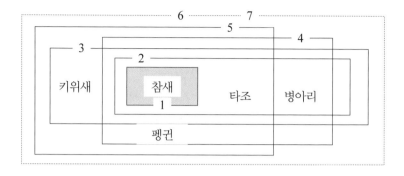

1 날 수 있다

2 깃털을 가지고 있다

3 S의 형태를 가지고 있다

4 날개를 가지고 있다.

5 길들여지지 않았다

6 난생이다

　우리는 가족유사성의 구조화가 원형-중심적 사례와 비원형적 구성원들-주변적 사례들로 된 범주의 내적 구조화와 양립불가능하지 않다는 것을 받아들일 것이다. 즉, *참새*는 가족유사성의 구조화에서 중심에 계속 머무르고 있고, *키위새, 타조* 그리고 *병아리*는 주변적인 사례로 남아있다. 그러나 이 점에 대해서는 다음 한 가지 점을 이제부터 주목할 만하다. 즉, 범주의 원형적인 구조화가 가족유사성의 구조화와 일치할 수 있을지라도 그 역은 절대 참이 아니다. 다시 말해서 가족유사성의 구조화가 반드시 원형적 중심적 사례와 비원형적 주변적 사례와 함께 하는 구조화인 것은 아니다. 바로 이점이 원형이론이 확장되는 실마리가 될 것이라는 것을 우리는 보게 될 것이다.

다섯 번째와 여섯 번째의 주장은 범주화의 과정과 관련이 있다. CNS의 거절은 범주화에 대한 새로운 설명을 필요로 한다. 이에 대한 대답은 범주의 원형적 구조를 명백히 함으로써 바로 드러난다. 즉, 우리는 사물이 범주를 정의하기 위한 기준적 자질을 올바르게 가지고 있는지 확인하면서 그 사물을 어떤 범주 속에 배열하는 것이 아니라 그것을 이 범주의 원형과 비교하면서 어떤 범주 속에 배열한다. 이처럼 범주화는 가장 나은 본보기와의 유사성 정도를 기준으로 하여 이루어진다.

원형은 범주의 전형적인 사례이며, 다른 요소들은 이 원형과 더불어 지각된 유사성을 기준으로 하여 이 범주와 동류로 간주된다(R.W. Langacker, 1987: 371).

C. Schwarze(1985: 79)의 chaise[(팔걸이 없는) 의자]의 예를 다시보자. 즉, 이러저러한 사물이 chaise인 것을 알기 위해서 우리는 그것을 chaise의 가장 좋은 본보기나 원형과 비교한다. «C. Schwarze(1985: 79)는 chaise 범주는 본래 다음과 같은 전형적인 chaise의 개념에 기초를 두고 있다고 말한다. 즉, 전형적인 chaise는 네 개의 다리와 등받이는 있으나, 팔걸이는 없는 단단한 물질로 되어있다. 그러나 다른 방식으로 chaise와 닮은 siège(의자 일반)가 단 하나의 다리만을 가지고 있거나 혹은 팔걸이만 가지고 있다고 할지라도 그것은 여전히 chaise로 분류될 것이다.» 범주화할 실체가 원형, 예를 들어 새의 범주의 경우에는 참새, 혹은 과일의 경우에는 사과, 오렌지, 또는 바나나와 닮으면

닮을수록(S. Schlyter, 1982), 점점 더 그 사물의 해당 범주에의 소속은 분명할 것이다.

따라서 범주화의 작용에 기초를 이루는 것은 **짝지우기 원리**[6]이지 CNS의 검증이 아니다. 원형은 이 경우 우리의 범주와 분류 체계의 **인지적 기준점**(point de référence cognitif)(E. Rosch, 1975a)으로 기능한다. 이것은 물론 발화주체들이 그러한 원형적 짝지우기의 유사성 정도를 판단하는 데 필요한 능력을 가지고 있다는 것을 전제로 한다 (L. Coleman & P. Kay, 1981: 27).

범주화를 이해하는 이러한 방식은 CNS의 경우에서처럼 더 이상 분석적이지 않고, 포괄적으로 이루어지는 과정이라는 당연한 결과를 얻는다. 즉 «우연히 마주치는 본보기들은 그것들의 포괄적 유사성에 따라 통합되지만 자신들의 고유한 정체성은 유지한다»(E. Cauzinille-Marmèche, D. Dubois & J. Mathieu, 1988).

범주화의 절차에 대한 이런 이중의 가설은 여러 가지 테스트와 실험의 대상이 되었다. 그러한 검증들을 통해서 특히 다음과 같은 사실들이 지적되었다.

a) 원형적 구성원은 비원형적 구성원보다 더 **빨리** 범주화된다.

b) 원형적 구성원은 아이들에게 맨 먼저 습득된다.

c) 원형은 인지적 기준점으로 사용된다.

---

6   '짝지우기의 원리(principe d'appariement)'은 영어로는 '일치 원리(matching principle)'라고 말한다<역주>.

d) 원형은 범주의 구성원들을 열거하라고 요구받을 때 일반적으로
  맨 먼저 언급된다.

우리는 문장의 이해에 있어서 원형의 영향력을 나타내기 위하여 D. Dubois(1982)가 한 실험들 중 한 가지 예만을 여기서 인용할 것이다. 우리는 실험대상자들에게 문장 *L'animal aboyait á la entrée du facteur*(동물이 우체부가 들어오자 짖었다)를 제시한 후, 그들에게 다음의 것들을 보여주며 그림의 적합함에 대해 결정을 내릴 것을 요구한다.

A. 전형적인 개
B. 푸들(복슬개)
C. 여우
D. 양

그 결과에 따라 원형의 인지적 프레그넌스[7]가 자리를 잡는다. 적합함에 호의적인 결정의 시간은 B의 경우보다 A가 더 짧으며, 거부의 시간은 D의 경우보다 C가 더 길다.

---

[7] '프레그넌스(pregnance)'란 '사물의 형태가 더 분명하고 안정되고 단순하며 의미 있는 응집된 구조로 지각되거나 경험되는 경향을 말한다. '프레그넌스' 는 형태 심리학에서, 체제화의 원리 가운데 하나이다<역주>.

C/ 원형과 어휘 의미

범주화의 모든 이론은 필연적으로 한 부분 혹은 다른 부분에서 어휘 의미의 이론으로 귀착된다. 게다가 우리는 같은 범주의 구성원들을 묶는 구조를 기술하기 위해 사용된 **가족유사성** 개념이 비트겐슈타인에게 있어서는 낱말의 의미에 직접적으로 적용된다는 것을 보았다. 따라서 원형이론이 의미 이론으로 똑같이 취급되고, 범주들에 대한 새로운 정의가 CNS에 의거한 고전적인 **지시적 정의**에는 등을 돌리는 낱말들의 의미에 대해 이처럼 새로운 견해를 제공하는 것은 당연한 결과였다. 낱말, 그러니까 어휘 의미가 가리키는 범주는 다른 범주들이나 다른 의미 자질들과 대립될 수도 있는 공통의 자질들에 의해서 더 이상 정의되지 않는다. 어휘 의미는 «전형적인 본보기, 즉 원형과의 닮음»(C. Schwarze, 1985: 78)에 기반을 두고 있기 때문이다. 이것으로부터 **원형의미론**[혹은 L. Coleman & P. Kay(1981)의 **의미적 원형**(prototype sémantique)]의 «언어학적» 명칭이 유래한다. 즉, «우리는 수많은 낱말들이... 의미로서 사물이나 사건이 낱말을 통해 나타낸 범주의 구성원으로서 간주되기 위해서 만족시켜야 할 필요충분조건의 목록을 가지는 것이 아니라, 오히려 우리가 **원형**이라 부른 사물이나 심리적 과정(procès psychologique)을 가진다는 생각을 옹호해왔다»(L. Coleman & P. Kay, 1981: 43).

이 단락이 보여주는 것처럼, 낱말의 의미가 이 낱말의 최상의 본보기거나 가장 대표적인 사례이거나 또는 그 원형이라는 것이 전혀 명시적으로 언급되지 않았다. 우리는 그 이유를 잘 안다. 예를 들어 *새*의 의미가 '참새'이거나 '독수리'라고 말하는 것은 몰상식해 보이기 때문이다. 이러한 정의는 우리가 *새*의 의미에 대해 가졌던 생각과는 전혀 부합되지 않는다. 반대로, **원형**이 더 이상 사례 그 자체를 가리키지 않고 앞선 인용에서의 *사물*이나 *심리적 과정*처럼 어떤 다른 유형의 추상적인 실체에 부합된다면, 그럴 경우 어떤 것도 더 이상 낱말과 그 원형의 의미가 관여적인 등가성을 이루는 것을 막지 못한다. 그러나 이것은 먼저 원형 그 자체의 개념으로의 회귀를 필요로 한다.

D/ 원형의 성격과 표상

1. 원형의 특징과 기원

원형을 범주의 가장 나은 본보기이나 대표로 본 초기의 정의는, 그것이 아무리 만족스러워 보일 수 있을지라도 또 그것이 아무리 필수불가결할지라도─원형의 표준이론이 확장이론으로 변화할 때 우리가 반드시 되짚어야할 초기의 정의는─상세한 설명과 보충적인 더 깊은 연구를 필요로 한다. 무엇보다 먼저 **원형**이라 불리는 사물의 실재에 대한 상세한 설명이 요구되고, 다음으로는 원형의 기원에 대한 근본적이고도 더 깊은 연구가 요구된다. 즉 실험대상자들은 왜 어떤 본보기를 다른 것들보다 더 낫다고 생각하는가?

최상의 본보기들이란 사실은 특별하지도, 우연적이지도 않은 실체들, 말하자면 하위범주들이라는 상세한 설명에 범주를 대표하는 사물 혹은 사례, 따라서 가장 나은 본보기인 하위범주와 이 사물의 정신적 표상 혹은 인지적 이미지 사이의 구별에 관한 두 번째의 상세한 설명을 보태야만 한다. 사실, 화자들이 생각하는 것은 최상의 대표인 하위범주가 아니라 이 하위범주의 개념이거나 심적 이미지(image mentale)

라는 것은 자명하다. 예를 들어, 하위범주 *참새*가 *새*의 원형을 구성한다는 것은 **짝지우기 원리**가 작동할 이 하위범주에 대하여 우리가 가지고 있는 지각이나 인지적 스키마(schèma cognitif)와 관련해서이다. 따라서 원형은 범주화가 이루어지는 낱말과 결합된 심적 대상, 스키마, 인지적 이미지 등등이다[L. Coleman & P. Kay(1981)이 말하는 *사물*이나 *심리적 과정*에 대한 용어들은 위 참조]. J.R. Hurford & B. Heasley(1983: 9장)와 C. Schwarze(1985: 78)는 아주 적절하게 이 두 현실을 구별한다. 즉 그들은 첫 번째 것, 다시 말해 범주의 최상의 본보기인 사물을 **원형**이라 명명하고, 두 번째 것, 다시 말해서 원형에 일치하는 의미 개념을 **스테레오타입**이라고 명명한다. 아래의 도식이 보여주는 것처럼 첫 번째 것은 외연의 면에 위치하고 두 번째 것은 내포의 면에 위치한다.

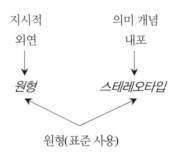

대개의 경우 이 구별은 필수불가결하지 않다. 이것은 이 두 면을 구별 없이 가리키기 위한 용어인 *원형*의 현재 용도를 설명해준다. 그러나 이 구별이 완전히 근거 없는 것은 아니다. 왜냐하면 이 구별이 발화주체에게 있어서 '원형-최상의 본보기'의 인식이 '원형-심적 현실'(따라서 C. Schwarze가 말하는 스테레오타입)의 인식과 부합하지 않는 상황을 설명하도록 하기 때문이다. 화자는 외연의 면에서 범주에 상응하는 하위범주를 인식하지 않고도 그 범주의 원형적 의미 개념을 인식할 수 있다. 우리는 이 경우를 뒤에서 원형을 전형적 특성들의 조합으로 보는 정의와 더불어 다시 다룰 것이다. 또한, 우리는 원형의 개념에 의한 낱말의 의미의 정의에 대해 앞에서 행한 고찰을 다시 상기할 것이다. 낱말의 의미를 이 낱말의 원형과 동일시하는 정의가 없다는 것은 *낱말의 의미 = 범주의 최상의 본보기인 사물*(혹은 *사례*) (참조. *새*의 의미, 그것은 *참새*다)이라는 부적절한 동등성을 피하고자 하는 욕구 때문일 가능성이 크다. 즉, *낱말의 의미 = 범주의 최상의 본보기인 사물*(혹은 *사례*) (참조. *새*의 의미, 그것은 *참새*다). 최상의 **본보기-사물**의 정신적 표상으로 이해된 원형과 더불어, 원형적 관점에서 어휘 의미의 정의는 다시 타당성을 가지게 된다. 낱말의 의미는 사실 그 때에 그 원형-사물의 정신적 표상이나 의미 개념으로서 정의될 수 있다. 이는 원형의 근원의 문제를 살펴본 후에 우리가 아래에서 알아보려고 하는 바와 같다.

이것은 원형이론이 제기하는 근본적인 질문들 중 하나이다. 사실 우리는 동일한 언어공동체의 발화주체들에게 공통적인 《더 나은 본보기》의 개념에 매달릴 수는 없다. 왜냐하면, 이러저러한 하위범주를 이러저러한 범주의 최상의 대표인 것으로 고려하기 위한 의견 일치가 있다는 것은, 그런 선택을 설명하는 이유가 당연히 있어야 하기 때문이다. 그러한 관점에서 이 문제를 고려하면서 우리는 원형 현상을 그 기원에 의거해 재정의하게 되고, 결과적으로 원형-더 좋은 사례를 이러한 더 깊은 이유의 결과로만 보게 된다.

왜 *참새*가 *새* 범주의 원형적 사례인가라는 질문에 원형의 개념을 재정의할 수 있는 몇 가지 대답이 고려될 수 있다. 표준이론은 그중 한 가지, 즉 최상의 본보기가 가장 나은 것으로 판단된다는 것을 설명하는 대답만을 받아들인다. 그 이유는 최상의 본보기가 범주의 전형적인 것으로 고려되는 특성들을 가지고 있기 때문이다. 따라서 범주의 **전형적인 사례**[R.W. Langacker(1987: 371) 외에 J.R. Hurford & B. Heasley (1983: 85)를 볼 것]가 된 원형은 전형적인 특성들의 분석과 짝지우기에 의한 범주화 과정에 대한 보다 완전한 설명을 제공한다.

비록 원형이 일반적으로 가장 친숙한 본보기, 즉 발화주체들이 가장 자주 만날 수 있는 기회를 갖는 본보기라는 것이 종종 말해지더라도 **친숙함**(familiarité)이라는 면에서의 설명은 배제되어 있다. 그 이유는 분명하다. 만약 친숙함이 직접적으로 더 좋은 본보기 개념의 원인이라면, 그 경우, 예를 들어, *병아리*는 *독수리*보다 *새*의 더 좋은 본보기이어야 할 것이다. 그러나 *독수리*는 원형의 정도성에서 *병아리*보다 더 좋은 위치를 차지하고 있다. 이처럼 **친숙함의 가설**(hypothèse de la familiarité)은 마침내 **가족유사성**에 의한 구조화의 생각마저 반대함에 따라, 원형과의 유사성에 의한 범주화를 더 이상 허용하지 않는다. 그렇기는 하지만 이것이 친숙함의 가설을 완전히 포기할 정도로 충분한가? 우리는 아래에서 친숙함의 가설이 상위어 범주들의 원형을 설명하기 위해 필수불가결하다는 것을 알게 될 것이다. 표준이론의 오류는 《더 나은 본보기》의 형성에 단 하나만의 설명을 제공하려 했다는 것이다.

범주들의 이름을 말하는 용어의 사용빈도가 또 다른 설명 요소가 될 수도 있다. 그러나 D. Dubois(1983)는 원형과, 어휘 빈도에 의한 원형의 결정이라는 결론을 끌어내게 하는 사용빈도 사이에는 타당한 관계가 없다는 것을 논증한다. 다시 말해, *참새*가 *새*의 원형으로 인정된다고 하더라도, 그것이 비원형적인 구성원들을 가리키는 용어의 빈도보다 어휘 빈도가 더 높을 것이라는 것은 사실과는 거리가 멀다. 게다가, 이러한 해결책은 인위적인 범주화 과정은 되지만, 다시 말해서 실험자에 의해 상상은 되지만 명칭을 가지지 못한 범주들을 설명하지는 못할 것이다.

원형의 더 나은 본보기의 특징을 설명하기 위해 채택된 개념은 **전형성**의 개념일 것이다. 즉, 원형은 범주의 가장 좋은 본보기이다. 그 이유는 그것이 범주의 《더 나은》 특성들, 곧 **전형적인** 특성들을 나타내기 때문이다. 문제는, 보다시피, 관점이 바뀌기만 한다는 것이다. 그 이유는, 우리가 지금 어떤 본보기가 왜 《좋은》 본보기가 될 수 있고, 따라서 원형의 지위를 요구할 수 있는지를 안다면, 원형의 두드러짐의 원인이 되는 특성들이 왜 《더 좋은》 특성들인지를 설명해야 하기 때문이다. 무엇이 어떤 특성을 범주의 《좋은》 특성, 곧 전형적인 특성이 되게 하는가? 우리는 더 뒤에서 이 질문에 대답할 것이다.

당분간 우리는 《적합한》 자질의 가설(hypothèse des «bons» traits)이 병아리는 독수리보다 더 친숙하지만 덜 좋은 본보기라는 난점을 해결한다는 입장을 견지할 것이다. 왜냐하면 독수리는 병아리보다 *새* 범주의 전형적인 특성을 더 많이 가지고 있기 때문이다.

우리는 또한 원형과 범주의 개념 작용, 그리고 비교를 통한 범주화 과정에 대한 이 가설의 결과가 무엇인지를 주목할 것이다.

무엇보다도 먼저 원형에 대해 주목해 보자. **전형적 자질의 가설** (hypothèse des traits typiques)에 의해 야기된 정의의 점진적인 변화를 지적하는 것이 중요하다. 원형은 범주의 두드러진 특성들을 «요약하고», «간결하게 표현하는» 본보기로 재정의되기 때문에(D. Dubois, 1982: 602), 원형-더 나은 본보기라는 개념(사례 또는 이 사례의 의미 개념)은 전형적인 속성들로 구성된 **원형-실체**의 개념으로 점진적으로 변화한다.

원형은 이 새로운 정의의 틀에서, 예를 들어 앞서 제시된 R.W. Langacker의 정의에 나타나는 것과 같이, 더 이상 범주의 사례로서 필수적으로 고려되는 것이 아니라, (판별 활동과 같은) 인지 작용에서 비롯된 정신적 구성으로서 나타난다. 우리는 원형이 범주의 최상의 본보기와 동일시되었던 시작 때의 이론과는 거리가 멀다. 그것에 일치하는 사례가 당연히 없을 수도 있다. 즉, «D. Dubois(1986: 135)는, 원형은 결코 만난 적이 없는 가치들의 조합으로 구성될 수 있는데, 비록 이 가치들의 각각이 아주 빈번하게 만나더라도 그렇다고 말하고 있다.» 더 좋은 대표나, 더 낮은 정도에서, 더 좋은 본보기에 대해서 말하는 것이 여전히 타당성이 있는 것은, 그 본보기가 구성된 특성들이 범주의 특징을 나타내는 주요한 특성들이라는 것이다. 그 결과 이들 특성들의 총체는 실제로 범주 자체를 가장 잘 나타내므로, 그러한 의미에서 이 범주의 «최상의 대표»나 원형으로 이해될 수 있다. 중요한 것은 더 이상 범주의 본보기, 사례 혹은 실질적인 대표가 필연적으로 문제되는 것이 아니라, 범주의 전형적인 특성들을 기준으로 하여 구성된 추상적인 실체가 문제된다는 것을 강조하는 것이다.

우리는 방향의 변화에 주목할 것이다. 원형-사례(예를 들어 *새*에 대한 *참새*)의 경우, 범주의 전형적인 특성들은 이 원형-사물의 정신적 표상을 통해서 강조된다. 원형-구성된 인지적 실체의 경우, 움직임은 정확하게 그 반대이다. 즉 범주의 전형적인 특성들은 원형-추상적인 사물의 창조에 대한 기초를 이루고, 따라서 원형적인 *새*로서 *참새*에 대한 차후 인식의 기초를 이룬다. 게다가, 심리적 테스트는 채택된 관점에 따라 변한다. 첫 번째 경우에는, 예를 들어 범주의 원형-사례의 이름으로 빈칸을 채우는 것이 요구되거나(참조. ___는 *새이다*), 아니면 범주의 여러 사례들을 **원형성의 정도**에 따라 분류하는 것이 요구된다(참조. *참새, 병아리, 펭귄, 제비* 등). 두 번째 경우에는, 반대로 범주의 특성과 전형적인 속성들을 대상으로 실험이 이루어진다[여러 테스트들의 소개에 대해서는 D. Dubois(1986)를 볼 것].

우리는 아래에서 이들 특성의 기원에 대해서, 따라서 원형을 구성하는 방식에 대해서 재론할 것이다. 지금으로서는 우리가 원형의 표준이론에서조차 원형을 이해하는 방식에 상당한 변이들이 있었다는 것을 보여준 것으로 충분하다. 범주의 최상의 사례로 이해된 원형에서 시작하여 이 사례의 정신적 표상을 통과하여(C. Schwarze의 스테레오타입), 우리는 원형이 범주의 속성들이나 전형적인 특성들의 조합이라는 추상적인 견해에 이르게 되며, 원형의 이러한 추상적인 견해는 타당성을 가지기 위하여 본보기를 통해서 확인될 필요는 없다.

두 가시 사실이 이러한 수정에 보충적인 논거를 제시한다. 첫째는, 예를 들어, *새*의 경우 *참새*와 독수리처럼, 또는 *과일*의 경우 *사과, 바*

나나 그리고 *오렌지*처럼 동일한 범주에 대한 가능한 여러 원형-사례가 존재한다는 것이다(S. Schlyter, 1982). 우리가 원형의 관점에서 범주화의 설명을 유지하기를 원한다면, 우리는 이러한 경우들에 직면하여, 원형들-사물들이나 이것들의 정신적 표상들(즉 의미 개념들)로는 만족할 수 없다. 사실, 동일한 범주의 경우, **짝지우기 원리**의 인지적 축의 역할을 하기 위한 두 개 또는 세 개의 **원형-사물**과, 이들에 상응하는 **원형-의미 개념**이 있을 것이다. 우리는 이러한 조건들에서 아직 무엇이 범주화 과정일 수 있는지를 모른다. 따라서 *새*의 의미는 *참새*와 *독수리*라는 의미 개념들의 결합(혹은 분리)이라는 결론을 내려야 할 것이다. 이러한 곤경에서 벗어나기 위해서는 하나의 유일한 해결책이 가능하다. 즉 원형을 범주를 위해 타당하다고 판단되는 속성들로 구성된 추상적 실체로 정확하게 만들고, 그럼으로써 원형-사물(*참새*와 *독수리*)을 범주의 원형으로서가 아니라 이 원형의 사례나 출현으로서 고려하는 것이다. 그 이유는 원형-사물이 범주의 특성들을 검증하기 때문이다.

두 번째 이유는 원형-사물의 이해와 가장 나은 본보기의 원형-의미 개념의 이해가 범주 전체에는 관여적이지 않다고 판단되는 특성들의 출현을 불가피하게 야기한다는 것이다. 예를 들어 *참새*가 *새* 범주의 원형이라고 가정하자. *참새*의 의미 개념(Schwarze의 스테레오타입)은 특히 *짹짹거리다*나 *회갈색*과 같은 자질을 포함할 것이다. 그러나 우리는 즉각적으로 그러한 자질들이 비록 *참새*의 경우에는 관여적으로 보일 수 있지만 *새*의 경우는 별로 타당해 보이지 않는다는 것을 깨닫는다. J. Picoche가 매우 정확하게 나에게 상기시킨 것처럼 새는 지저귀지 짹짹거리지 않는다. 그러나 그런 자질들을 제거하면서, 우리는 동시에 범주 전체에 대해 관여적이라고 판단되는 기준들을 바탕으로 해서 선택된 자질들로 만들어진 원형을 위해 원형-사물의 의미 개념을 포기한다.

　전형적인 자질들의 해결책에 의지한다는 것은 범주와 범주화에 대한 관점의 재조정 역시 동반된다는 것을 말한다. **친숙함**의 관점에서의 해결책과는 반대로 **전형적인 특성들에 대한 가설**은 실제로 범주의 내적 구조로서의 가족유사성 개념과 직접적으로 양립 가능하다. 그 이유는 이 가설을 통해서 가족유사성을 구성하는 친숙함의 자질들을 전형적인 자질들인 것으로서 생각하는 것이 허용되기 때문이다. 이 가설은 뒤이어 원형을 최상의 닮음을 나타내는 것으로서 해석한다. 이 해석은, 중심 사례로서 원형을 사용하여, 범주의 원형적 구조와, 속성들의 **겹쳐놓기와 엮기**를 전제로 하는 가족유사성 구조가 양립할 수 있게 한다. 따라서 원형은 겹쳐놓기가 가장 큰 것으로 나타난다. 반면, 주변적인 사례들은 원형과의 공통된 전형적인 속성들을 가장 덜 나타내는 것들이다. 따라서 짝지우기 과정은 범주의 전형적인 특성들의 교차로 이해되는 원형과의 전체적인 비교로 구성된다. T. Givon(1986: 79)에게서 가져온 아래의 도식은 이러한 견해를 요약해 준다.

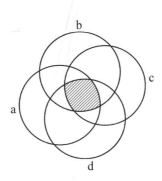

빗금이 그어진 교차 부분에 있는 구성원들은 원형적 구성원들이다. 즉 그것들은 어떤 범주의 원형이 갖는 네 가지 특징적 특성들인 *a*, *b*, *c* 그리고 *d*를 가지고 있다. 이들 네 가지 특성들 중 세 가지만을 가지고 있는 구성원들은 덜 전형적이고 중심적인 사례들에서 멀어지지만, 그럼에도 불구하고 둘 혹은 한 개의 특성만을 가지고 있는 구성원들보다는 덜 주변적이다. 따라서 어떤 본보기도 이들 네 개의 특성을 확인해 주지 않을 때는 원형과 일치하는 빗금이 그어진 교차 부분이 비어있을 수 있다. 이 도식은 원형적 중심과 이 중심과의 다소 큰 유사성에 따라 다소 멀리 떨어진 사례들을 가지고 있는 원형 구조로서 범주를 이해하는 것과 일치한다. 이 도식은 또한 가족유사성을 기준으로 하여 사례들을 통합하는 것으로 범주를 이해하는 것을 충족시켜 준다. 이때에 범주의 구성원들은 공유된 특성들로 결합된 것은 아니다.

2. 원형의 표상

우리가 원형-사례의 관점을 취하건, 전형적 자질들의 조합으로 이해되는 원형의 관점을 취하건 간에 두 가지 유형의 **표상(表象)**이 가능하다. 즉 그 두 가지란 원형을 기술하는 자질들의 목록이든지(L. Coleman & P. Kay, 1981), 아니면 우리가 몇몇 경우에 그 자질들을 상세하게 설명할 수 있는 원형을 나타내는 이미지나 스키마이다. 이 두 번째 것은 종종 어떠한 어휘 단위도 원형을 위해서 사용가능하지 않을 때나 자질에 의한 기술이 어렵다는 것이 드러날 때 사용된다[P. Kay & C.K. McDaniel(1978)에서 말하는 색깔 형용사 참조]. 단순한 예시로서, 따라서 제시된 예들의 타당성에 대한 판단은 내리지 않고 우리는 S. Schlyter(1982)에서 첫 번째로는 *새*의 원형의 표상을, 두 번째로는 *잔*의 원형의 표상을 다음과 같이 차용할 수 있다.

새   원형 : ***참새***

1. 깃털을 가지고 있다
2. 알을 낳는다
3. 날 수 있다
4. 짹짹거린다
5. 나무들 속에 있다
6. 작다
7. 회갈색이다

잔   원형 :

1. 마시는 데 사용되는 우묵한 용기이다
2. 넓이만큼 높다
3. 손잡이가 있다
4. 받침 접시가 있다

우리는 E. Rosch(1977)와 더불어 원형의미론의 즉각적인 이점들 중의 하나가 비언어적인 표상 코드의 사용 확대를 허용하는 것이라는 것을 강조할 것이다. M. Posner(1986: 55)는 다른 한편으로 이 사실에서 다음과 같이 새로운 의미론에 의해 야기된 열광의 이유들 중 하나를 알아차린다. 즉, «우리는 원형이라는 개념에 매료 되었다. 그 이유는 원형의 개념이 구체적인 이미지를 통하여 더 추상적이거나 보편적인 범주를 표상하기 위한 수단을 제공하는 것처럼 보였기 때문이다.» 그러나 A. Wierzbicka(1985: 83)는 이미지는 원형의 분석에서 예시의 역할만 할 수 있을 뿐 이론적인 역할은 할 수 없다는 것을 주목하게 하면서 이러한 열광을 진정시킨다. 그녀는 우리가 어떤 원형적인 잔의 이미지를 그릴 수 없다고 논증한다. 왜냐하면 하나의 이미지는 하나의 형태일 뿐이므로 *잔*의 의미 개념과 양립 가능한 일련의 형태들의 연속을 파악할 수 없기 때문이라는 것이다.

3. 세 가지의 중간 지적

원형에 대한 우리의 소개는 세 가지 지적을 하게 한다. 첫째로 우리는 원형의미론이, 종종 말해지는 것과는 반대로, 낱말이 갖는 의미의 **성분성(componentialité)의 원리**, 다시 말해서 의미 자질에 의한 분석의 정당성을 전혀 의심하지 않는다는 것을 주목할 것이다. 오히려 원형의미론은, D. Dubois (1986)가 강력하게 주장하는 것처럼, 그러한 «분해성(décomposabilité)»을 다음과 같이 함축한다. 즉 «원형의 분석은 표상(혹은 의미작용)의 단위들로 분해할 수 있는 분해성의 가설을 참조한다»(p.132). 따라서 원형의미론의 이름으로 어휘 의미의 성분분석(analyse componentielle)의 원리 자체로 향했던 비판들은 통용되지 않는다. 원형적 접근은 필요충분 자질들에서는 배타적 선택이지만 의미 자질들 그 자체에서는 그렇지 않다. 원형적 접근은, A. Wierzbicka (1985: 80)가 강조하는 것처럼, «의미의 기본개념의 체계에 근거한 언어적 설명을 목표로 하는 모델»과 완벽하게 양립가능하다. 필연적이지 않은 의소들의 존재를 전제하는 구조의미론은, 예를 들어 F. Rastier(1987a)의 **부수적 의소들**처럼, 원형이론과는 더 이상 그렇게 멀리 떨어져 있지 않다.[8]

따라서 두 번째로 CNS의 모델이 색깔 형용사와 함께 가장 눈에 띄는 실패를 겪고 있는 곳에서, 원형에 이르는 길 또한 전형적인 자질들을 강조하는 상황에서 실패하는 것을 확인하는 것은 놀라운 일이 아니다. 원형의 길은 초점 또는 중심 가치(R.S. Jackendoff, 1983)에 대해 말하거나, A. Wierzbicka(1985)에서와 같이 원형의 비교에 의지해야 한다(참조. *파랑* = 구름이 없는 하늘의 색으로 생각되는 색깔; *빨강* = 피의 색으로 생각되는 색깔, 등).

마지막으로, 우리는 물론 H. Putnam(1975)의 스테레오타입 이론과 비교하는 것을 잊어서는 안 된다. 원형을 구성하는 자질들의 조합은 Putnam에게 있어서 스테레오타입을 구성하는 자질들의 집합과 어느 정도 일치한다. 따라서 이 둘 사이에서 매우 자주 동화가 일어난다.[9]

---

8 그러나 한편으로는 내재적 의소들과 필수적 자질들이, 다른 한편으로는 부수적 의소들과 전형적인 자질들이 완전히 겹쳐지는 것은 아니다. 왜냐하면, 지시적 선택이 F. Rastier에 의해서 받아들이지 않았기 때문이다<각주>.

그러나 이 동화는 전부일 수는 없다. 왜냐하면 Putnam은 그의 의미적 표상에 **의미적 표지**라 불리는 구성요소에 받아들여진 필요조건들을 전제로 하는 반면(참조. 예를 들어 물에 대해서 '자연의 종'과 '액체'), **원형의미론**은 그러한 자질들을 거부하기 때문이다.[10] 게다가, D. Geeraerts(1985a: 31)가 보여준 것처럼 이 둘의 관점은 다르다. 즉, «스테레오타입은 사회적 관습들을 나타낸다면, 원형은 의미의 범주화에 영향을 미치는 개념 구조의 심리적 원리들을 나타낸다.» 그러나, 사회적 관점의 가장 중요한 의미적 정보가 또한 범주들의 인지적 조직에서 가장 중요한 의미적 정보라는 점에서 이 두 개념은 표준적인 경우들에서 서로 일치한다.

E/ «전형적인» 특성

원형이론은, 우리가 보았듯이 필연적으로 범주의 특징을 나타내는 (원형)-전형적이고 «두드러진» 특성이나 속성들을 가장 중요한 것으로 평가하게 된다. 이때 이들 특성이나 속성들은 다음에서 보듯이 필연적이지 않다는 점에서 필요충분조건과는 구분된다.

범주의 두드러진 속성들의 구조는 범주의 모든 구성원들에게 공통

---

[9] '원형(*prototype*)'이라는 용어가 본형(prototype), 곧 '제1의 본보기...'라는 용어보다 더 스테레오타입적 의미를 갖고 있다는 사실이 이러한 동화에 유리하게 작용했다<각주>.

[10] 다른 차이점들에 대해서는 아래를 볼 것<각주>.

된 기준적 자질들이 자질들에 의해 이들 구성원들이 나머지 모든 구성원들과 구별된다에 있지 않고, 범주의 몇몇 구성원들에게는 참이지만 모든 구성원들에게 참인 것은 아닌 많은 속성들에 있는 경향이 있다(E. Rosch & C.B. Mervis, 1975: 580).

그 결과, 모든 구성원들에 의해서 확인되지는 않지만 그럼에도 불구하고 낱말의 의미와 직관적으로 연관된 *새*의 [날다]와 *백조*의 [흼]과 같은 특성들은 정당하게 받아들여진다. 따라서 원형적 접근은 CNS에 의한 접근보다 훨씬 덜 엄격하다. 왜냐하면 원형적 접근은 고전적인 모델의 엄격한 해석들에 의해 제거된 모든 일련의 속성들을 되찾는 것을 목표로 하기 때문이다.

그렇다고 해서 원형적 접근이 극단론적인가? R.W. Langacker와 D. Geeraerts가 그렇듯 아무도 그렇게 생각하지 않는다. 원형이론은 원형적 사례들의 가장 완전한 특성화를 뒷받침할 것이다. 이러한 견해는 자질별 검증보다 인지적으로 덜 위험한 포괄적인 짝지우기를 위하여 범주들의 분석적 분석을 포기하는 데서 생긴다. 원형이론은 또한 인지적으로 압축된 실체들을 범주화하는 것을 목표로 한다(D. Geeraerts, 1985). 이 이론에는 다음과 같은 보충적인 주장이 동반된다. 즉, 개념적, 곧 《언어적》 지식과 백과사전적 지식을 더 이상 구별할 필요가 없다.

사실은, 백과사전적 지식과 개념적(또는 의미적) 지식 사이에 최대한 치밀한 구별과 그 구별의 무용성이라는 이중적 주장을 포기해야만 한다. 전형적인 특성들은 동일한 언어공동체의 모든 화자들에 의해서 전형적인 것으로 인정되어야지 그렇지 않으면 원형이론은 모든 의미적 타당성을 잃는다. 이 사실은 포괄적인 짝지우기와 양립불가능하지 않다. 왜냐하면 포괄적인 짝지우기는 특성들을 최대한 고려할 필요가 없기 때문이다. 원형의미론이 본질적으로 포괄적인 짝지우기로 이해되는 것은 독립적인 자질로의 분석의 포기, 따라서 자질별 검증의 포기이다. 원형의미론이 관심을 갖는 것은 자연 범주의 사물들에 대한 기술이 속성들의 상관관계로 수행되어야지[또한 참조. G. Lakoff (1987)에 의해 주장된 *게슈탈트* 개념], 서로 관계가 없는 특성들의 목록에 의해 수행되어서는 안 된다는 것이다[참조. E. Cauzinille-Marmèche, D. Dubois & J. Mathieu(1988)]. 원형의 구성원들이 특성들의 *의미론적 결합체*들에 의해서 기술될 때, 이들 특성들의 집합은 **게슈탈트**를 형성한다. 다시 말하면 그것들은 심리적으로 부분들보다 더 단순하다. 따라서 포괄적이고 종합적인 범주화의 가설과 모든 화자들에 의해 그런 것으로 알려진 전형적인 특성의 가설 사이에는 환원불가능한 대립은 존재하지 않는다. 반대로 이 마지막 사실은 지식의 최대치를 통합하도록 하는 치밀함(densité)과는 대조를 이룬다. 그러나 원형적인 접근이 의미 이론이 되기를 원한다면 원형을 구성하는 전형적인 특성들은 분명히 단순한 백과사전식의 데이터일 수는 없고, 어떤 언어학적인 관여성을 제시해야만 한다(참조. 앞의 내용).

따라서 언어외적인 데이터와 의미적인(또는 《언어적인》) 데이터 간의 구별은 일반적으로 언급된 것과는 달리 원형의미론에 의해서 조금도 약화되지 않는다. 《좋은》 사전의 정의는 낱말과 관련된 개념의 모든 구성 요소만을 포함해야지, 지시대상에 관해 사용할 수 있는 모든 지식을 포함해서는 안 된다고 A. Wierzbicka(1985: 40)는 다음과 같이 강조한다. 즉, «지시대상에 대한 어떠한 지식도 그것이 의미 개념의 구성 요소가 되지 않는 한 정의에 포함되어서는 안 된다.» '우리가 개념의 백과사전적인 지식과 구성적인 지식을 구별할 수 있는가?'라는 질문은 물론 타당하다. A. Wierzbicka는 그렇다고 생각하고 그 경계선이 무엇인지를 다음과 같이 제시하고 있다. 즉 «어떤 전문가의 지식도 의미작용의 일부로 간주될 수 없다»(1985: 40~41). 이는 예를 들어 *호랑이*의 개념은 호랑이가 일반적으로 줄무늬가 있다는 정보를 포함할 거라는 것을 말하는 것이다. 반대로, 우리는 여기서, 동물학자들이 아는 것처럼, 고양이와 관련이 있다거나, 혹은 동물원 사육사가 아주 잘 알 수 있는 것, 즉 호랑이가 이빨이 너무 많다는 정보를 찾아낼 수는 없을 것이다. *숨을 쉬다*(respirer)와 같은 동사의 정의는 과학 전문가들의 설명을 필요로 하지 않을 것이다. «J. Picoche(1988: 19~20)가 말하고 있듯이, 우리는 호흡이 무엇인가를 우리에게 과학적으로 설명할 임무를 생리학 전문가들과 백과사전에 맡겨놓으면서, 우리는 그것이 프랑스어의 경우에는 무엇인지를 알아보려고 아래에서 예들을 검토하는 것으로 만족할 것이다.»

이는 오래된 논쟁의 문제인 만큼 반대가 없지는 않겠지만 어쨌든 해답도 없다는 것을 강조하자. 첫 번째 비판은 그러한 분리를 이끌어내는 데 있어서의 어려움을 내세운다. 우리가 아래에서 다시 거론할 논거는 결정적인 것은 아니다. 어려움이 있다고 해서 그것이 그러한 시도를 포기할 만한 충분한 이유는 아니다. 그 반대가, A. Wierzbicka가 환기시키는 것처럼, 또 한편으로는 터무니없는 상황을 초래할 것이다. 두 번째 고전적인 이의 제기는 의미 개념들에 대한 개인 간의 변이에 관한 것이다. 즉 낱말에 의해 외연이 드러나는 지시대상들에 대해 우리가 가지고 있는 지식, 따라서 우리가 그 낱말과 연계시키는 의미 개념은 개인에 따라 다르다. 자전거 정비공은 자전거에 대해 단순한 사용자보다 훨씬 더 많이 알 것이고, 따라서 훨씬 더 풍부한 *자전거*의 개념을 가질 것이다.

이 기본적인 이의 제기에 대해 A. Wierzbicka는 두 부분으로 응답한다. 그녀는 자신이 1985년에 펴낸 저술의 여러 곳에서 이러한 변이는 사실상 표면상의 장애일 뿐이라는 것을 보여준다. 첫째로 이 변이는 무한하지 않기 때문이다. 이 변이는 개념 속에 들어가는 지식의 성격에 의해서 제약을 받는다. A. Wierzbicka(1985: 115)는 결정적인 차이가 **보고 아는 지식**과 **기술(記述)에 의한 지식** 간의 러셀식의 대립[11]에 있다고 생각한다. 개념의 구성요소가 되기에 적합한 것은 두

---

[11] '보고 아는 지식'(=직접지(直接知), knowledge by acquaintance)과 '기술(記述)에 의한 지식'(=간접지(間接知), knowledge by description)은 러셀(B. Russell, 1872~1970)에 의해 도입된 구별이다. 전자인 "직접지는 직접 알 수 있는 지식을 말한다. 책상을 예로 들면, 우리는 감각에 의해서 책상의 외관을 이루고 있는 감각여건인 책상의 빛깔, 모양, 단단함, 매끄러움 등에 관해서 직접적으로 알 수 있다. 따라서 감각여건에 대한 지식은 직접지이다. 그러나 물적(物的) 대상이나 타인의 마음은 직접지의 대상 속에 포함되지 않는다. 그것들은 '기술에 의한 지식', 곧 간접지의 대상이다. 예를 들면 물적 대상으로서의 책상을 감각에 의한 직접지라고 할 수는 없다. 그것은 '이러이러한 감각여건을 불러일으키는 물적 대상'으로 기술될 따름이다. 즉 물적 대상으로서의 책상은 간접지의 대상이다. 우리는 간접지에 의하여 직접지의 좁은 영역을 벗어나, 전혀 경험한 적이 없는 사물에 관해서도 알 수 있게 된다. 그러나 러셀에 따르면, 어떠한 간접지라도 결국은 직접지로부터 조립되지 않

번째 것들, 즉 기술에 의한 지식이라기보다 오히려 첫 번째 것들, 즉 «경험적» 지식이다. «따라서 우리가 감각을 통해 **경험적으로** 알고 있는, 자전거의 예에 관하여, 두발자전거(bicyclette)에 대한 것들이 있고, 우리가 단지 책을 통해서 혹은 다른 사람들을 통해서 알고 있는 것들이 있다»고 그녀는 명확하게 설명하고 있다(1985: 115). 책에서 얻은 지식이나 타인을 매개로 얻은 지식은 기술(記述)에 의한 지식을 포함하지 않는다. 왜냐하면 이 지식 내에서는 경험적으로 알 수 있는 것과 그렇지 않은 것이 있기 때문이다. 따라서 두발자전거의 발명에서 Kirkpatrick MacMillan과 Pierre Michaux[12]가 했던 역할은 책에서 얻은 지식이므로 *두발자전거*의 개념에 들어간다고 주장할 수는 없다. 반면에, A. Wierzbicka(1985: 115)에 따르면, 바퀴살의 위치에 대한 지식은 비록 책이나 타인을 매개로 습득되었지만 *자전거*라는 의미 개념의 일부가 될 지식이다. 이러한 대답의 첫 부분이 모호하다는 것을 인정한다 해도, 그럼에도 불구하고 그것이 낱말의 의미에 통합될 수

으면 안 된다."[임석진, 『철학사전』(2009, 중원문화) 참조]<역주>.

12 자전거의 시초는 1790년 프랑스 귀족 콩트 메드 드 시브락(Comte Mède de Sivrac)이 만든 '셀레리페르(célérifère, 목제 이륜차)'다. 핸들이나 페달 없이 두 바퀴를 연결하고 안장만 있던 이 자전거는 1817년 독일 귀족 드라이스 (Karl von Drais)에 의해 핸들이 설치됐다. 이어 1839년 스코틀랜드 대장장이 맥밀런(Kirkpatrick MacMillan)이 페달을 달았다. 대량생산을 통해 판매가 시작된 자전거는 1861년 프랑스 대장장이 미쇼(Pierre Michaux)가 만든 '벨로시페드(vélocipède)'가 원조다[송성수, 『발명과 혁신으로 읽는 하루 10분 세계사』(2018, 생각의힘) 참조]<역주>.

있는 지식의 본질에 대한 새로운 논쟁을 촉발시킬 수 있다는 점에서 기대되는 것은 개인 상호간 변이의 현실에 대한 타당성 있는 상세한 설명으로 완성된다.

비록 이러저러한 지시대상에 대한 지식이 개인에 따라, 곧 그들의 능력과 어느 정도 개인적인 다른 요인들에 따라 바뀔 수 있다고 하더라도, 화자들이 일상 회화에서 어떤 낱말을 사용할 때 그들은 언어공동체의 다른 모든 화자들이 그것에 부여하는 의미라고 생각하는 것을 이 낱말이 보통 의미하는 것으로 이해한다는 것에는 변함이 없다(A. Wierzbicka,1985: 115). 달리 말해서 낱말과 연계된 개념은 개별 개념이거나 혹은 화자가 그 낱말과 결부된 지시적 범주에 영향을 미칠 수 있는 개별적인 견해들이 아니다. 오히려 모든 화자들에 의해서 공유된 개념으로 알려져 있는 개념이 문제이다. «A. Wierzbicka(1985: 115)는 언어의 개념은 공유된 생각들에 대한 예상만큼 각 개인의 생각을 그다지 반영하지 않는다고 주장한다.» 우리는 그것을 한 전문가의 언어 행동을 관찰하면서 보여줄 수 있다. 두발자전거 정비사의 경우를 다시 생각해 보자. 그가 비전문가들과의 대화에서 *두발자전거*라는 낱말을 사용할 때 무슨 일이 일어나는가? 그가 그것을 전문가의 고유한 개념으로 사용한다면 자신을 이해시키지 못할 위험이 있다. 실제로 일어나는 것과 A. Wierzbicka가 매우 정확하게 강조하는 것은 그가 비전문가들이 *자전거*를 통해서 이해하는 것에 대한 생각이 있어야 한다는 것이다. 달리 말해서, 그는 *두발자전거*와 일반적으로 연계된 개념이 무엇인지를, 즉 그 의미가 무엇인지를 대략 알고 있어야 한다. 설령 그것이 자신을 이해하게 하기를 원하기 때문일 뿐일지라도, 다시 말해서 그가 동일한 언어공동체의 구성원이기를 원하기 때문일 뿐일지라도 그러하다. 게다가 기술(技術)에서의 변화가 그에게 의미 개념에 상응하는 수정을 하게 하지는 않는다. 우리는 보다 일반적으로 백과사전식의 새로운 정보가 의미 개념의 진화를 반드시 따라야 하는 것은 아니며, 실제로 개념의 진화가 발생하더라도 그것은 항상 뒤늦게 기록된다는 것을 알고 있다. 우리가 개인 간의 변이에 대한 반박에서 A. Wierzbicka의 대답의 두 번째 부분에서 기억할 것은 언어의 의미 개념의 정의, 따라서 전형적인 특성들의 정의는 무엇보다도 먼저, 공유된 지식의 문제가 아니라—이것은 일반적으로 받아들여지는 의견이다—, 오히려 우리가 일반 사람들의 전유물인 지식이라고 믿는 지식의 문제이다. 아래의 내용은 이 입장을 명확하게 요약하고 있다.

> 한 개인의 경우 *암소* 또는 *개*의 개념은 사람들이 일반적으로 암소들 또는 개들에 대해 말할 수 있는 것과 관련된 그 사람의 생각을 포함한다. *암소*와 *개*라는 낱말은 흔히 사용되는 낱말에 포함되므로 암소와 개와 관련된 전문 지식의 용어로 정의될 수 없다. 그러나 그것들은 **공유된 지식**의 측면에서도 정의될 수 없다(비록 암소에 대한 지식과 개에 대한 지식을 대상으로 한 시험에서 영어화자들의 대표적인 본보기을 제출하는 것을 목표로 하는 현실적인 계획이 존재한다할지라도). 중요한 것은 공유된 지식이 아니라 일반적으로 사람들이 누구이건 암소나 개에 대해서 말할 수 있는 것과 관련된 사람들의 생각인 **공유된 스테레오타입**이다(A. Wierzbicka, 1985: 215).

공유된 지식과 A. Wierzbicka(1985: 115)가 공유된 스테레오타입이라 부르는 것 사이의 차이는 극히 적어 보인다. 그러나 그 차이는 첫 번째 입장에 내재되어 있는 어려움을 피하도록 해주고, 우리가 다음에 다룰 기회가 있을 언어적 지위, 즉 개념의 구성요소들의 언어적 지위를 정당화한다는 점에서 극히 중요하다.

그 차이는 또한 우리의 전형적인 특성들의 지위를 명확하게 한다. 전형적인 특성들의 상황을 떠올려보자. 그것들이 필요조건일 수는 없다. 그 이유는 모든 구성원들이 전형적인 특성들을 확인할 필요는 없지만 그것들은 단순히 우연적일 수도 없기 때문이다. 그렇지 않으면 그것들은 그저 백과사전식의 정보들과 더 이상 구별되지 않을 것이다. 그러나 근본적인 차이는 그것들을 이것들과 대립시킨다. 즉 그것들은 사전에 점검될 필요가 없다. 이는 가능한 해결책, 즉 이것들을 선험적인 진실들로 간주하는 해결책을 제시한다[앞서 나온 A.J. Lyon(1969)과 G. Kleiber(1978b)에서 *일반적으로 사실인* 우리의 분석($\forall$LOC)을 볼 것].

이러한 진실들은 화자에게 있어서는 보다 빈번하게 반례가 있다하더라도 반드시 도전받지도 직접적으로 도전받지도 않는다. 따라서 *백조는 희다*라는 진리는 아프리카를 여행하는 중에, 예를 들어, 전에 흰 백조를 보았던 것보다 더 많은 검은 백조를 만날 기회가 있다고 할지라도 화자에게는 그대로 남아있을 수 있다. 그 이유는 두 가지이다. 첫 번째는 우연히 만난 백조는 우발적인 백조인 반면에, 발화 *백조는 희다*(*Les cygnes sont blancs*)의 총칭적 명사구인 *백조*(*les cygnes*)에 의해 지시되는 것들은 **열린 부류**를 구성하므로(이는 우리가 기억하다시피 백조의 과거, 현재, 미래 그리고 사실에 근거를 두지 않은 상황들에 관련된다)[G. Kleiber(1987a, 1988b)와; G. Kleiber & H. Lazzaro

(1987) 참조], 따라서 대개 화자의 눈에는 잠시 만난 검은 백조들보다 더 많이 남아있다. 두 번째는 A. Wierzbicka의 상세한 설명에서 직접 유래하는 것으로, 이 유형의 진실은 한 화자의 경험과 연계되어있지 않고 모든 화자에 의해 공유되는 것으로 인정되는 것이다. 그렇기 때문에 우리의 아프리카 여행자가 평생 검은 백조 1000 마리에 겨우 50 마리의 흰 백조를 보았더라도 그는 일반적으로 알려진 믿음에 의거하여 *백조는 희다*라는 진실에 차분하게 계속해서 동조할 수 있다.

전형적인 특성들을 고려할 때 말의 의미적 정의를 이해하는 방식에는 근본적인 변화가 필요하다. CNS 모델은 하나의 범주를 다른 범주들과 구분하는 자질들을 분명하게 나타내는 대조적인 정의를 제공하는 것을 정당한 목적으로 하고 있다. **원형적 접근**은 비대조적인 자질들에게 문을 열어준다. 더 이상 무엇이 개와 고양이를 구별 짓는지를 말하는 것이 중요한 것이 아니라 무엇이 개이고 무엇이 고양이인지를 긍정적으로 기술하는 것이 중요하다. 낱말에 대한 정의적인 기술은 이 낱말과 관련된 의미 개념의 진정한 《초상화》이어야한다(A. Wierzbicka, 1985: 39). 그 결과는 그런 기술들의 길이가 크게 증가한다는 것이다[예를 들어 A. Wierzbicka(1985)에게 있어서는 두 쪽 이상이다].

그러나 이것을 말하는 것으로는 가장 어려운 문제, 즉 그것들의 식별 문제를 조금도 해결하지 못한다. 원형 의미론이 CNS의 의미론과 동일한 어려움에 직면한다는 점은 흥미롭다. 즉 어떤 기준으로 변별적 자질을 선택하는가? 원형-사물의 지지자들은 변별적 자질이 원형-사물을 기술한다고 대답할 수 있다. 그러나 어려움은 단지 옮겨져 있을

뿐이다. 왜냐하면, 이 원형-사물을 위하여 어떠한 자질들을 고려해야
만 하는가? 라는 문제가 그대로 제기되기 때문이다.

빈도는 가능한 기준이다. 전형적인 자질은 범주의 구성원들에게 가
장 자주 나타나는 자질이 될 것이다(cf. D. Dubois, 1986: 134-136).
따라서 원형은 각 단계별로 가장 자주 마주치는 가치들이 교차되는
곳이다(p. 135). E. Rosch 그리고 그녀와 같은 방향의 작업을 하는 연
구자들은 **단서 타당성**[13]의 기준을 선택한다. 단서 타당성은 범주에서
사물(단서)의 특성이나 속성의 예측 가능성의 정도이다. E. Rosch &
C.B. Mervis(1975: 575)는 이 단서 타당성을 다른 모든 관여적인 범주
들에 대한 이 속성의 총체적인 빈도로 나누어진 해당 범주와 관련된
속성의 빈도와 일치하는 것으로 정의한다. 그러므로 범주의 많은 구성
원이 해당 속성을 가지고 있는데 반해, 반대 범주의 소수의 구성원이
그것을 확인한다면, 그 속성은 한 범주에 대하여 높은 **단서 타당성**을
나타낸다[또한 D. Dubois(1986)와 R. Blutner(1985)를 볼 것]. 자질

---

[13] "Rosch(1977: 29)에 따르면, '단서 타당성(cue validity)은 확률적 개념으로
서', 이것은 특정 단서나 속성이 주어진 범주의 구성원과 더 빈번하게 연상될
수록 그 범주에 더 타당하거나 더 적절하게 된다고 예측한다. 역으로 특정한
속성이 다른 범주의 구성원과 더 빈번하게 연상될수록 해당 범주에 그다지
타당하지 않거나 적절하지 않게 된다. 따라서 '위에 앉는 데 사용된다'는 범
주 *의자*에 대해 '단서 타당성이 높지만', '집에서 발견될 수 있다'는 범주 *의
자*에 대해 단서 타당성이 낮은데, 왜냐하면 의자 외에 다른 많은 사물 범주도
집에서 발견할 수 있기 때문이다"[V. Evans & M. Green(2006)/임지룡·김동
환 역『인지언어학 기초 *Cognitive Linguistics. An Introduction*』(한국문화사,
2008: p. 277) 참조<역주>.

[깃털을 가지고 있다]는 범주 *새*에 대하여 높은 타당성을 나타내는 단서(cue)일 것이다. 그 이유는 거의 모든 새는 깃털을 가지고 있고, S.G. Pulman(1983: 88)이 익살스럽게 확인하듯이 몇몇 알쏭달쏭한 범주들은 별도로 하고 다른 어떤 범주도 깃털이 없기 때문이다. 반대로 자질 [다리를 가지고 있다]는 단서 타당성이 약한 자질일 것이다. 왜냐하면 비록 모든 새들이 이 특성을 입증하더라도 많은 다른 범주들도 똑같이 그것을 충족시키기 때문이다. 따라서 각 범주가 갖는 속성들 각각의 **단서 타당성들**을 합하여 모든 범주의 **단서 타당성**을 계산할 수 있다. 이 점은 수직적 차원(dimension verticale)을 설명하는 데 작용할 것이며, 보다 구체적으로 기본 층위를 강조하는 데 작용할 것이다(아래 참조). 그러나 그것은 또한 가족유사성의 정도의 개념을 재해석하여 범주의 내적 구조를 특징짓는 데도 사용된다. 범주의 구성원들과 실험대상자들에 의해서 강조된 이 범주의 속성들이 주어지면 각 속성에 이 속성을 가진 구성원들의 수에 해당하는 숫자가 지정될 것이다. 따라서 우리는 각 구성원의 가족유사성의 정도를 계산할 수 있다. 즉 그것은 그 속성들 각각의 수의 총합이 될 것이다. 따라서 한 구성원의 가족유사성의 정도는 범주의 다른 구성원들과 공유된 속성들의 수에 따라 달라질 것이다. 즉 공통된 속성들의 수가 많을수록 가족유사성의 정도는 더 클 것이다. 결과적으로 원형적인 구성원들은 한편으로는 범주의 다른 구성원들과 가장 많은 특성을 공유한 구성원들이고, 다른 한편으로는 대립적인 범주의 구성원들과는 공통된 특성을 가장 적게 가지고 있는 구성원들이다. 따라서 원형은 범주에 대한 최대 타당성을 갖는 속성들의 통합 장소로 생각할 수 있다. 따라서 범주의

연속체는 다음과 같이 두 가지 단계를 따른다.

— 특성들의 단계(특성들은 범주에 대해 타당성이나 다소 큰 중요
  성을 갖는다).
— 자신들이 가지고 있는 전형적인 자질의 수에 따라 분류되는 범
  주 구성원들의 단계(T. Givon, 1986: 79). 원형적인 본보기들은
  당연히 범주에 대해 최대 타당성을 가진 가장 많은 속성들을
  가지고 있는 것들이다.

다음 인용에서 보듯이, E. Rosch가 대변하고 있는 생각은 최대 식별
가능성이라는 동일한 원칙이 《더 나은》 범주들의 형성(아래 참조)과
원형들의 형성을 설명한다.

원형은 정확히 말해서 범주 전체의 중복 구조를 가장 잘 반영하는
범주의 구성원들일 뿐인 것처럼 보인다. 이는 범주들이 그 환경 속에
서 속성들의 풍부한 축적 정보를 최대화하여 범주들 속성의 단서 타
당성을 최대화하는 방식으로 형성된다는 것을 의미한다. 범주의 원형
들이 가족유사성의 원리로 형성될 때, 그것들은 범주들의 한가운데서
이 축적들과 이 단서 타당성을 더욱 최대화한다(E. Rosch & C.B.
Mervis, 1975: 602).

이러한 유형의 접근 방식은 실험적 테스트 및 검증을 허용한다[이
에 대한 전체적인 개관은 D. Dubois(1986)의 박사학위 논문을 볼 것].
그렇지만 A. Wierzbicka는 의미의 언어적 구성요소들에 대한 자신의

견해(위 참조)에 따라 직관과 합리적인 자기 성찰에 의존하고자 했다. 따라서 그녀는 **벽장속 언어학자**(closet linguists)와 **도서관 언어학자** (library linguists)는 형편없는 언어학자들인 반면, **거리 언어학자**(street linguists)와 **실험실 언어학자**(laboratory linguists)는 훌륭한 언어학자 라는 W. Labov(1972)의 의견을 공유하지 않는다. 현장 언어학자들이 의미 문제를 다룰 때 그들은 사회의 여러 계층들 사이에 의미의 분포, 변이, 변화를 강조한다. 그렇지만, 언어학자들의 사회언어학적 경험의 결과는-그 가치와 중요성이 의문의 여지가 없고 의미론자들에게는 소홀히 할 수 없는 보충물을 구성하지만- 의미론, 즉 의미, 낱말의 의미 개념, 그리고 말의 의미 구조에 있어서 본질에 이르지는 못한다. A. Wierzbicka(1985: 76)는 《거리에서는 개념들을 성공적으로 분석할 수 없다》고 말한다. 완벽한 *실험실 언어학자*를 대표하는 심리언어학자들 도 더 나은 결과에 도달하지 못한다. 분명히, 현장 언어학자로서 그들 은 사용된 숫자로 나타낸 조사 방법과 직접적으로 관련된 과학적인 엄격함과 객관성을 이용할 수 있다. 그러나 여기서 다시, 우리는 의미 적 측면에서 무엇을 관찰하는가? 그들은 의미와 개념 구조를 발견하 는가? A. Wierzbicka(1985: 211)는 또한 그들이 그들의 실험을 통해 직접적으로 의미의 파악에 다다를 수 없음을 비난한다. *선험적*으로 구축된 의미론적 가설 없이, 실험과 테스트는 대개 해석할 방법을 모 르는 《초보적인》 대답으로 이어진다. 또는, 그런 《초보적인》 대답이 의미를 가진다고 하더라도 그것들은 일반적으로 실망스러운 것으로 드러난다. 결론은 분명하다. 즉 《진정한 의미를 발견하려면, 독립적으 로 증명할 수 있는 의미 이론과 의미론적 방법론의 틀 안에서 행해져야 한다»(A. Wierzbicka, 1985: 211).

거기에 도달하기 위한 길은 «언어학적 및 민족 언어학적인 증거에 의해 뒷받침되는 내부 분석»의 길이다(p. 211). 잠재적 불일치의 장벽은 극복할 수 없는 것이 아니다. 비록 초기에는 이러저러한 자질의 통합에 대한 의견이 다를 수 있을지라도, A. Wierzbicka는 공동 토론의 수반 여부와 관계없이 심층적인 숙고를 통해 일반적으로 연구된 구성요소들에 대해 어떤 의견일치에 이른다는 것을 지적한다. «아마도 과학적 방법을 통해 객관성의 유령을 찾는다면, 우리는 우리의 고유한 직관의 대지(terra firma)라는 의미론에 있는 유일한 확고한 근거를 잃어버린다»(A. Wierzbicka, 1985: 43). 나는 이 대지를 한층 더 탄탄하게 만들기 위해 언어 통제가 필요하고 가능하다는 것을 덧붙일 것이다. 즉, 울타리치기(enclosures)로 하는 테스트들(G. Kleiber & M. Riegel, 1978), 여러 유형의 추론과 추론의 절차와 전략에 대한 기술, 텍스트 연쇄의 분석, 그리고 J. Picoche가 추천하는 바와 같이, 관용구와 가장 진부한 통합적 연합[참조. *새는 노래한다(les oiseaux chantent)*면, *참새는 짹짹거린다(les moineaux pépient)*]에 대한 고려, 등등은 공유된 것으로 추정되는 이 «전형적인» 지식에 더 일의적(一義的) 토대를 부여토록 할 것이다.

II. 수직적 차원: 기본 층위

*왜 x를 범주 Z에 포함시키는가*라는 질문이나 *왜 x를 Z라고 부르는가*라는 선행 질문에 대한 명명적인 해석은 우리가 보았듯이 두 가지

대답을 불러오는데, 하나는 x가 속하지 않은 범주들과 관련하여 Z의 선택을 정당화하는 대답이고 다른 하나는 x에도 맞는 다른 범주들이나 용어들과 관련하여 Z의 선택을 설명하는 대답이다. 첫 번째 대답은 범주들의 내적 조직을 강조하여 원형과의 짝지우기의 측면에서 방금 제공되었다. 두 번째는 계층적인 범주 간 조직을 고려해야 한다. 우리는 «수평적» 차원에서 «수직적» 차원으로 옮겨갈 것이다.

출발점은 동일한 것이 여러 가지의 ... 것들이 될 수 있다는 관찰, 다시 말해서 동일한 것이 여러 가지 방식으로 범주화되거나 명명될 수 있다는 관찰에 있다. «이러한 연구 경향의 선구자로 종종 인용되는 R. Brown(1958: 14)은 잔디 위의 개는 단지 *개*일 뿐만 아니라 또한 *복서*[4], *네 발 짐승, 생물*이라는 것에 주목한다.» 이들 여러 말들은 동일한 층위에 위치하지 않는다. 따라서 동의관계의 문제가 아니다. 즉 *네 발 짐승*과 *생물*은 *개*보다 상위 층위의 명사이거나 범주이고, *복서*는 하위 층위에 속한다. 이러한 포함 관계에 따라 범주 간 계층 구조의 존재를 강조하는 이 첫 번째 관찰은 동일한 계층의 여러 층위의 범주화, 따라서 동일한 특정 사물에 대한 여러 가지 가능한 이름들이 동가적이 아니라는 것을 설정하는 또 다른 관찰을 수반한다. 어떤 사람이 R. Brown의 예인 잔디밭에 있는 개와 같은 장면을 기술하도록 요청 받으면, 그가 상위 층위의 명사인 *네 발 짐승*이나 *생물*보다, 또한 하위 층위의 명사인 *복서*보다-비록 그가 다른 개들과 복서를 어떻게

---

[14] 여기서 *복서(boxer)*는 '복서'라 불리는 개의 이름이다<역주>.

구별하는지 알고 있더라도-*개*라는 말을 더 쉽게 사용할 것이라는 것이 관찰된다. 따라서 계층 구조 *동물·개·복서*에서의 *개*처럼 동일한 계층 구조의 이름이나 범주는 특별한 지위를 가지고 있는 것처럼 보인다. 이러한 사실을 어떻게 설명할 것인가? 두 가지 설명 모델이 제안되었다. 하나는 B. Berlin과 그의 동료들이 제안한 것으로 식물과 동물의 통속적 분류(classification populaire)에 관한 인류학적 연구에 기반하고 있다면, 다른 하나는 E. Rosch *et al.*(1976)이 제안한 것으로 심리언어학적인 관점에서 B. Berlin가 시도한 연구를 재거론하고 있다.

A/ 통속적인 생물학적 분류

특별히 멕시코의 테네하파(Tenejapa) 지방에 살고 있는 첼탈(Tzeltal) 원주민들의 식물과 동물에 대한 통속적 분류를 세심하게 분석하여 B. Berlin과 그의 팀[B. Berlin *et al.*(1974), B. Berlin(1978) 참조]은 아래에서처럼 더 총칭적인 것에서 더 특수한 것으로 가는 다섯 가지 층위의 범주[그는 이들 범주를 **분류군(taxa)**이라고 부른다]로 된 보편적 가치의 범주 간 계층 조직을 가정하게 되었다.

계(界): *Unique beginner* or *kingdom*
생물 형태: *Life form*
속(屬): *Genera*
종(種): *Specific*
변종(變種): *Varietal*

첫 번째 층위에는 예를 들어 낱말 *식물*과 동물이 있다. 생물 형태의 층위에는 *나무, 새, 포유류, 꽃* 등과 같은 범주가 있는 반면에 통속적인 속(屬)의 층위에는 *밤나무, 참새, 개, 튤립* 등이 있다. 종(種)과 변종(變種)은, 예를 들어 떡갈나무 속(屬)의 경우, 각각 '초록 떡갈나무'와 '지중해 초록 떡갈나무'를 포함한다. 지금까지 제안된 분류 모델은 아래의 도식이 보여주는 바와 같다.

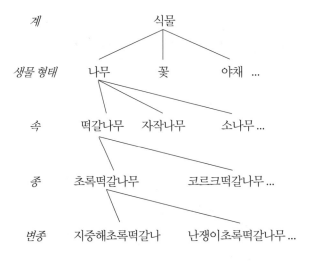

민속 속(folk genera)은 가장 눈에 띄는 인지 층위(niveau cognitif)를 구성한다. 이것은 B. Berlin(1978: 216)에 따르면 «모든 통속적 분류의 기본 구성요소»이다. 세 가지 특성이 그것들을 특징짓는다. «그것들은 우리가 가장 자주 언급하는 자연 환경의 생물군을 대표하며, 심리적으로 가장 두드러지며, 아마도 아이들이 배운 최초의 **분류군**에 속할 것이다»(1978: 126). 첫 번째 특성은 결과적으로 특별한 명명적 지위(statut dénominatif)를 갖는다. 즉 화자들은 사물들을 다른 층위들에서

보다 속(屬)의 층위에서 더 쉽게 명명한다. 자신들이 있는 숲속에서 보이는 《식물들》의 이름에 대해 B. Berlin으로부터 질문을 받은 화자는, 민속 속이라는 범주의 이름으로, 즉 *떡갈나무, 단풍나무* 등과 같은 이름으로 그것들을 파악했지, 화자에게 널리 알려져 있는 *나무*와 같은 **생물 형태** 범주의 이름이나 *설탕단풍* 등과 같은 특정 범주나 변종의 이름으로 파악하지 않았다. 빨리 습득되는 것 외에도 **민속 속의 심리적 두드러짐**은 더 쉽게 기억되는 것으로 나타나고-속(屬) 층위의 이름은 더 잘 기억된다-, E. Hunn(1975)이 보여주었던 것처럼 **전체론적 식별**(identification holistique)로 나타난다. 이 층위에서 사물들은 단순한 **게슈탈트**로 인식되는 반면, 하위 층위들에서의 식별은 종(種)을 구별케 하는 세부사항들의 파악을 필요로 한다[예를 들어 여러 유형의 전나무나 떡갈나무를 구별하기 위해서는 G. Lakoff(1987: 32)를 볼 것].

이 보편적 분류의 다른 등급들에는 그러한 정확한 특징이 없다. 《시작》 층위는 자연계의 가장 광범위한 구분을 나타내며(식물계와 동물계), 많은 언어들에서는 상응하는 어휘를 가지고 있지 않을 수 있다. **생물 형태**의 범주들은 전형적으로 소수의 **분류군**을 통합하는 반면, 속(屬) 층위의 부류들은 수가 많고 항상 하위 범주들을 허용하고, 일반적으로 **일차 어휘소**들을 사물의 이름으로 삼는다는 사실을 민속 속과 공유한다. 일차 어휘소를 통해서 우리는 우선적으로 **단일 어휘소**를 이해해야만 한다. 그러나 그 구성요소들이 어떠한 대조적인 가치도 가지지 않는 **복합 어휘소**(lexème composé), 다시 말해서 같은 층위의 범주들을 서로 대립시키지 않는 복합 어휘소 또한 일차 어휘소로 간주된다. 이 기준에 따라 *길손나무(arbre du voyageur)*[15]와 같은 복합 어휘는 일차 어휘일 것이다. 왜냐하면 구성요소 '*du voyageur*(여행자의)'는 '*arbre du marin*(바닷가의 나무)'나 '*arbre de l'aubergiste*(여인숙 주인의 나무)'와의 직접적인 대조로 설명되지 않기 때문이다. 반대로, *독일 세퍼드(chien berger allemand)*는 이차 어휘로 인식될 것이다. 그 이유는 그것이 대조적인 계열에 들어가기 때문이다[참조. *피레네 세퍼 드(chien berger des Pyrénées)*].

민속 속의 두 하위 층위는 또한 거의 부류들을 식별하지 않는다. 이들 두 층위의 **분류군**은 «소수의 구성원들로 이루어진 대조적인 총체 속에서 특징적으로 나타나고, 두 부류의 총체에서 가장 자주 나타난다»(B. Berlin, 1978: 216). 그것들은 보통 몇 가지, 아니 단 하나의 의미자질[참조. *붉은 장미(rose rouge)* 대 *흰 장미(rose blanche)*]에 따라 구별되며 일반적으로 이차 어휘소(lexème secondaire)를 사용한다.

그것들의 명확성 부족을 깨닫기 위해서는 이 기준들을 적용하려고 시도해보는 것으로 충분하다. B. Berlin의 다섯 가지 보편적 층위에서의 여러 부류들의 배치는 사실 명시적 분류 기준보다는 오히려 직관을 따르고 있다(A. Wierzbicka, 1985: 151). 그러나 그러한 배치는 잔디밭에 ... 개를 보여주는 장면의 기술에서 *개*의 특권적인 명명적 지위에 설명을 제공하는 이점을-그것이 추구한 목적이었다-가지고 있다. 화자가 필시 어휘소들인 *동물(animal)*, *네 발 짐승(quadrupède)* 또는 복

---

15 'arbre du voyageur(길손 나무)'를 글자그대로 직역하면 '여행자의 나무'이다 <역주>.

서(boxer)보다 오히려 어휘소 *개(chien)*를 선택한다면, 그것은 *개*가 제안된 보편적 분류의 가장 두드러진 층위인 **민속 속**의 층위에 속하는 범주를 외연을 통해 나타내기 때문이다. 어휘소 *동물*과 *네 발 달린 짐승*은 상위 범주에 해당된다. 즉 전자는 *계(界)*의 층위에 나타나고 후자는 *생물 형태*의 층위에 나타난다. 낱말 *복서*는 하위 층위, 즉 종(種)의 층위에 해당한다.

우리가 개의 계열체 대신에 나무의 계열체나 새의 개열체를 취하여 실험을 반복하면 그 결과는 더 이상 그다지 만족스럽지 않다. 잔디밭에 자작나무나 참새가 있으면 우리 화자는, 그렇기는 하지만, 잔디밭에 *나무*나 *새*가 있다고 우선적으로 말할 것이다. 그러나 B. Berlin의 모델에서는 **민속 속** 범주의 용어, 즉 *자작나무*와 *참새*라는 용어를 사용하지 *생물 형태*의 층위의 용어는 사용하지 않을 것이라고 예상할 수 있다. 우리는 우선적 범주화에 의해 특징지어지는 보다 현저한 인지 층위의 개념을 포기해야만 하는가? B. Berlin 모델의 보편성을 고수한다면 그렇다. 반면에, 이 모델이 모든 공동체에 유효하지 않고 산업화되지 않은 사회에서만 주로 유효하다면 우선적 범주화 층위의 가설은 유지될 수 있다. B. Berlin의 연구들을 더 심리적 측면에서 계속 이어가고 그에 의해 극복되지 않은 어려운 점들을 해결할 수 있는 개편을 제안하는 분류 모델을 확립하는 것, 이것이 수직적 차원의 분야에서 E. Rosch의 연구 결과이다.

B/ 기본 범주

1. 세 층위의 계층구조

E. Rosch *et al.*(1976)는 다음과 같은 세 층위로의 분류를 제안한다.

— 상위 층위
— 기본 층위
— 하위 층위

그들은 포괄적 계층구조에 의한 범주들의 외적 조직과 계층의 중간에 위치해 있는 특정 범주의 층위, 즉 **기본 층위**의 존재에 대한 B. Berlin의 이중 가설을 다시 받아들인다. 차이점은 두 가지 방향으로 나타난다. 한편으로 계층구조가 더 이상 동일하지 않다. 즉 다섯 개의 층위에서 계층구조는 단지 세 개의 계층구조로 되고 **민족 속**의 층위에서 표현되는 범주들은 기본 층위에서 나타나는 범주들과는 정확히 동일하지는 않다. 다른 한편으로 기본 층위의 특성화는 이 층위의 인지적 두드러짐에 대한 이유를 설명하기 위한 목적으로 보다 체계적인 방식으로 수행된다.

제안된 3등분은 B. Berlin의 《보편적인》 생물학적 부류들을 다르게 배열한다. 가장 주목할 만한 차이점은 나무, 물고기 등과 같은 계열체에서 드러난다. 따라서 B. Berlin에게 있어서 속(屬)의 층위를 구성하는 떡갈나무, 단풍나무, 자작나무 등의 범주는 반대로 E. Rosch *et al.*(1976)에게 있어서의 하위 층위, *나무*에 의해 차지된 기본 층위, 그리고 *식물*이라는 범주에 의한 상위 층위를 구성한다. 그러나 이 마지막 항목은 논쟁의 여지가 있다[이 주제에 대해서는 A. Wierzbicka (1985)의 제안들을 볼 것]. 동물, 과일, 가구 등의 경우 수직적 차원은 예를 들어 다음과 같은 조직을 나타낸다.

상위 층위	*동물*	*과일*	*가구*
기본 층위	*개*	*사과*	*의자*
하위 층위	*복서*	*골든 사과*	*접이식 의자*

2. 기본 층위의 특징과 특성

이 새로운 분류학적 분포에 따라 B. Berlin의 보편적 분류와 모순되는 경우들이 직접 설명될 수 있다. *나무, 새* 등이 기본범주인 경우 표준 명명 작업에서 사용되는 이들 용어가 해당 기본범주를 외연적으로 나타내는 것이 일반적이다. 달리 말하면 우리는 화자가 왜 *동물이 지붕 위에 있다*나 *울새가 지붕 위에 있다*보다 *새가 지붕 위에 있다*고 더 자연스럽게 말할 수 있는지 이해한다.

이에 대한 검증은 심리적 실험에 의해서 제공되는데[E. Rosch *et al.*(1976)과 프랑스어의 경우 예를 들어 F. Cordier(1983)를 볼 것], 그 실험들은 다음에서 말하고 있듯이 인지의 우선순위를 명백하게 밝혀 주는 기본 층위의 네 가지 특성을 동시에 확립한다.

기본적인 사물들은 그 구성원들이 다음 네 가지로 특징되는 가장 포괄적인 범주들이다. a) 구성원들은 많은 수의 공통적인 속성을 가지고 있고, b) 서로 비슷한 동인 프로그램을 가지고 있고, c) 비슷한 형태를 가지고 있고, 그리고 d) 부류의 구성원들의 중간 형태로 판별

될 수 있다(Rosch *et al*., 1976 : 382).

이 네 가지 요소들의 결합은 *동시 발생하는 지각 및 기능적 속성의 풍부한 정보 묶음*이라는 간결한 표현으로 요약될 수 있으며 다음과 같이 조사 목록이 만들어질 수 있는 일련의 결과에 이른다.

1/ 기본 층위와 하위 층위는 그것들의 범주 구성원들이 유사한 **게슈탈트**를 가지고 있는 것으로 인식된다는 점에서 상위 층위와 대립된다. 실제로 동물에 해당하는 일반적인 형태는 존재하지 않지만 *개와 복서*에 대한 하나의 일반적인 형태는 인식된다. 따라서 기본 층위는 범주의 구성원들이 비슷한 방식으로 인식되는 포괄적인 형식을 갖는 가장 높은(곧 가장 추상적인) 층위이다.

2/ 그 결과 또 다른 차이가 생긴다. 즉, 우리가 모든 범주를 나타내는 데생이나 스키마로 이미지를 형상화할 수 있으면 기본 층위 및 하위 층위의 범주들이 추상적이거나 구상적인 이미지를 생성할 수 있는 반면, 유사한 표상이 상위 범주들에서는 용인되지 않는다. 우리의 심적 이미지[심상(心象)](또는 그림)가 특정 개나 특정 스패니얼을 표상하지 않더라도 우리는 개나 스패니얼을 상상할(또는 그릴) 수 있다. 동물 범주에 대해 동일한 작업을 시도하면서 우리는 기본 층위에서나 하위 층위에서 특정 동물 유형의 이미지(또는 그림)를 항상 얻는다. 따라서 기본 층위는 순전한 심적 이미지(또는 스키마)가 전체 범주를 반영할 수 있는 가장 높은 층위인 것으로 특징지어진다.

3/ 우리가 사물을 가지고 행동하는 방식은 상호 작용적인 세 번째

분화 지점을 제공하지만, 우리가 좀 더 뒤에서 보게 되듯이 그것은 형식의 기준으로부터 직접 생겨난다. 그 생각은, 예를 들어, *의자와 접는 의자*의 범주 각각이 각각의 구성원에 대해 유사한 유형의 상호작용을 결정한다는 것이다. 의자를 사용하기 위해 우리가 해야 하는 몸짓은—따라서 본질적으로 그 위에 앉기 위해서-모든 범주에 대해 동일한 근육 프로그램(programme moteur)을 구성한다. 상위 범주의 경우 이 유사성은 더 이상 존재하지 않는다. *가구*는 그러한 유형의 일반적인 상호작용을 결정하지는 않지만 사실 기본 범주 및 하위 범주들에 의해 결정되는 것과 관련된 근육 프로그램을 만들어낸다. 즉 우리는 침대, 탁자, 등받이 없는 의자, 접는 의자 등등으로 어떻게 《하》지만 가구로는 어떻게 《하》지 못한다. 따라서 1/과 2/의 모델에서 우리는 기본 층위란 사람이 범주의 구성원들과의 상호작용에서 유사한 근육 행위를 활용하는 가장 높은(또는 가장 포괄적인) 층위라고 결론을 내릴 수 있다.

4/ 식별 속도는 기본 층위의 또 다른 인지 효과(effet cognitif), 그러나 이번에는 특별한 인지 효과를 구성한다. E. Rosch *et al.*(1976)은 실험대상자들에게 세 가지 추상적 층위의 명칭과 함께 그림을 제시하고 이미지와 용어가 일치하는지를 가능한 한 빨리 말할 것을 요구하는 실험을 가지고 기본 층위를 부각시킨다. 그 결과는 기본 층위의 용어가 관련될 때 식별이 가장 빠르다는 것을 보여준다. 우리는 골든 사과의 그림을 골든 사과나 과일의 그림으로서보다 사과의 그림으로서 더 빨리 인지한다. 따라서 기본 층위는 실험대상자들이 범주의 구성원을 가장 빨리 식별하는 층위이다.

5/ 기본 층위는 또한, 잔디밭에 있는 개의 예를 가지고 우리가 이미 보았듯이, 선호되는 명칭의 층위이다. 사물은 기본 층위에 해당하는 표현에 의해서 가장 일반적으로 지시된다. 기본 층위의 이런 주요한 언어적 특징이 갖는 변별성은 여러 실험을 통해서 확연하게 드러난다. 이러저러한 사물 그림이 무엇을 나타내는지에 대해 말하도록 요청받는 실험대상자들은 기본 층위의 용어를 우선적으로 사용한다. 따라서 그림들 중에 동일한 기본 범주에 속하는 사물들이 있을 때에도 마찬가지이다. 그렇기 때문에 일련의 20개 그림에, 예를 들어, 스패니얼, 셰퍼드 그리고 푸들의 그림이 나타난다면, *개*라는 기본 용어의 도움으로 우선적인 식별이 이루어진다는 것이 확인된다.

6/ 5/에서 기본 층위의 용어들이 문맥적으로 중립적이라는 생각이 아주 자연스럽게 생긴다(D.A. Cruse, 1977). 달리 말해서 상위 용어나 하위 용어의 사용은 문맥상 정당화될 수 있다. 즉 상위 용어나 하위 용어의 사용은 A. Wierzbicka(1985: 327-328)의 다음 예가 예증하듯이 상응하는 기본 용어의 표준적 사용보다 더 많은 것을 말해준다.

푸들과 스패니얼, 이 두 개의 이야기에서 이들의 지시대상을 서로서로 구별하기 위해서 **민속 속(*개*)**이라는 용어보다 이 속(屬)의 하위 **범주(*푸들, 스패니얼*)**의 용어를 사용하여 이들 두 개 각각을 반복적으로 가리킬 수 있을 것이다. 그러나 *어떤* 개(스패니얼이라 하자)의 이야기에서 왜 우리는 그것을 *개*보다는 스패니얼이라고 반복적으로 불러야 할까? 스패니얼이라는 용어는, 그것이 사용될 때, '우리가 개를 상상하기를 바라면서 상상할 수 있는 몇몇 점에 대해서 다른' 점을 전달한다. 다시 말하면, 그것이 사용될 때 이 용어는 지시대상의 《특별한» 특징을 강조한다. 지시대상의 «특별한» 특징에 대한 이러한 강조는 대조적인 문맥에서는 완벽하게 이해될 수 있지만(두 마리의 개이야기 참조), 혼란의 위험이 없다면((*어떤* 개에 대하여 말하는 이야기에서처럼) 그것은 자연스럽지 않고 문체상 강조되어 있을 뿐이다.

기본 용어의 이러한 특징은 선행사가 없는 인칭 대명사에 영향을 미친다. 실제로, 중립적인 문맥에서 선행사가 없는 대명사를 사용하면 하위 용어나 상위 용어가 아닌 기본 용어에 해당하는 대명사를 사용할 수 있다는 것이 확인된다. 따라서 누군가에게 차에서 인형(une poupée)을 꺼내달라고 요청할 때 우리는 인형이 비록 장난감(un jouet)이라 할지라도 *Sors-la!*(*그것 꺼내줘!*)라고 말하지 *Sors-le!*(*그것 꺼내줘!*)라고 말하지 않을 것이다.[16] 언어적으로 통제되는 선행사가 없는 대명사(L. Tasmowsky-de Ryck & S.P. Verluyten, 1985)는 기본 이름인 *인형*을 가리키지 상위 용어인 *장난감*을 가리키지 않는다(참조. P. Bosch, 1987).

7/ 다른 의사소통적 특징들도 기본 범주의 용어들과 결부될 수 있다. 그러나 그것들은, 내 생각에는 두 가지 이전 범주의 영향력과 타당성을 가지고 있지는 않다. 따라서 우리는 이중의 경향을 주목할 수 있었다. 즉 기본 어휘소(lexème de base)들은 가장 짧은 일차 어휘소(lexème

---

[16] 기본 용어인 '인형(une poupée)'은 대명사 여성형 *la*로 받는 여성명사이고, 상위 용어인 '장난감(un jouet)'은 대명사 남성형 *le*로 받는 남성명사이다. 바로 그런 이유로 "*Sors-la!*(*그것 꺼내줘!*)라고 말하지 *Sors-le!*(*그것 꺼내줘!*)라고 말하지 않는 것이다"<역주>.

primaire)들인 경향이 있다(G. Lakoff, 1987: 46). 기본 어휘소들은 또한 언어의 어휘부에 제일 먼저 기록되는 것처럼 보이는 것들이다.

8/ 기본 층위는 또한 범주화의 시작에서 두드러진 층위라는 것이 드러난다. E. Rosch *et al.*(1976)에 의한 이 분야에서의 실험은 이전의 견해와는 달리 세 살짜리 아이들이 범주화할 수 있다는 것을 보여준다. 이전의 연구들이 이와 반대를 증명했다면, 그것은 상위 범주들을 문제 삼았기 때문일 것이다. 세 살짜리 아이들은 실제로 기본 층위의 범주화를 자유자재로 구사할 수 있지만 상위 범주에서 사물들을 재편성하는 데에는 어려움을 겪는다. 이들 아이는 사물들의 일반적인 기능적 특성을 고려하기보다는 오히려 모양과 색깔 또는 빈번한 연관 관계와 같은 지각적 특성에 근거하여 그것들을 묶는 것을 선호한다. 이러한 결과들로부터 우리는 다음과 같은 주요한 사실을 받아들여야 한다. 즉 기본 범주는 «으뜸 범주이며 범주화의 가장 자연스러운 형식이다»(G. Lakoff, 1987: 49).

우리가 검토한 다양한 결과를 요약하면, 기본 층위의 범주는 다음 세 가지 측면에서 두드러진다.

— 지각적 관점에서는, 유사한 포괄적인 형식의 인식과 함께 하고, 모든 범주의 단순한 심적 이미지 및 신속한 식별에 의한 표상과 함께 한다.
— 기능의 관점에서, 유사한 일반적인 근육 프로그램과 함께 한다.
— 의사소통의 관점에서, 한편으로는 중립적인 맥락에서 가장 간결

하고, 가장 일반적으로 사용되고 이용되는 낱말들의 사용과 함께 하고, 다른 한편으로는 아이들에 의해 가장 먼저 습득되고 언어의 어휘부에 맨 먼저 등장하는 낱말들의 사용과 함께 한다.

3. 기본 층위: 가장 정보적 층위

제기되는 질문은 분명히 이러한 결과의 원인에 관한 것이다. E. Rosch et al.(1976)가 이미 위에서 공식화한 대답은 많은 공통된 속성을 갖는 기본 범주의 정보의 풍부성에 있다. 따라서 우리 지식의 대부분이 왜 이 층위에 저장되어 있는지를 더 깊이 연구해야 한다. 이러한 분석은 기본 층위에 대한 보다 정확한 정의를 이끌어내는 동시에 그것이 갖는 특별한 인지적 역할을 확인하는 것이 된다.

기본 층위(예. 개)의 범주와 관련된 더 많은 정보가 있다는 것은 실험대상자들이 범주의 속성 목록을 작성하도록 요청 받았을 때, 그들이 기본 층위에 대한 가장 많은 특성과 속성을 제공한다는 사실에 의해 입증된다. 상위 범주(예. 동물)는 특성이 별로 없는 데 반해, 하위 범주(예. 스패니얼)는 기본 범주에 비해 자질이 약간 증가하는 것을 보인다. 이처럼 범주의 정보성은 범주의 특수성과 함께 규칙적으로 증가하지 않는다. 그것은 상위 범주에서 기본 범주로의 전환하는 동안 증가하지만 그 이후에는 더 이상 크게 증가하지 않는다. 그 이유는 하위범주에 제공된 정보가 기본범주에서 이미 제공한 정보보다 한결 더 크지 않기 때문이다. 하위 범주의 출현은 이처럼 분류의 정신적 부담을 나타낸다. 그 출현이 정보의 의미 있는 증가로 상쇄되지 못하기 때문이다. 왜냐하면 추가 정보 제공은 기본 층위에 의해 제공되는 구별들에 비해 몇 가지 새로운 구별들에 제한되기 때문이다. 정보의 관점에서 *동물*, *개* 그리고 *스패니얼*을 비교하면 지식의 대부분이 저장되어 있는 곳은 *개*의 층위라는 것은 이론의 여지가 없다. *동물*이 몇몇 일반적인 자질을 수반한다면 *스패니얼*은 몇 가지 추가적인 자질에 의해서만 *개*와 구별된다. 왜냐하면 *스패니얼*이 갖는 자질의 대부분은 *개*에서 물려 받기 때문이다(E. Rosch *et al.*, 1976: 391). 바로 이러한 이유로 기본 층위의 범주들의 심리적인 호감과 유용성이 이해된다. 즉 기본 층위의 범주들은 인지적 관점에서 보면 가장 경제적인데, 그 이유는 높은 수준의 정보가 단 하나의 범주 기억과 일치하기 때문이다.

4. 기본 층위: «단서 타당성»과 변별성

기본 층위의 더 큰 정보성에 대한 이러한 강조는 단서 타당성의 관점에서 재해석될 수 있다. 범주의 *단서 타당성*이 그 특성들 각각의 *단서 타당성*의 합으로 정의되기 때문에(위 참조), 구성원들에게 공통된 자질을 많이 가지고 있는 범주는 또한 공통된 속성의 수가 적은 범주보다 더 큰 *단서 타당성*을 가질 것이다. 즉, 범주 조직의 세 층위 중에서 가장 높은 *단서 타당성*의 정도를 가지고 있는 범주들을 제시하는 것은 기본 층위이다. 상위 범주는 약한 *단서 타당성*을 가지고 있는데, 그 이유는 그것들이 공통된 속성을 거의 가지고 있지 않는 범주이기 때문이다. 하위범주 또한 별로 중요하지 않은 *단서 타당성*을 가지고 있다. 왜냐하면 그것들이 기본 범주에서 물려받은 공통된 속성의 대부분이 또한 이 기본 범주의 나머지 하위 범주들에 의해서도 공유되므로, 특성이 갖는 *단서 타당성*의 예측력에 비춰볼 때 그것들이 강한 단서 타당성을 야기하지는 않기 때문이다.

속성이 갖는 *단서 타당성*의 정의는 위에서 보았듯이 동일한 속성을 소유한 범주 구성원들의 수와 그것을 확인하는 대립되는 범주 구성원들의 수라는 이중적 검토의 결과이다. 그러므로 그것은 변별성의 개념을 가장 중요한 것으로 평가한다. 높은 *단서 타당성*을 가지고 있는 특성은 범주에 대해 높은 식별 가능성(discriminabilité)의 힘을 가지고 있다. 따라서 *단서 타당성*이 높은 범주는 또한 최대의 변별성을 가질 것이다. 이를 통해 기본 범주는 가장 정보를 많이 제공하는 범주 및 가장 높은 정도의 *단서 타당성*을 가진 범주로서뿐만 아니라 최대한으로 변별적인 범주로서 재정의될 수 있다.

> 일반적으로, 분류 체계에서 추상의 기본 층위는 범주들이 가장 많은 정보를 전달하고, 가장 높은 *단서 타당성*을 가지며, 따라서 다른 것들과 서로 가장 차별화되는 층위이다(E. Rosch *et al.*, 1976: 383).

기본 범주들은 최대한으로 서로 구별된다고 가정하면서, E. Rosch *et al.*(1976)은 내적 관점에서, 기본 범주는 구성원들 간에 인식되는 유사성을 극대화하고, 반대로 외적 관점에서 대립되는 범주와의 유사성을 최소화한다는 점을 강조하고 있다. 이것은 범주들이 자율적이지 않으며, 그 구조가 자신들이 일원이 되는 범주의 조직, 더 특별히 자신들과 대립 관계에 있는 범주들에 크게 의존한다는 것을 의미한다. E. Rosch *et al.*(1976)이 기본 층위를 정의하기 위하여 대조적인 범주 개념을 사용한 것은, 이처럼, 유럽의 구조의미론과 뚜렷한 유사점을 보인다(위 참조). '*chaise*[(팔걸이 없는) 의자]'와 연관된 정보와, 따라서 그 타당성 지수는 대부분 '*sofa*(소파)', '*pouf*[(팔걸이 없는) 쿠션의 자]', '*fauteuil*[(등받이·팔걸이가 있는) 일인용 안락의자]' 등과 같은 대조적인 '*sièges*(의자)' 범주[17]의 존재에 의존한다. 결과적으로 구조주의 의미론자들에 의해서도 행해진 예측은 이 용어들(또는 범주들) 중 어느 한 쪽이 사라지면 '*chaise*[(팔걸이 없는) 의자]'의 범주가 영향을 받을 것이라는 예측이다. 이에 대한 이중의 잠정적인 교훈이 유지될 수 있다. 첫째, 이들 두 가지 유형의 의미 이론(곧 원형의미론과 유럽의 구조의미론)은 우리가 그것을 말하기를 좋아할 정도로 서로에게 낯설지 않다. 둘째, 대조적인 시각은 인정되지만, G. Lakoff가 주장하는 것과는 달리, 그것이 원형의미론의 장점으로 평가될 수는 없을 것이다.

　범주의 형성을 설명하고 원형의 구성을 설명하기 위해 사용된 *단서/타당성*의 개념은 수직적 차원과 수평적 차원 사이의 결합을 실행하는 이론적 관계이다. 즉, 원형과 기본 범주, 다시 말하면 범주의 내적 조직과 외적 조직은 원형의미론에서는 동일의 원리[18], 곧 최대 **식별 가능성의 원리**를 따른다. 원형은 범주의 다른 구성원들과는 가장 많은 공

---

[17]　'*siège*(의자 일반)'의 하위 유형에 대한 더 상세한 설명은 앞 p. 50 역주 13)을 참조할 것<역주>.

[18]　'동일의 원리(principle of identity)'란 라이프니츠(G.W. Leibniz, 1646~1716)가 처음으로 확립한 원리로 'A는 A이다'라는 형식으로 표현된다. 이것은 언어표현(명제 혹은 개념)과 지시대상의 동일성을 주장하는 원리로 동일률(同一律), 자동률(自同律)이라고도 한다『철학사전』(임석진 외, 중원문화, 2009) 참조]<역주>.

통된 자질을 공유하고 대조적인 범주의 구성원들과는 가장 적은 공통된 자질을 공유하는 것과 마찬가지로, 기본 범주 역시 자신의 구성원들에 대해서는 가장 많은 공통된 속성을 나타내는 반면, 대립되는 범주와는 가장 적은 공통된 속성을 나타내는 범주이다. 따라서 이 두 경우 모두에서 기본 범주에 대해서처럼 원형에 대해서 작용하는 것은 **인지적 경제성**(économie cognitive)의 원칙, 즉 정보의 극대화이다.

그러나 이 원칙이 범주의 형성에 전적으로 책임을 질 수는 없다. 선의의 단순한 이유로, 그렇게 될 경우, 최대의 *단서 타당성*을 보장받을 단 하나의 특성에 의해 식별되는 아주 작은 범주들이 증가할 것이다. 따라서 왜 이런 일이 그처럼 일어나지 않는지를 설명해야 한다. 즉 왜 정보의 대부분이 기본 층위에 저장되는지, 왜 이 정보가 무작위적으로 취해진 자질의 결합으로는 구성되지 않는지 등등을 설명해야 한다.

그러면 두 번째 원칙은 첫 번째의 너무 큰 힘, 즉 세계의 구조의 힘을 제한하게 된다. 이 생각은 속성들이 완전히 자의적인 방식으로 모이지는 않는다는 것이다. 왜냐하면 우리를 둘러싸고 있는 세계에는 속성들의 어떤 상관관계가 존재하기 때문이다. 1976년 E. Rosch와 그의 동료들은 자질 [깃털]이 자질 [날개]와 함께 나타난다면 현실에서 (일반적으로) 그렇기 때문이라고 추론한다. 바로 그러한 이유로 홀로 사용된 인지적 경제성의 원칙이 야기하는 어려움들이 해결된다. 범주는 계속해서 인지적 경제성의 원칙에 따라 형성되지만 더 이상 아무 정보나 최대화하지는 않는다. 즉 현실에 존재하는 속성들의 상관관계를 극대화한다. 예를 들면 환경은 어떤 특성들의 다발이 범주의 형성,

따라서 정보의 극대화와 범주가 갖는 특성들의 *단서 타당성*을 야기하거나 야기할 수 있는지를 나타내면서 다음 인용에서처럼 범주들의 형성에 제약을 가한다.

> 범주들은 환경이 주는 속성의 풍부한 다발로부터 정보를 극대화하고, 또한 바로 이를 통해 자신들이 갖는 속성의 *단서 타당성*을 극대화하기 위해서 형성된다(E. Rosch와 C.B. Mervis, 1975: 602).

5. 범주와 자의성

이러한 입장 표명의 가장 눈길을 끄는 결과는 자의성(arbitraire)에 대한 고전적 주장의 부적절함이다. 즉, Whorf 주장의 대부분이 개괄하는 것처럼 언어는 사회·문화적 이유에 순응하면서 자의적인 방식으로 현실세계를 자르지 않는다. 범주들의 구성에 영향력을 미치는 «객관적인» 현상들이 있다.

E. Rosch는 자신의 이론적 연구의 세 번째 단계에서 그러한 객관주의 가설을 포기하고 현실 자체에서 범주가 형성될 때에 채택된 속성들의 상관관계를 더 이상 갖지 않는 완화된 버전을 채택한다. 세계의 객관적인 구조화의 원칙은 **인지된 세계 구조**의 원칙으로 대체된다(E. Rosch, 1978: 29). 특성의 집합은 실험대상자들에 의해 특성의 다발로 인지되며, 현실에 내재된 방식으로는 존재하지 않는다. 즉 «우리가 *인지 주체*가 없는 형이상학적 세계가 아니라 인식된 세계에 대해 말한다는 것이 강조되어야 한다»(E. Rosch, 1978:. 29). 이전 현실주의자 버전은 실제로 존재하지 않는 상관관계의 구조를 가정하는 것을 허용하지 않았지만, 새로운 접근법은 그러한 범주 형성을 설명할 수 있다.

— *의자*(chaise)의 경우 [좌석]과 같은 몇몇 속성들은 의자라는 사물에 대한 지식보다 훨씬 앞서 있지는 않다는 것을 나타내는 이름들을 가지고 있다.

— *피아노*의 경우 [크다]와 같은 몇몇 속성들은 *가구*와 같은 상위 부류에서 피아노의 범주화와 관련해서만 의미를 갖는다. *피아노가 크다*(Un piano est grand)와 같은 발화는 비교 기준이 필요하다. 즉 그것은 어떤 범주와 비교할 때만 크기 때문이다. *큰 동물인 작은 코끼리!*를 기억할 지어다.

— *식탁*의 경우 [사람들이 거기서 먹는다]와 같은 몇몇 속성들은 이해되기 위해서 인간 존재들, 그들의 활동 그리고 현실 세계에 대한 지식을 요구하는 기능적 속성으로 나타난다.

이상의 것으로부터 범주 형성의 보다 주관적인 이해로의 전환이 있게 된다. 즉 «속성에 의한 사물의 분석은 오히려 우리의 실험대상자들이(그리고 사실은 문화적 지식 체계가) 범주 체계의 개발 이후에만 부과할 수 있는 것으로 간주될 수도 있을 궤변적인 활동이라는 것이 명백해졌다고 E. Rosch(1978: 29)는 말하고 있다.»

사물을 이렇게 보는 방식이 범주들이 아무렇게나 구성된다는 것을 의미하지는 않는다. *인지 주체*를 소개한다는 것은 사실상 지각된 세계가 아무렇게나 지각될 수 없다는 점에서 제약을 받고 있다. 특성들의 다발은 현실에 객관적으로 존재하는 집합도 무작위로 구성된 집합도 아니다. 그것들의 형성은 발화주체들과 환경 간의 상호작용에 달려 있다. 즉 «*특성*이라는 변별적 개념은 모든 존재의 독립적 세계에서 객관적인 것이 아니다. 그것은 오히려 우리가 *상호작용적 특성*이라고 부르는 것»(G. Lakoff, 1987: 51), 즉 사물의 본질적인 속성이 아니라 인간들이 그들의 몸과 그들의 인지 장치를 통해서 사물들을 대하는 방식에서 기인하는 특성이다. 여기서 인간들이 사물을 대하는 방식이란 자신들이 사물을 인지하고 상상하는 방식, 사물에 대한 정보를 구성하는 방식, 그리고 특히 자신들의 몸이 사물과 접촉하는 방식이다(G. Lakoff, 1987: 51).

6. 객관적인 것과 주관적인 것

따라서 상호작용적 특성들의 다발을 가정한다는 것이 속성들의 주관적이고 자의적인 관점을 선택한다는 것을 의미하지는 않는다. 우리가 이미 위에서 강조할 기회가 있었던 것처럼 «지각된 세계»는 어느 정도 공유된 방식으로 지각된다. 이 사실을 통해, 이 특성들은 각 발화주체에 따라서 변할 수 있으므로 곧바로 주관적인 자질로 나타나는 *beau*(*아름다운*), *intelligent*(*지적인*) 등과 같은 특성들과는 대조적으로, 예를 들어, *brun*(*갈색의*) 또는 *grand*(*큰*)과 같은 특성들에 대해서는 객관적 자질이라는 생각이 유지될 수 있다. 우리가 *객관적*이라고 부를 수 있는 *grand*(*큰*)/*petit*(*작은*), *long*(*긴*)/*court*(*짧은*), *lourd*(*무거운*)/*léger*(*가벼운*) 등과 같은 유형의 **반의어 형용사**(adjectif antonyme)와 우리가 *주관적*이라고 부를 수 있는 *joli*(*예쁜*)/*laid*(*못생긴*)(*moche*(*추한*), *bon*(*좋은*)/*mauvais*(*나쁜*), *méchant*(*심술궂은*)/*gentil*(*친절한*) 등과 같은 유형의 반의어 형용사[19] 사이의 차이는 그것이 우리가 첫 번째 계열의 구성원들과 연결시킨 객관성이 우리가 그것들에게 부여한 **측정가능성 자질**(trait de mesurabilité)에 기인한다는 것을 보여준다는 점에서 시사적이다[M. Bierwisch(1970), G. Kleiber(1976) 참조]. 《객관적》 반의어는 반의적 정도의 등급을 통해 인간이 지각으로 자신을 둘러싸고 있는 현실 세계의 사물들을 《측정할 수 있는》 가능성을 나타낸다. 이는 사물에 내재된 특성의 문제가 아니다. 왜냐하면 사물들이 *grand*(크다)/*petit*(작다), *lourd*(무겁다)/*léger*(가볍다) 등등으로 생각하는 것은 바로 우리이기 때문이다. 그러나 이 측정은 그럼에도 불구하고 단지 그것이 우리에게 다른 모든 화자들에 의해서도 공유될 수 있는 것처럼 보이고 오로지 개인적인 판단에만 연관된 것처럼 보이지 않는다는 이유로 객관적인 것처럼 보인다. 이것이 사물에 대한 우리의 인지적 표현의 일부라는 것은 여러 가지 방식으로 보여 질 수 있다. M. Bierwisch(1970: 316)는 객관적인 반의어의 구조는 아이가 기하학과 물리학의 기초를 배우기 전이라 할지라도 자유자재로 구사할 수 있다고 강조한다. 다른 한편으로, 《모든 화자에 대한》 객관적인 반의어의 구조의 변별성은, 주관적인 반의어의 변별성과 대립되는 언어적 특성에 의해 드러난다(G. Kleiber, 1976). 우리는 다음과 같이 단지 몇 개만 떠올려 보도록 할 것이다.

— *un peu*(조금, 약간, 다소)라는 관용 표현은 객관적 형용사와 관련될 때는 +와 −라는 극단 등급의 두 형용사와 기능할 수 있는 반면,

---

19 이들 두 유형의 반의어 형용사들은 모두 정도부사로 수식될 수 있고, 비교 표현이 가능한 **정도 반의어**에 속한다<역주>.

주관적 형용사의 경우에는 **부정극어**[20]의 **형용사만을** 용인한다.

Ce sac est *un peu* lourd(이 가방은 *조금* 무겁다).

Ce sac est *un peu* léger(이 가방은 *조금* 가볍다).

*Sophie est *un peu* jolie(소피는 *조금* 예쁘다).

*Sophie est *un peu* moche(소피는 *조금* 못생겼다).[21]

— 오직 객관적인 반의어들만이 수치로 수량화될 수 있다. 그러한
수량화는 다음에서처럼 절대적인 방식으로 나타날 수 있거나 :

Cet arbre a trois mètres de haut[22](이 나무는 높이가 3미터이다).

다음에서처럼 혼합적인 방식으로 나타날 수 있다.

Paul est plus grand que Charles de cinq centimètres.[23]

---

20 '부정극어(negative polarity item)'란 부정 문맥에서만 쓰일 수 있는 부정 자
질을 가진 극성어를 말한다. 예를 들어 우리말에서 '전혀, 결코, 도무지, 아무
도, 조금도' 등은 부정 문맥에서만 나타날 수 있는 부정극어이다<역주>.

21 바로 앞에서 언급되었듯이 *lourd*(*무거운*)/*léger*(*가벼운*)는 +와 -라는 극단의
두 등급을 나타내는 객관적 형용사이기 때문에 *un peu*와 양립되고 있다면,
joli(*예쁜*)/*moche*(*못생긴, 추한*)는 주관적 형용사이기 때문에 *un peu*와는 양립
되지 않고 있다<역주>.

22 *haut*(*높은*)는 *bas*(*낮은*)와 쌍을 이루어 객관적인 반의어를 구성한다<역주>.

23 *grand*(*크다*)은 *petit*(*작다*)와 쌍을 이루는 객관적인 반의어이다. 이 예에서 수

(폴은 샤를르보다 5센티미터 더 크다.)

반면에 주관적인 형용사들은 다음 예에서처럼 상대적인 비교에만 나타날 수 있다.

*Julie est jolie de ...(줄리는 예쁘기가 ...이다)
*Julie est plus jolie que Berthe de ...(줄리는 베르트보다 ...의 수치로 더 예쁘다)
Julie est plus jolie que Berthe(줄리는 베르트보다 더 예쁘다)

— 객관적인 반의어의 경우 수치로 수량화가 가능하지 않을 때라도 상대적인 측정은 여전히 유효하다. 따라서 *Ce couloir est plus clair que la chambre*(이 복도는 방보다 더 밝다)와 같은 판단은 표준어에서는 수량화된 명시적 설명을 허용하지 않음에도 불구하고(*Ce couloir est plus clair que la chambre de...*(*이 복도는 방보다 ...의 수치만큼 더 밝다) 자질 «측정 가능한»을 동반한다. 그것을 거부할 수도 있을 대화상대자에게는 *D'accord, on va vérifier*(좋아요, 확인합시다)나 *D'accord, on va mesurer*(좋아요, 측정합시다)라는 유형의 대답으로 응수할 수는 있지만, *Julie est plus jolie que Berthe*(줄리는 베르트보다 더 예쁘다)라는 주장이 반박을 받는다면 그러한 대답은 생각할 수 없

량화는 5센티미터(cinq centimètres)라는 절대적 단위뿐만 아니라 'plus ... que ...(...보다 더 ...한)'라는 비교급 장치를 통해서도 이루어지고 있다<역주>.

다. 우리는 상호작용적 특성의 개념을 완벽하게 보여주는 다음과 같은 평범한 예를 추가할 것이다. *Ce bois est plus dur que celui-ci(이 목재는 이것보다 더 단단하다)*를 주장하기 위해서 비록 내가 «수치적인» 증거를 사용할 수 없을지라도 거기에 박는 못의 도움으로 나는 나의 대화상대자를 «객관적으로» 설득하려고 노력할 수 있다. 이러한 경험은 주관적인 형용사들과는 상상하기가 어렵다. 어쨌든 그것은 «객관적» 특성의 개념을 어떤 의미로 해석해야하는지를 보여준다. 요컨대, «객관적» 특성의 개념은 인간 존재와는 아무런 관련이 없는 특성으로 해석되어서는 안 되며 개인 간의 정의적 변이를 겪을 수 있는 특성으로서 해석되어서도 안 된다. 이는 바로 G. Lakoff가 강력하게 강조하는 것처럼 우리 인간의 지위와 직접적으로 관련된 특성, 따라서 «체화된» 특성의 문제이다. 그러나 이러한 특성들이 우리에게 객관적인 것으로 보인다는 것은 우리가 그것들이 비슷한 방식으로 인지된다고 추정하기 때문이다. 우리는 이것을 우리가 원하는 대로 부를 수는 있다. 그러나 우리는 여기서 적어도 어떤 형태의 객관성이 문제가 된다는 것을, 다시 말해 «L. Danon-Boileau가 강조하는 바와 같이(개인적 의사소통) 비록 그것이 지시대상에 내재되어 있지 않다할지라도 안정적이고 객관화가 가능한 특성화»가 문제가 된다는 것을 인식하지 않을 수 없다.

따라서 우리의 이러한 상세한 설명은 E. Rosch *et al.*(1976)에 의해 옹호된 속성들에 대한 «현실적인» 이해에서부터 상호작용적 특성의 버전에 이르기까지의 이행 범위를 완화한다. 이때 통제할 수 없는 의미론을 끌어들이고 싶지 않다면 한 버전에서 다른 버전으로 변경해서는 안 되는 것은 상당한 안정성과, 규칙성에 대한 의식이라는 것을 보여준다. 이 의식은 사물의 특성들에 대해 우리가 갖는 이해의 일부분을 이루며, 세계에 대한 지각은 물론이고 이 공유된 세계와의 상호작용에 대한 추정에서 비롯된다. 사물들이 실재적으로, 다시 말해서 객관적으로 그것들과 우리의 상호작용이 생겨나게 하는 특성들을 가지고 있다는 우리의 느낌은 정확하게 여기에서 나온다. 그럼에도 불구하고 특성들의 객관성의 개념에 대한 이러한 부분적인 옹호가 이러한 특성들의 상호작용적 특징에 대해 행해진 새로운 강조에서 벗어나서는 안 된다. 범주적 자질 다발을 구성하고 있는 특성들의 «인간에게 고유한» 기원에 대한 이러한 밝힘은 이 특성들의 본질에 대한 조사를 가능하게 하여, 결과적으로 *단서 타당성*의 예측에서와 같은 양적인 관점에서뿐만 아니라 무엇보다도 질적인 관점에서 기본 층위의 특성화에 대한 조사를 가능하게 한다.

7. «*~의 부분*»이라는 자질

E. Rosch *et al.*(1976)는 기본 층위가 가장 정보적 층위라는 것을 증명하면서 기본 층위의 인지적 현저함의 근원에 대한 물음에 대답했다. 기본 층위의 범주들과 관련된 자질들을 고려함으로써 B. Tversky & K. Hemenway(1983, 1984)와 B. Tversky(1986)는 왜 그것이 유일한 층위인지, 그리고 정확하게는 왜 그것이 그러한 지식 조직의 중심인 기본 층위인지를 설명할 수 있게 한다. 실험대상자들에 의해서 이루어진 생물학적 범주 및 사물의 범주(*인공물*)와 관련된 자질들에 대한 첫 번째 시험 결과, 상위 범주의 특성들은 추상적인 특성들, 특히

[부착시키기 위해 사용된], [수영] 등과 같은 기능적 속성들인 경향이 있는 반면, 다른 두 층위의 특성들은 기능만큼이나 외형을 가리킨다는 것을 보여주었다. 질적인 차이가 층위들을 대립시킨다는 이 인상은 속성의 유형이 기본 층위에서 특히 우세하다는 관찰, 즉 사물의 부분들을 가리키는 자질들에 의해 강화된 것으로 나타났다. 자질을 세 가지 유형, 곧 (i) *낟알, 싹, 손잡이, 팔* 등과 같은 *~의 부분*, (ii) *기능* 그리고 (iii) *빨강, 향수* 등과 같은 혼합 자질로 분배하는 체계적인 시험은 다음과 같은 결과를 낳았다. 즉 기본 층위에서 내세운 정보는 *~의 부분*이라는 속성들에 기인한 것이었다[실험의 요약은 B. Tversky (1986)를 볼 것].

이로 인해 하위 층위와 관련하여 기본 층위의 새로운 특성이 나타난다. 기본 층위의 특성이 *~의 부분* 유형의 다수의 자질에 의해 설명되는 것이 실제로 사실이라면 우리는 다음과 같은 이중의 결론을 이끌어낼 수 있다.

a) 동일한 상위 범주의 여러 기본 범주는 자질 *~의 부분*에 의해서 서로 구별되고 다른 유형의 속성들을 공유한다.
b) 반대로 동일한 기본 범주에 속하는 여러 가지 하위 범주는 *~의 부분*의 자질들을 공유하며 다른 속성들을 기준으로 하여 서로 구별된다.

따라서 B. Tversky & K. Hemenway(1984)에서 입증된 이 이중 가설은 결과적으로 기본 층위에서 «부분들은 범주의 (하위) 구성원들에게 공통된 속성들인 동시에 (기본 층위와 동일한 상위 층위의) 대조적인 범주들의 변별적 속성들이라는 것»을 밝힌다(B. Tversky, 1986: 69). B. Tversky가 보여주는 것처럼 모든 물고기는 다른 종의 동물들과는 대조적으로 지느러미, 아가미, 비늘이 있는 것으로 지각된다. 금붕어와 연어는 이러한 속성들을 공유하지만 첫 번째 것들은 작고 오렌지색이고 어항에서 길러지는 반면에, 두 번째 것들은 강에서 살고, 물의 흐름을 거슬러 올라가고, B. Tversky가 악의적인 신랄한 말로 덧붙인 것처럼 샐러드로 먹어지기도 한다는 점에서 서로 구별된다.

우리는 왜 ~*의 부분* 자질들이 기본 층위에서 우위를 차지하는지, 따라서 왜 기본 범주들에 대한 우리의 지식이 주로 «부분-전체»의 구분들로 구성되는지를 자문해 볼 수 있다. 그 대답은 제보자(informant)들에 의해서 자질들 ~*의 부분*을 예를 들어 비행기의 *날개*와 같은 *아주 좋은* 속성들과 비행기의 *바닥*과 같은 *아주 좋지 않은* 속성들로 분배되어 제공된다. 그 결과는 *아주 좋은* 부분들은 지각의 현저함과 기능적 의미를 모두 갖고 있는 것들이며, *나쁜* 부분들은 사물의 지각과 기능 모두에 대해 상대적으로 별로 중요성을 갖지 않는 것 같은 부분들이라는 것을 강조한다(B. Tversky, 1986). 비행기의 *날개*, 바지의 *가랑이* 그리고 톱의 *날*은 아주 좋은 속성들 ~*의 부분*의 예이다. 따라서 기본 층위에서 부분들이 수행하는 특수한 역할에 대한 설명은 외형과 기능 사이의 상관관계에서 발견되고, 그것은 가끔 속성들의 명칭으로 나타난다(참조 *탁자*의 *다리*는 기능적 역할을 가리키는 것만큼이나 인지적 실체를 가리킨다). 사물이 부분들로 분할되는 방식은 사물의 모양을 결정하고, 따라서 우리가 사물을 지각하고 상상하는 방식을 결정한다.

동일한 부분들을 나타내는 사물은 비슷한 모양을 가지고 있다. 마찬가지로 부분으로 나눔은 매우 자주 기능 혹은 기능들을 반영하기 때문에 기능적 역할에 대한 우리의 지식은 부분들에 대한 지식과 관련된다. 이 두 가지는 사물과의 우리의 상호작용에서 발견된다. 즉 «전형적으로 우리가 사물을 그 부분들을 통해서 접촉하는 것처럼(우리는 소매를 붙잡는다, 우리는 자리에 앉는다), 같은 부분을 나타내는 사물들은 유사한 상호작용을 야기한다»(B. Tversky, 1986: 70). 따라서 부분들은 «우리가 사물과의 상호작용에서 어떤 근육 프로그램을 사용할 수 있을까»를 결정한다(G. Lakoff, 1987: 47). 보다시피, 우리는 여기서 A. Wierzbicka의 *tabouret*[(팔걸이·등받이가 없는) 의자]에 대한 분석(위 참조)과 보다 일반적인 차원에서 의미 개념의 의인화된(*체화된*) 차원을 재발견한다.

III. 네 가지 비교점

CNS 모델의 특성을 종결짓기 위해서 우리가 사용한 다음 네 가지의 비교점은 지금 비교의 역할을 할 수 있다.

1/ *범주에 소속 문제*

한 범주에 한 요소의 소속을 결정하기 위하여 우리는 그 요소를 원형(더 좋은 본보기-사례이든, 전형적인 자질들의 조합이든)과 비교해서 «측정한다». 이 평가는 CNS 모델의 기준 검증과 같은 분석적 방식으로 행해지는 것이 아니라 포괄적인 방식으로 행해진다. 게다가,

CNS의 도움으로 범주화의 과정에서 비롯된 근본적인 차이는 비록 한 요소가 원형과의 짝지우기가 완전하지 않다할지라도 그럼에도 불구하고 범주화될 수 있다는 것이다. 달리 말해서, 이 의자가 *의자*라는 원형과 일치하지 않을지라도 나는 그 의자를 *의자*라고 부를 수 있다.

2/ *의미와 지시대상*

결과가 반드시 기대되는 것은 아니지만, 원형의미론 또한 어떤 면에서는 지시대상이 의미에 의존하게 한다. 즉 내포가 외연 또한 결정한다. 그 이유는 한 범주에의 소속(다시 말해서 지시대상 혹은 외연)은 낱말의 원형적 의미와의 관계에서 이루어지기 때문이다. 범주의 경계가 명확하지 않다할지라도 범주의 구성원들이 우연히 구성되지는 않는다. 구성원들의 범주화는 원형과 공통으로 나타나는 자질을 기반으로 이루어진다. 이러한 의미에서 한 범주의 외연의 결정은 전형적인 자질의 조합으로 이해되는 범주의 내포에 의해 이루어진다고 말할 수 있다.

원형의미론은 이 점에서 H. Putman(1975)의 스테레오타입 이론과 분리된다. 이는 H. Putnam이 의미에 의해 지시대상을 결정하는 프레게의 정론[24]을 인정하지 않기 때문이 아니라, 의미가 심상(心狀, état

---

[24] '프레게의 정론((dogme frégéen)'이란 의미는 지시대상이 갖는 의미라는 프레게의 주장을 말한다. 퍼트넘은 세계는 고정되어 있으며 그 세계가 있는 그대로 고스란히 인간에게 어느 시점에 드러난다는 프레게식의 관점을 비판하면서, 이론 또는 기술은 고정된 실재와의 대응 관계에 의해 참 또는 거짓으

mental), 곧 심적 상태라는 것을 거부하기 때문이다. 그렇지만, CNS의 의미와 유사한 원형적 의미는 심적 대상이며, 그 결과 또한 아래의 내용과 같이 (i) 심리적 의미와 (ii) H. Putman이 반대하는 의미-지시대상의 증여 방식의 결합을 함축한다.

(i) 용어의 뜻을 안다는 것은 어떤 심리 상태에 있다는 것이다.
(ii) 용어의 의미(또는 내포)는 그것의 외연(또는 지시대상)을 결정한다.

H. Putman은 (i)에 의지하지 않고 (ii)를 설명한다. 자연 종(種)을 나타내는 용어들의 **지표성**(indexicalité)[25]은 고유명사와 같이 엄격한 지시사의 역할을 한다. 따라서 그것들의 외연(참조. *물*의 경우는 H_2O) 이 무엇인지 말하는 것은 전문가의 몫이다. 이때 외연은 명사의 의미 표상[이에 대한 비판은 G. Kleiber(1985a)를 볼 것]에서 특별한 요소를 구성하는데, 다음 도식은 명사의 의미 표상이 갖는 여러 가지 요소들을 상기시켜 준다.

로 판명나지 않는다고 말한다. 즉 그런 의미에서 세계에 관한 유일하게 참인 이론 또는 기술은 존재하지 않는다고 그는 말한다<역주>.

[25] '지표성(indexicality)'이란 일련의 사건들과 발화를 해석함에 있어 그것들의 배경에 놓여 있다고 생각되는 사회적 맥락을 찾아내고 이러한 맥락과 관계지우는 가운데 개개의 사건들과 발화를 이해하고 해석하는 방식이다. 요컨대 행위와 발화의 의미는 해석 행위로부터 독립된 객관적이고 고정된 것이 아니라 그것들이 행해지는 맥락과 상황에 의존한다는 것이다(『현상학사전』 (노에 게이이치 외 4인, 이신철 옮김, 도서출판b, 2011) 참조)<역주>.

물

통사적 표지	의미적 표지	스테레오타입	외연
불가산 명사, 구상적	자연 종(種), 액체	색깔 없음, 투명함, 맛이 없음, 갈증을 해소해 줌, 등등.	H_2O

3/ 이중의 평행관계

　내포-외연 관계가 두 모델(곧 CNS 모델과 원형의미론) 모두에서 동일한 의존성의 원리를 따르는 데 반해, CNS 모델에서 내포와 외연 사이의 관계를 요약한 동일한 이중의 평행관계가 원형의미론에서는 더 이상 발견되지 않는다. 매개 변수 *동등한 지위와 명확한 경계*는 더 이상 통용되지 않는다. 이들보다 더 우세한 것은 비-등가성과 비-엄격성이기 때문이다. 그렇기 때문에, D. Geeraerts(1987)의 수정으로 다시 채택된 아래 도식에서 볼 수 있듯이, 한편으로 우리는 더 이상 CNS의 결합은 아니지만, 외연적 면에서 불분명한 경계를 갖고서, 엄격하지 않는 범주가 있는 가족유사성 구조를 형성하는 내포와 관계한다. 다른 한편으로, 우리는 외연적 면에서 가장 대표적인 본보기에서부터 가장 주변적인 사례에 이르기까지 등가적이지 않은 구성원들의 원형 구조가 있는 전형적인 자질들(다소 큰 **단서 타당성**의 정도를 가지고서 계층적으로 구조화된)로 구성된 내포를 발견한다.

	등가적이지 않은 지위	*엄격하지 않는 경계*
외연	원형 구조 (등가적인 구성원들: 가장 나은 본보기 에서 가장 덜 대표적인 사례까지)	불분명한 경계
내포	전형적인 자질들 (특성들의 단서 타당성의 정도)	가족유사성

4/ 다중 의미

voler(날다; 조종하다; 훔치다; 빼앗다 등)와 같은 다중 의미의 기표들은 큰 어려움이 없다. 그것들의 처리는 고전적 처리와 유사하다. *voler*는 두 낱말, 두 가지 범주에 해당하므로 두 가지 범주 각각에 속하는 문제를 해결할 두 개의 다른 원형 조직(organisation prototypique)에 해당한다. 《다의성》이라는 사실과 더불어 D. Geeraerts(1988)가 너무나도 잘 보여준 바와 같이 서로 다른 말뜻(또는 지시적 유형) 간에 지각된 관련성 때문에 다시 상황은 훨씬 덜 명확해진다. 단 하나의 범주와 이에 따른 단 하나의 원형? 또는 두 가지(혹은 여러 개)의 범주와 이에 따른 그 만큼의 다른 원형 구조? 이번에 제시된 대답은 대부분 첫 번째 것이다. 왜냐하면 원형의미론에서는 의미의 증가를 피하는 방법이 보이기 때문이다. 《다의적》 낱말은 그 원형이 첫 번째의, 기본적인 또는 중심적인 의미를 구성하는 하나의 범주만을 대표할 뿐이며, 그 나머지 것들은 다소 멀리 떨어져 있는 사례일 것이다. 곧 바로 말하자면, 우리의 견해로는 그러한 해결책이 분명 경제적인 것은 확실하지만, 그렇지만 더 이상 원형의 표준이론에 어울리는 것은 아니다. 우리는 이미 원형의 확장이론을 상대하고 있으며, 그것은 다중 의미의 장애물을 처리하기 위해 《가족유사성》의 개념에 의지한다.

IV. 원형의미론의 이점

A/ 방대한 적용 분야

당연히 많은 적용 분야가 있어야 하며, 그렇지 않으면 원형의미론은 지금 누리고 있는 성공을 맛보지 못할 것이다. 그리고 무엇보다도 먼저 적용 분야에서 그러하다. 실제로 원형의미론은 고전적 접근보다 훨씬 더 강한 힘을 드러내 보이며 모든 어휘의미론을 지배할 능력이 있어 보일 뿐만 아니라 마침내 범주화와 관련된 모든 현상에 적합한 것으로 보이는 힘을 드러낸다.

처음에는 선구자들이 원형의미론을 색채 형용사[B. Berlin & P. Kay(1969), E. Heider (=E. Rosch)(1971 & 1972)]와 자연 종(種)의 용어에 적용했고, 또 한편으로는 매우 조심스럽게–이것을 강조해야 한다–다른 용어로의 잠재적인 확장을 암시만 했다. 그러나 교체는 빨리 이루어졌다. 많은 연구에서 원형의미론이 색채 형용사와 같이 CNS에 완강히 반대하는 것으로 알려진 분야에 대해서만 관여적인 것이 아니라 *인공물의 용어들*[참조. E. Rosch의 두 번째 시기의 저작과 W. Labov (1973)의 찻잔 연구], 추상적 어휘[참조. L. Coleman & P. Kay (1981)에 의한 동사 *mentir*(*거짓말하다, 속이다, 사실과 어긋나다* 등) 연구], 그리고 주목할 만한 것으로 *bachelor*(*독신남*)(C.J. Fillmore, 1975 & 1982)나 *mother*(*어머니*)(G. Lakoff, 1986 & 1987)와 같이 필요충분자질 분석(analyse en traits nécessaires et suffisants)이라는 전문 분야까지도 적합하다는 것을 보여주려고 애쓴다.

명사들만이 관련된 것이 아니다. 이를테면 동사[C.J. Fillmore

(1975), S. Schlyter(1982)], 전치사(C. Vandeloise, 1986), 지시사(C.J. Fillmore, 1982) 등도 마침내 원형적 접근 방식에 동의한다.

명명적인 범주화의 본래 틀은 요원하다. 이때 모든 언어 범주(catégorie linguistique)는 인지 범주의 모델(modèle de la catégorie cognitive)을 토대로 구성된다는 가설을 설정하는 인지문법(grammaire cognitive)의 틀에서(R.W. Langacker, 1987) -G. Lakoff(1987 : 57)는 《언어 범주는 인지 범주(catégorie cognitive)의 유형이다》라고 선언한다- 원형 모델은 음성학, 형태론, 통사론, 담화 문법 그리고 텍스트 언어학과 같은 언어학의 다른 분야들에도 적용된다.

G. Lakoff(1987: 61)에 의해 인용된 J. Jaeger(1980)는 음소를 원형을 토대로 조직된 이음의 범주로서 고려할 것을 제안한다. 예를 들어, 영어 음소 /k/는 *school*에서와 같은 [k], *cool*에서와 같은 [kh], *ski*에서와 같은 [k'] 그리고 *keel*에서와 같은 [k'h]의 이음들로 구성된 범주이다.[26] 그 중 [k]는 비원형적 사례들이 음운론적 규칙에 의해 연결되어있는 원형적 구성원이다. 이 가설은 그것이 옳고 그것을 지지하는 실험이 다른 곳에서 증명된다면, 범주화의 고전적 모델에 기반을 둔 현대의 음운론에 대한 이론적 접근을 반박하고, 음운론과 다른 인지적 현상들의 재통합을 향한 비전으로 가는 길을 연다[G. Lakoff(1987: 61). J. Rubba(1976)는 또한 *BSL* 12에 실릴 "정신적 범주로서의 음소"라는 G.S. Nathan의 논문을 인용한다].

---

[26] 음소와 이음은 표기상 구별하여 표기된다. 음소는 사선 / / 안에다 간략 표기를 한다면, 이음은 각괄호 [ ] 안에다 정밀 표기를 한다<역주>.

형태-음운론에서는 우리가 여기서 G. Lakoff(1987: 62)에 의해 내려진 결과를 인용하고 있는 J.L. Bybee & C.L. Moder(1983)의 연구[또한 형태론에 대해서는 D. Geeraerts(1985a: 33)가 인용한 D. Geeraerts & A. Moerdijk(1984)의 논문을 볼 것]는 ***string/strung*** 유형(*spin, win, cling, fling, sling, sting, swing, wring, hang, stick, strike, slink, sneak, dig* 등등 참조)의 영어 **강변화 동사**[27]의 경우 원형적인 형태론적 범주의 존재를 강조한다. 그들은 실험을 통해서 다음 세 가지의 특성을 가지고 있는 원형을 끌어낸다.

— 원형은 한 개 혹은 두 개의 자음이 뒤따르는 *s*로 시작한다: sC(C)-
— 원형은 연구개 비음 /ŋ/으로 끝난다.
— 원형은 전설폐모음을 가지고 있다: I

원형적인 구성원은 이들 세 가지 특성을 입증하는 반면(참조. *string, sling, swing, sting*), 비원형적인 동사들은 이 세 가지 특성 중 두 가지만 갖거나(참조. *cling, fling*) 하나만을 가짐으로써(참조. *win, strike*) 원형에서 멀어진다.

통사론에서 원형적인 접근의 장점에 대한 예증은 수없이 많다[P.J. Hopper & S.A. Thompson(1984). G. Lakoff(1984), M. Shibatani

---

[27] '강변화 동사(verbe fort)'란 *string/strung* 유형과 같은 불규칙동사를 말한다 <역주>.

(1985), J. Rubba(1986), R.W. Langacker(1987), 등등]. 1972년과 1973년부터 G. Lakoff는 문법 규칙으로서 문법 범주는 예 혹은 아니오의 문제가 아니라 오히려 정도의 문제라는 것, 즉 유리한 적용 분야, 그러니까 원형적인 분야와 덜 원형적인 분야가 있다는 생각을 옹호한다[G. Kleiber & M. Riegel(1978)을 볼 것]. 동일한 시기에 J. Ross는 «명사 상태(Nouniness)» (1973)라는 논문에서 영어 명사들이 동등하게 명사인 것은 아니라는 것을, 즉 다른 명사들보다 덜 좋은 본보기들이 있다는 것을 보여준다. 좋은 대표와 비원형적 명사 사이의 차이는 후자에 대한 보다 제한적인 문법 기능으로 나타난다. 모든 기술을 통해 이론의 여지가 없는 경우와 주변적인 경우가 있다는 것이 나타난다는 점을 고려한다면, 수동태와 같은 현상의 결정이나 문법 기능의 정의는 원형의 관점에서는 자료 입력에 예정된 부분인 것처럼 보인다. 따라서 그것들이 원형적 분석의 원인이 되었다는 것은 전혀 놀랄 일이 아니다[참조. 예를 들어 *주어*의 개념에 대해 E. Bates & B. MacWhinney (1982)와 J. Van Oosten(1977), 그리고 더 나아가 수동태의 개념으로 말하자면 J. Van Oosten(1984)]. 절과 문장 유형의 통사론도 마찬가지이다[참조. 예를 들어 G. Lakoff (1984), J. Rubba(1986)].

의미의 거시구조, 즉 *스크립트*와 *시나리오*와 같은 개념의 개입을 필요로 하는 의미의 거시구조의 수준에서는(R.C. Schank & R.P. Abelson, 1977) 좋은 본보기와 덜 좋은 본보기의 관점에서 기술을 요구하는 비대칭 현상이 다시 발견된다. «어떤 경우에는 언어 형식이 순서를 부과하는 경험 영역이 원형이라고 C.J. Fillmore(1975: 123)는 말한다.» 시나리오 *식당에 가다*(*aller au restaurant*)는 원형으로 판단되는 일련의 행동들로 구성된 사례들과 비습관적인 예기치 않은 요소들을 포함하고 있는 다른 사례들을 모아두고 있다. 첫 번째 것들은 *식당에 가다*의 원형에 해당하며, 두 번째 것들은 이 중심 구조와는 다소 먼 본보기들을 형성한다. 당신이 먹은 식사비를 지불하지 않는다면, 접시를 손에 든 채로 서서 먹는다면, 스스로 부엌에서 먹는다면 등등, 당신의 «*식당에 가다*»는 시나리오 *식당에 가다*의 좋은 대표가 아닐 가능성이 상당히 많다.

언어학의 여러 분야에 원형의 적용에 대한 이 신속하고 불완전한 검토는 원형의미론이 모든 언어 범주로 확장될 수 있음을 보여주는 단 한 가지 목적만 있었다. 이에 대한 G. Lakoff(1987: 67)의 결론은 다음과 같다.

> 언어 범주는 개념 범주와 마찬가지로 원형효과를 나타낸다. 그러한 효과는 음운론에서 형태론, 통사론에서 어휘부에 이르기까지 언어의 모든 층위에서 볼 수 있다. 나는 이러한 효과의 존재를 언어 범주가 개념 범주와 동일한 성격을 갖는다는 증거로 생각한다.

우리는 이러한 확장의 이유를 자문할 수 있다. 범주화를 중심 설명으로 제시하는 것이 나에게는 충분히 명확해 보이지도 않으며 순환적인 것처럼 보일 수조차 있다. 이러한 확장의 설명 원리를 공식화하는 것이 필요하다면, 그것은 내가 선택할 수 있는 *규칙을 확고하게 하는 예외들*의 원리이다. 지시적 범주화의 주변적이거나 비전형적인 경우의 예외들과 원형적인 사례들의 규칙을 입증하는 경우를 비교하면서 우리는 장점이 분명한 원형적 해결책에 도달한다. 즉 규칙은 예외에 의해서 다시 문제시되지 않는다. 그와 마찬가지로 원형도 비전형적 사례들에 의해서 문제시되지 않는다. 역사상 흥미로운 점은 언어학자가 바로 그러한 이유로 엄격한 범주화의 틀에서 상당히 거북한 적지 않은 수의 반례들을 거부하게 할 수 있지만 이 범주화(개념적이건 아니건)가 원형적인 각도에서 고려되는 즉시 비공격적이 되는 논거를 가지고 있다는 것이다.

이러한 비교의 이유는 원형의미론과 양화 개념 사이의 특권적인 관계에 있다. 원형은 표준이론에서 보편적 양화(quantification universelle), 곧 전칭 양화가 필수적이지는 않지만 다수가 있어야한다는 이중적 생각과 어쨌든 항상 일치한다. '대부분의 경우에서'라는 이 생각은 두 가지 층위에서 나타난다. 화자의 층위에서는 원형 개념의 토대가 되는 테스트들이 입증하는 것처럼 대부분의 화자가 범주에 대해 선택된 원형에 동의해야 할 필요가 있기 때문이다. 대부분의 믿음 세계에서(R. Martin, 1983 & 1987), 그러니까 거의 모든 화자에게 있어서 원형의 선택은, 이것이 더 좋은 본보기이든 구성된 조합이든, 동일해야 한다. 이는 범주의 구성원들과 그 다음에 그 구성원들의 특성의 층위에서는 원형이 범주의 구성원들에 의해 제시된 가장 빈번한 특성들과 일치하는 것으로 이해되기 때문이다. 암묵적으로 또는 명시적으로 원형의 개념과 연결된 이 유사-보편성은 똑같이 거의 보편적인 양화 현상을 초래하고, 당연한 결과로서 기본 추론(raisonnement par défaut)을 야기하는 다른 영역들에서의 자신의 확산을 설명한다. 문법의 분야가 무엇이든 간에 그러한 특성을 만족시키지 못하는 소수의 경우에 직면하여 이러저러한 특성을 입증하는 대다수의 경우가 서로 싸우게 되는 상황에 놓이면서부터 원형의 관점에서의 이해는 가능하다.

B/ 엄격하지 않는 범주

원형의미론은 CNS 모델에서 범주의 외부 구상에 대한 엄격한 비판을 피한다. 실제로 CNS의 부재는 지나치게 엄격한 범주의 장벽을 제거하는 직접적인 결과를 낳는다. 이를테면 CNS 모델에서처럼 X인 것과 X가 아닌 것 사이에 명확한 경계선이 더 이상 없다. 다음 C. Schwarze (1985: 78)의 도식은 상황의 차이를 명확하게 보여준다.

'(팔걸이 없는) 의자(*chaise*)'에서 '(등받이·팔걸이가 있는) 일인용 안락의자(*fauteuil*)'나 '(팔걸이·등받이가 없는) 의자(*tabouret*)'로의 이행은 CNS의 경우는 불연속적인 방식으로 이루어지고, 원형의미론의 경우는 연속적이며 점진적인 방식으로 이루어진다.

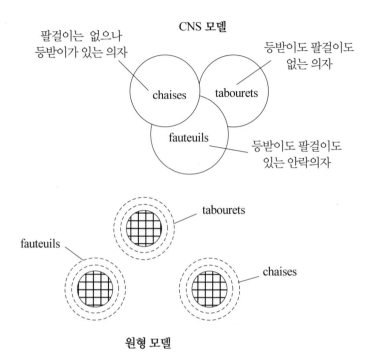

CNS 모델

팔걸이는 없으나
등받이가 있는 의자

등받이도 팔걸이도
없는 의자

chaises   tabourets

fauteuils

등받이도 팔걸이도
있는 안락의자

tabourets

fauteuils

chaises

원형 모델

두 가지의 즉각적인 결과는 다음과 같다. 즉 원형의미론은 지시적 적용의 불분명함(G. Kleiber, 1987b)과, 그러니까 '발의자(chaise à un pied)'나 '팔의자(chaise à un bras)'와 같은 CNS에서 벗어나는 주변적인 경우를 설명해준다. 《낱말의 의미에 대한 우리의 원형적 시각은 의미 범주가 불분명한 경계를 갖고 있으며, 소속의 정도를 허용한다는 이론 이전의 분명한 직관을 설명하는 것을 목표로 한다는 것을 L. Coleman & P. Kay(1981: 27)는 강조한다.》

둘째로, 원형의미론은 변화하는 현실 조건에 적응하고 새로운 데이터를 기존 범주에 통합하는 데 충분히 유연하다. 그러나 이 유연성은 자유롭게 실행되지는 않는다. 그 이유는 만약 그렇다면 우리는 새로운 요소를 아무렇게나 되는 대로 범주화할 수 있을 것이고, 더 심각한 것은 이러한 자유가 사실은 가능한 모든 범주화의 파멸을 의미하기 때문일 것이다. 요컨대, '(팔걸이 없는) 의자(*chaise*)'는 더 이상 '(등받이·팔걸이가 있는) 일인용 안락의자(*fauteuil*)'와 구별되지 않을 것이다. 왜냐하면 이러한 가설에서는 이 두 유형의 의자 중 어느 것이나 '(팔걸이 없는) 의자(*chaise*)'라거나 '(등받이·팔걸이가 있는) 일인용 안락의자(*fauteuil*)'라고, 또는 '(팔걸이 없는) 쿠션의자(*pouf*)'라고 혹은 더 나아가 '자전거(*vélo*)'라고까지 부를 수도 있을 것이기 때문이다. 이에 대한 보호막은 원형의 중심 불변성에서 비롯된다. 범주화가 효과적이고 변별적이기 위해서 필요한 구조적인 안정성을 자신의 상대적인 항구성을 통해서 제시하는 것이 바로 이 원형의 중심 불변성이다. D. Geeraerts(1986: 79)가 아주 어렴풋이 예감했듯이 원형 범주(catégorie prototypique)의 효율성은 다음 인용에서 보듯이 적응의 유연성과 구조적 안정성의 결합에 있다.

> 원형 범주는 구조적 안정성과 유연한 적응성이라는 공동의 조건을 분명히 충족시킨다. 한편으로, 주어진 범주 내에서 주변부의 섬세한 의미 변화의 확대는 변화하는 조건과 변화하는 인지적 요구 사항을 지배하는 그것들의 역동적인 능력을 나타낸다. 다른 한편으로, 중심에서 벗어난 주변적인 개념들이 기존 범주들의 주변부에 통합될 수 있다는 사실은 이와 같이 체계의 전체 구조를 유지하면서 후자가 스스로 특정 실체로서 자신을 유지하는 경향이 있다는 것을 나타낸다.

C/ 동질적이지 않는 범주

C. Schwarze의 도식은 또한 범주의 내부 구조에 대한 견해 차이를 명확하게 나타낸다. 원형의미론은 범주가 동질적이 않고, 그 구성원들이 동등하지 않으며, 그리고 다른 것들보다 더 나은 대표라고 인정되는 것이 있다는 직관을 정당하게 평가한다.

이러한 계층구조적인 시각에 찬성하는 논거는 부족하지 않다. 우리는 예를 들어 다음과 같은 대립으로 나타나는 '울타리치기'(enclosure)에 다시 한 번 도움을 요청할 수 있다.

> ? 참새는 다른 것보다 더 새이다(? Un moineau est plus un oiseau qu'autre chose).
> 병아리는 다른 것보다 더 새이다(Un poussin est plus un oiseau qu'autre chose).

이 두 문장은 *참새*와 *병아리*가 둘 다 새임에도 불구하고 *새*의 범주에서 등가적인 사례가 아니라는 것을 보여준다. 비원형적인 구성원은 원형적인 구성원보다 *다른 것*보다 *더 X이다*(être plus un X qu'autre chose)라는 울타리치기를 더 쉽게 수용한다.

인지적 울림은 다음과 같은 분절체를 우선적으로 해석한다.

> *내가 새라면*(Si j'étais un oiseau)

E. Rosch & C.B. Mervis(1975)는 원형성의 판단이 범주의 구성원이 범주 이름을 대체할 가능성의 정도를 예측한다는 것을 실제로 보여

주었다. 이는 *내가 새라면*이라는 가정의 최초의 화자는 병아리, 타조 또는 더 나아가 펭귄보다 참새, 독수리, 울새 또는 더 나아가 제비를 더 자연스럽게 마음속에 그린다는 것을 나타낸다. 이는 그가 자신의 가정을 계속해야 한다면 그는 비전형적인 자질보다 오히려 범주의 전형적인 특성들을 가진 요소의 연속으로 그 가정을 계속할 것이라는 것을 또한 나타낸다. 다음과 같은 발화는,

> *내가 새라면 너에게 날아갈 텐데, 내 아가*(Si j'étais un oiseau, je volerais vers toi, mon enfant).

그 새가 다음 예에서처럼 오리임을 시사할 수 있는 발화보다는 실현될 가능성이 더 크다.

> *내가 새라면 너에게 날아갈 텐데, 내 아가, 몸을 좌우로 흔들면서 말이야*
> (Si j'étais un oiseau, je volerais vers toi, mon enfant, en me dandinant).

텍스트 이해의 메커니즘을 설명하기 위해서 이러한 자료의 이점을 강조할 필요는 없다. G. Lakoff(1986: 32)는 추론에서 원형의 내부 구조의 영향을 증명하는 또 다른 실험(Rips의 실험)을 보고한다. 우리가 사람들에게 한 섬에 있는 모든 울새들이 병에 걸려있는데 곧이어 오리들 또한 병에 걸릴 것인지를 묻는다면 대답은 긍정적인 경향이 있다. 오리가 병이 든 반대의 상황에서 울새들의 미래의 건강 상태에 대한 질문은 오히려 부정적인 대답을 초래한다. 따라서 원형적 구성원에서 주변적 구성원으로 이르게 하는 추론 방향은 있지만 주변적인 것에서

중심 구성원으로 이르게 하는 추론 방향은 없다.

원형적인 사례들과 주변적인 사례들에서 원형적 구조화에 대한 인지적 정당함의 증거는 이처럼 다양하다. 일반적으로 원형적 사례들에 부여되는 주요 심리 언어적 특징들은 또한 다음과 같이 기본 층위의 범주들을 특징짓는 특성이다.

— 그것들은 더 빨리 인지된다.
— 그것들은 더 일찍 습득된다.
— 그것들은 가장 자주 사용된다.

이 특성들은 《인지적 기준점》으로서 자신들의 역할을 설명한다(E. Rosch, 1975a). 이 주제에 대한 결론은 마땅히 다음과 같이 G. Lakoff(1986: 32)에게 주어져야 할 것이다.

요컨대, 중심의 구성원들은 범주를 전체로서 이해하는 데 사용되는 것처럼 보인다. 따라서 그것들은 인식, 기억 및 언어습득에 있어서 유용하며, 동시에 사람들이 몇몇 상황에서 일반화할 수 있는 기본을 형성한다.

D/ 의미적으로 관여적이지만 필수적이지 않는 특성

범주의 내부 구조에 대한 계층 구조적 시각에는 소속의 필요충분 기준(critère d'appartenance nécessaire et suffisant)의 포기가 수반된다. 이에 따라, 우리가 본 바와 같이, CNS 모델보다 훨씬 덜 《스파르타식의》 정의적인 구상이 생겨난다. 그것은 바로 원형의미론에서 가장 눈에 띄는 업적들 중의 하나이다. 즉 《정보 밀도》(D. Geeraerts, 1986: 79~80)에 관한 훨씬 더 많은 특성의 집합이 출현함에 따라 어휘론 연구가와 사전 편찬가는 분석적 정의[28]의 굴레에서 벗어나게 된다. 이 점에 대해서 우리는 H. Putman의 스테레오타입 이론의 틀에서 B. Fradin & J.M. Marandin(1979)의 주목할 만한 연구, A. Wierzbicka (1985)의 이론적 고찰과 적용, 그리고 D. Geeraerts(1985a)에 의해 그려진 원형의미론과 스테레오타입 의미론 간 대조의 사전학적인 결과를 예로 들 것이다.

《새로운》 자질의 추가를 위한 제안은 얼마든지 있다. 예를 들어, *붉은색*에 대한 [색깔]이나 *원숭이*에 대한 [동물]과 같은 필요조건에 두 가지 다른 유형의 조건이 R.S. Jackendoff(1983)의 의미 모델에 따라서 추가된다. 한편으로는 **중심성 조건**(condition de centralité)이 있다. 이 조건을 통해서 지속적으로 등급이 매겨진 특성에 대한 초점 가치가 명시되고 (색깔 개념의 초점 가치를 참조하거나, 또는 예를 들어 잔과 같은 단어의 경우 [높이]와 [넓이] 등과 같은 *크기*의 초점 가치를 참조할 것), 바로 이를 통해서 이러저러한 사례가 이러저러한 다른 사례보다 더 나은 본보기라는 것이 설명된다. 다른 한편으로는 **전형성** 조건은 펭귄이나 병아리에 비하여 새로서 참새에 부여된 선호도를 설명하기 위한 것이거나, 아니면 이러저러한 속성이 이러저러한 유형의 지시대상과 연결됨을 정당화하기 위한 것이다. 예컨대, 이 **전형성** 조

---

[28] 여기서 '분석적 정의(analytical definition)'는 범주의 각 구성원이 동일한 정의적 구조를 공유한다는 CNS 모델에서의 범주 정의를 말한다<역주>.

건에 의해서 왜 전형적인 사과는 빨갛고, 전형적인 호랑이는 줄무늬가 있는지가 정당화된다.

A. Wierzbicka(1985)은 두 유형의 특성, 즉 *기본적인* 특성과 *원형적* (또는 특징적) 특성을 가진 정의적 모델을 제안한다. 필요조건과 혼돈되지 않는 첫 번째 특성들은—예를 들어 *새*의 경우 [날 수 있다]와 같은 기본적인 특성은 반드시 필요한 특성일 필요는 없다—«한꺼번에 받아들여져, 이들 특성을 가지고 있는 모든 사물은 일반적으로 문제의 범주에 속하는 것으로 인지되는 것을 보증하는 자질들의 가장 작은 집합을 구성한다»(1985: 60). 두 번째 것들은 전형적인 특성이지만 첫 번째 것들처럼 지시대상의 이해를 위한 기본적인 특징은 가지고 있지 않다. 다음의 공식은 기본적인 특성들과 일치한다. 즉, *이런 류의 사물들을 상상하면서 사람들은 그것들에 대해 다음과 같은 것들을 말할 것이다* (*Imagining things of this kind people would say these things about them*). 그리고 *would*가 *could*로 대체되는 다음의 공식은 원형적인 특성들과 일치한다. 즉, *이런 류의 사물들을 상상하면서 사람들은 그것들에 대해 다음과 같은 것들을 말할 수 있을 것이다*(*Imagining things of this kind people could say these things about them*).

우리는 이러한 새로운 이론적 명제들이 정당하게 제기하는 논쟁에 가담하지 않을 것이다. 본질은 제시된 확장이 무엇이든 간에 무엇보다도 그것이 관여적이어야 한다는 것을 아는 것이다. 원형적 사례들의 가장 완전한 특성화를 장려해야 한다고 생각하는 R.W. Langacker(1987)와는 달리, 나는 공유된 것으로 추정되는 개념 정보들($\cong \forall$ LOC)만을 고려하는(또는 적어도 고려하려고 시도하는) 것을 찬성하는 A. Wierzbicka(위 참조)와 의견을 같이한다. 왜냐하면, 그것들의 특징 ≃ ∀ LOC를 감안할 때 그것들만이 정해진 곳이나 혹은 다른 곳에서 우리가 «언어적»이라고 부를 수 있는 관여성을 나타내기 때문이다.

그 개념 정보들의 특별한 지위에 의해 *선험적* 진리로 인식되는 관여성은[참조. 위 내용과 B.N. Grunig & R. Grunig(1985)가 부여한 «원칙적으로 및 원칙에 따라»] **기본 추론**(R. Reiter, 1980)으로 알려진 추론 방법을 사용하여 완전히 숙달된다. 전형적인 특성은 그럴듯한 추론을 허용한다. 즉 트위티(Tweety)가 새이면 *트위티는 날 수 있다* (*Tweety peut voler*)라는 진리는 그럴듯한 추론이다. 보다 정확하게 기본 추론은 다음 사실을 규정할 수 있을 것이다.

트위티가 새이고 반대되는 정보가 없다면 우리는 트위티가 날 수 있다고 추론할 수 있다.

원형성은 여기서 총칭적 문장, 곧 총칭문(phrase générique)의 문제와 맞닥뜨린다. 필요조건을 문제 삼는 *침팬지는 원숭이다*(*Les chimpanzés sont des singes*)와 같은 분석적 총칭문은 제쳐두고 다음과 같은 총칭문을 고려해보자.

Les castors sont amusants(*비버들은 즐겁다*).
Le castor est amusant(*비버는 즐겁다*).
Un castor est amusant(*비버는 즐겁다*).

한편으로 오늘날 만장일치로 언급된 바에 따르면, 보편적 수량사 (*Les castors/Le/Un castor* = '모든')에 의한 이러한 문장들의 표현은 너무 강하다. 왜냐하면 즐겁지 않는 비버들이 존재한다고 하더라도 이러한 발화들에 오류가 있음을 증명하지는 못하기 때문이다. 다른 한편으로, 이들 발화는 단지 즐거운 비버들뿐만 아니라 모든 범주의 비버들과 어쨌든 간에 분명히 관련되어 있는 것처럼 보인다. 이 두 가지 요구 사항을 조정하는 해결책은 이것들을 기본 추론을 허용하는 규칙으로 나타내는 데 있다[참조. F. Platteau(1980), R.S. Jackendoff (1983), A. Strigin(1985), B. Geurts(1985), G. Heyer(1985), J.-P. Desclès(1987), G. Kleiber(1988a & 1988b)].

총칭성(généricité)과 전형성은 이처럼 기본 추론이라는 이러한 공통분모를 통해 결합된다. 그 결과 CNS 모델을 지지하기 위해 위에서 인용된 총칭문들은 특성들의 원형성을 위한 논거가 된다. 그것들은 우리가 다른 곳에서(G. Kleiber, 1988b) 옹호한 바와 같이 전형성의 매개체로서 기능한다. 즉, 그것들이 전달하는 특성은 그것이 이미 선험적으로 전형적인 특성이건(*비버*에 대해 *댐을 건설한다*는 것과 같은) 아니건(*비버*에 대해 *즐겁다*라고 하는 것과 같은) 간에 범주의 전형적인 특성으로 나타난다.

두 가지 상보적인 텍스트 해석 원리는 전형적인 특성 및 속성의 기본 추론 자격에서 나온다. S. Schlyter(1982)가 **원형-접근-원칙**(Prototyp-Annäherungs-Prinzip)이라고 부르는 첫 번째 원리는 텍스트에 어떤 반대의 표시도 없을 때 한 용어의 해석은 이 용어와 관련된 범주의 원형 (즉 전형적인 자질들의 조합으로 이해되는 원형)과 보통 일치한다는 것을 나타낸다. 연합 조응[29](G. Kleiber, 1990)의 기능은 본질적으로 이 원리에 기초한다[30]. 다음 예를 보자.

Nous arrivâmes dans un village. L'église était fermée.
(*우리는 마을에 도착했다. 교회는 닫혀 있었다.*)

위 문장에서 정관사 *l'*(*la*)의 조응적 사용은 *village*(*마을*)이라는 원형의 일부를 이루는 [단 하나의 교회만을 가지다]라는 자질에서 그 정당성을 찾는다. 반대로 [상점(magasin)이 있다]라는 자질은 *마을*(*village*)이라는 원형의 일부에 포함되지 않으므로 다음 예에서는 연합 조응의 관계가 성립하지 않는다.

*Nous arrivâmes dans **un village**. **Le magasin** était fermé.*
(*우리는 마을에 도착했다. 상점은 닫혀 있었다.*)

---

29 조응(anaphore)이란 한 언어 요소, 특히 대명사가 문장이나 문맥 속에서 이전의 언어 요소(곧 선행사)와 지시 관계를 맺는 구문 과정을 말한다. 연합 조응(anaphore associative)은 피조응소(곧 선행사)와 조응소 간의 조응관계가 본문 예에서처럼 전체[*마을*(*un village*)]와 부분[*교회*(*l'église*)]이라는 연합 관계로 이루어지는 경우를 말한다. 물론 이때 조응소 *l'église*(*교회*)에는 정관사 *l'*(*la*)가 한정적(곧 조응적) 용법으로 사용된다<역주>.

30 B. Fradin(1984)은 H. Putnam의 스테레오타입[*펜*(*stylo*)→*펜촉*(*la plume*)]에 기반을 둔 관계만을 진정한 조응관계라고 간주한다. 따라서 그는 시나리오나 스크립트[참조: *횡단*(*traversée*)→*탑승*(*l'embarquement*)]에 기반을 두고 있는 관계는 제외한다. 그러나 이 두 경우 모두 기본적으로 작용하는 동일한 해석 메커니즘이 있다(참조. C. J. Fillmore)<각주>.

두 번째 원리(S. Schlyter의 편차-신호-원칙)는 첫 번째 원리의 적용을 피하기를 원할 때 화자는 원형과의 모든 거리를 알려주어야 한다는 것을 그라이스[31]의 이론적 계통에 따라 가정한다. 따라서 첫 번째 원리에 따라 *Er reitet*(*그는 타고 간다*)는 'Er reitet auf einem Pferd(*그는 말을 타고 간다*)'라는 원형적 해석이 가능하다. 두 번째 원리에 따라 화자는 말이 아닌 경우 *Er reitet auf einem Kamel*(*그는 낙타를 타고 간다*)(S. Schlyter의 예)와 같이 필요한 상세한 설명을 추가하게 된다. 우리는 여기서 비원형적 해석의 표지로서 *mais*(*그러나*)에 의해 수행되는 역할을 상기할 것이다.

> *? C'est un castor, mais il construit des barrages.*
> (*? 이것은 비버이다. 그러나 그것은 댐을 건설한다.*)
> *C'est un castor, mais il ne construit pas de barrages.*
> (*이것은 비버이다. 그러나 그것은 댐을 건설하지는 않는다.*)

---

[31] 폴 그라이스(Paul Grice, 1913~1988)는 영국의 언어철학자이다. 그는 '관례적 함축' 혹은 '대화적 함축'이라는 말로 어떤 발언의 의미와 그러한 발언의 관례적, 관습적, 맥락적인 함축을 구분함으로써, 일상언어철학에서 보다 정교한 논의를 가능하게 한 분석철학자이다. 또한 그는 네 가지의 대화 격률(곧 양의 격률, 질의 격률, 관련성의 격률, 방법의 격률)에 의해 대화가 이뤄진다고 보고, 일상의 대화에서 사람들이 이러한 규칙을 지킬 것이라고 가정한다. 이처럼 그는 『의미 *Meaning*』(1957), 『발화자의 의미, 문장의 의미 *Utterer's Meaning, Sentence Meaning*』(1968) 등을 통해 의미 이론의 발전에 기여했다(『두산백과』 참조)<역주>.

특성들이 갖는 전형성의 정도를 설명하기 위하여, 그리고 기본 층위의 인지적 현저함을 설명하기 위하여 원형의미론은 우리가 보았듯이 특성의 성격과 가치를 연구해야만 한다. 앞에서 언급했듯이 아마도 원형 연구에서 덜 알려진 이 양상은 범주가 우리가 단언할 수 있었던 만큼 자의적이지 않다는 것을 보여주는 가장 괄목할만한 결과를 가져왔다. 지각 현상에 대한 **의존성**[색깔 형용사에 대해서는 B. Berlin & P. Kay(1969), E. Rosch(1973) 참조]과 특성이 종종 속성의 상관요소를 형성한다는 **사실**(참조. 예를 들어 [깃털을 가지고 있다], [날 수 있다], [알을 낳다], [부리를 가지고 있다]와 같은 자질들)을 통해서 적어도 몇몇 어휘 영역의 경우 세계와 범주 간의 관계가 동기화(motivation)된 것처럼 보인다. 따라서 세계를 《명명된》 사물로 나누는 것은, B.L. Whorf(1956)의 자의성에 대한 주장처럼[또한 S.G. Pulman(1983)을 볼 것], 사회적 및/또는 문화적 유용성에 의해서만 인도되지 않을 뿐 아니라 그것은 또한 현실의 객관적인 구조화도 따른다는 것을 생각할 수 있게 되었다.

이러한 결론은 원형 연구의 발전 과정에 폐기되었지만, 본질적으로 그리고 독립적으로 사물에 속한 속성을 특성으로 만들 수도 있을 《순수한》 객관성의 포기가 우리가 보여준 것처럼 제약 없는 주관성에로의 무조건적인 회귀를 의미하지는 않는다. 그것은 선택되는 아무 자질이 아니다. 그 자질들은 인지된 세계의 구조와 상호작용성에 의존하고 있다. *인식 주체(knower)*를 제일 첫 자리에 위치시키는, 이 새로운 방향 결정은 어휘의미론에 대한 주요한 유용성을 가지고 있다. 왜냐하면 CNS 모델은 무엇보다도 먼저 자신의 대조적인 관심사를 고려하며,

자신이 당연히 받아야 할 모든 주목을 자질들의 성격 문제에 할애하지 않았기 때문이다. 그러나, 어휘 의미론적 내용의 특성화에서 의인화된 차원의 관여성과 중요성을 공히 증명하는 A. Wierzbicka(1985)와 J. Picoche (1986, 1989)와 같은 완전히 다른 이론적 영역을 가진 두 연구자의 어휘적 및 사전학적 시도가 설득력 있게 보여주듯이, 전형적인 특성의 《유형들》을 분석한다는 것은 이론의 여지없이 매력적인 관점을 열어 준다. 원형의미론의 관심은 이들 특성의 무게와 성격을 명확하게 할 필요성을 강조하고, 이들 특성이 용어의 층위(상위, 기본 그리고 하위 층위)에 따라서, 그리고 지시대상의 유형(자연의 종, *인공물* 등)에 따라서 동일하지 않다는 것을 보여주었다는 것이다. 즉, 자연종(種)의 용어들에 대한 지각 현상의 중요성, '*~의 부분*' 개념의 우위성, *인공물*의 기능적 특성, 상위 용어들에 대한 추상적인 기능적 특성, 기본 층위의 용어들에 대한 지각적 특성과 기능적 특성 사이의 상관관계 등이 원형의미론의 관심 사항들이다.

E/ 어휘의 계층적 조직에 대해서

CNS 모델은 범주의 계층적 조직에 대해서 별로 언급할 것이 없다. 한번 범주적 포함관계가 강조되면, CNS 모델은 여러 층위가 가지고 있는 다른 지위는 거의 신경을 쓰지 않는다. **원어휘소와 원의미소**와 같은 개념을 가진 구조의미론은 어휘 기능에 대한 차별화된 접근을 위한 토대는 마련하지만, 그렇다고 해서 우선적인 명명의 문제가 설명되지 않았기 때문에 이르러야 했을 만큼 멀리 가지 못한다. 세 가지 층위-그중 중간 층위, 곧 기본 층위는 인지적으로 가장 두드러진 층위이다-의 수직적 조직을 구분하면서 R. Brown이 강조한 특정 범주의 층위 문제를 심화시킨 것은 원형의미론의 책임이다. 이번에는 *동물* 또는 *스패니얼*보다는 *개*라고 불리는 개의 문제가 해결된다. 요컨대 *개*는 기본 층위, 말하자면 기준적 명명이 행해지는 층위의 용어이다. 이 층위의 심리학적 및 언어학적 중요성은 이처럼 더 이상 입증해야만 하는 것이 아니므로, 우리는 그것에 대한 모든 일련의 효과를 나타낼 수 있는 기회 가질 수 있었다. 다른 한편으로는, 우리가 보기에 기본 층위가 어휘의미론 일반에 대해 나타내는 모든 문제가 아직 평가되지도 않았으며, 그것이 야기하는 모든 언어적 영향이 파악되지도 않은 것 같다. 첫 번째 점은 A. Wierzbicka(1985)가 *종(種)*의 개념에 관해 열어 놓은 이론적 논쟁에 의해 설명된다. 이 이론적 논쟁은 관여적 계층과 비관여적 계층의 문제를 공개적으로 제기하기 때문에 어휘론 연구가들에 의해 다시 받아들여질 가치가 있다. 예를 들어, *plante*(*식물*)라는 낱말이 있다하자. 그것은 *나무*의 상위어인가 아닌가? 비록 우리가 다음과 같은 대조적인 발화를 한다고 할지라도 :

Je suis intéressé par les plantes, pas par les animaux.
(나는 식물에 관심이 있지 동물에는 관심이 없다.)

다음과 같이 어렵사리 말할 수 있다는 사실은 :

Regarde cette plante! C'est le plus vieux chêne de la région.
(이 식물 좀 봐! 이 지역에서 가장 오래된 참나무야.)

Regarde ces plantes! Ce sont les plus vieux arbres de la région.
(이 식물들 좀 봐! 이 지역에서 가장 오래된 나무들이야.)

나무(따라서 참나무 또한)가 식물이 아니라는 것을 암시한다. 그 이유는 상위어(*식물*), 기본어(*나무*) 그리고 하위어(*참나무*)의 삼원 분류가 처음 보기에는 그것을 믿도록 내버려둘 수 있기 때문이다.

두 번째 점은 정관사 *le*의 총칭적 용법에 대한 언급으로 설명될 것이다. 정관사 복수형 *les*와 부정관사 단수형 *un*이 갖는 총칭적 용법과는 달리, 총칭적 용법의 정관사 *le*는, Z. Vendler(1967)가 이미 언급했듯이, *동물, 포유동물, 두 발 달린 동물, 과일, 식물, 갑각류, 의자* 등과 같은 《상위》 명사들과는 다음 예들에서 보듯이 어렵게 결합한다.

? Le mammifère est un animal(포유동물은 동물이다).
? Je vais vous parler de l'animal/ de la plalnte/ du fruit/ du crustacé.
(나는 당신에게 동물(/식물/과일/갑각류)에 대해서 말할 것이다.)
? Le siège est fait pour s'asseoir(의자는 앉기 위해 만들어진다).
Les mammifères sont des animaux(포유동물들은 동물들이다).
Un mammifère est un animal(포유동물은 동물이다).
Je vais vous parler des l'animaux/ des plalntes/ des fruits/ des crustacés/ des sièges (나는 당신에게 동물(/식물/과일/갑각류/의자)에 대해서 말할 것이다).
Un siège est fait pour s'asseoir(의자는 앉기 위해 만들어진다).

반대로, 기본 층위나 하위 층위의 명사와 함께 총칭적 용법의 *le*를 사용하면 다음 예에서 보듯이 그러한 어려움은 제기되지 않는다.

Je vais vous parler du chien/ de l'homme/ du castor/ de la chaise.
(나는 당신에게 개(/사람/비버/(팔걸이 없는) 의자)에 대해서 말할 것이다.)
L'oiseau est un bipède(새는 두 발 달린 동물이다).
Je vais vous parler du chat siamois/ de la chaise pliante.
(나는 당신에게 샴고양이/접이식 의자에 대해서 말할 것이다.)
La chaise pliante n'est pas confortable(접이식 의자는 편안하지 않다).

이 신기한 현상을 어떻게 설명할 것인가? 대답은 상위 층위와 나머지 다른 두 층위 간의 대립에 있다. 즉, 총칭적 *le*를 적용하기 어려운 용어들은, 그 자체로서 유사한 것으로 지각되는 포괄적인 형태를 가지지 않는 경우들을 모으는 상위 층위의 명사들이다. 우리는 참나무, 송어, 샴고양이(하위 층위)를 그릴 수 있는 것처럼 개, 고양이, 사람, 나무(기본 층위)를 그릴 수 있다. 이미 기본이나 하위 본보기가 아닌 과일이나 동물을 그리는 것이 더 힘들다. 왜냐하면 이들 상위어는 하나의 형태(정신적 이미지 혹은 스키마)로 표현될 수 없을 정도로 너무 다른 본보기들을 통합하기 때문이다. 그러나 우리가 다른 곳에서 증명하였듯이(G. Kleiber, 1989) 총칭적 *le*를 사용하면 지시적 범주가 동질화된다. 우리는 이렇게 총칭적 *le*에 의한 한정에 대한 상위어의 저항을 이해할 수 있다. 다시 말해서 그것들이 결집시키는 지시대상의 이질성은 *le*가 수행하는 중성화와 대립된다.

F/ 어휘의미론의 진보

이 새로운 의미론적 상황에서 으뜸패[32]의 색깔에 대한 주저에도 불구하고 원형이론의 표준이론은-원형은 가장 나은 본보기인가(《Rosch에서》 초기 기법의 원형성), 아니면 범주를 위한 가장 타당한 특성들의 조합인가(특성들의 원형성)?-이론의 여지없이 어휘의미론에서 엄청난 진보를 다음과 같이 이룬다.

— 다양한 인지 과제(추론, 텍스트 이해력 등)에서 그 역할이 가장 중요한 원형의 사례를 중심으로 조직된 범주 상호 간 구조화의 강조를 통해서 진보를 이룬다.

— 사물의 표준적 명명의 계층을 구성하는 특정 범주 층위, 곧 기본 층위의 결정을 통해서 진보를 이룬다.

— 근본적으로 대조되는 고전적 견해를 가진 소수파의 관점과는 완전히 관계를 끊는, 어휘 의미에 대한 긍정적인 시각을 통해서 진보를 이룬다. 원형의미론은 모든 전형적인 특성, 즉 다음의 이중의 관여적 조건을 충족시키는 모든 특성을 낱말의 정의적인 의미에 통합하도록 유도한다.

(i) 해당 범주에 대해 높은 수준의 타당성을 나타내는 조건($\simeq \forall$ 범주의 구성원).

---

[32] '으뜸패(atout)'는 카드놀이에서 으뜸패의 색깔을 정하는 것과 관련이 있는 것으로 결정적인 성공의 수단을 뜻한다<역주>.

(ii) 모든 화자가 공유하는 것으로 추정되는 조건(≃ ∀ LOC).

이들 통합에 대한 정당성은 그러한 전형적인 특성들이 여러 의미론적 과정(특히 텍스트의 의미 구축)에서 원형적인 사례들보다 훨씬 더 결정적으로 개입한다는 사실에 있다.

— 마지막으로 이들 전형적인 특성의 성격 자체에 대한 연구를 통해서 진보를 이룬다. 아직 수적으로는 별로 많지 않지만, 분명 장래성이 있는 이 연구의 결과들은, 그 결과들과는 혼동되지 않으면서 지시적인 현상도, 자질들이 보이는 《인간적》 차원(*인간 크기의 자질*)도 더 이상 두려워하지 않는 의미론의 위상을 재평가한다.

표준 원형이론을 선호하는 이 장에는 *한 범주에의 소속을 결정하는 것은 무엇인가?* 라는 범주화의 초기 문제에 대한 대답이 없다. 표준이론은, 지금까지 우리가 보았듯이, 이 질문에 명확하게 대답한다. 즉 한 실체가 범주에 소속되는지 소속되지 않는지를 결정하는 것은 원형과의 비교라는 것이었다. 따라서 이러한 대답의 부재는 놀랄만한 무언가를 가지고 있다. 이는 원형의미론이 일반적으로 이 질문에 대한 답을 제공하는 이론으로 제시되기 때문에 더더욱 그렇다.

따라서 표준 원형이론이 기적 같은 해결책은 아니며, 이 영역에서 CNS 모델만큼이나 심각한 어려움을 겪고 있다는 것을 보여줄 때가 왔다. 이러한 어려움은 가족유사성 개념에 의해 가지나누기가 되고 잎맥이 생긴 원형이론으로 표준이론이 비약적인 확장을 해야만 해결된다.

제3장

표준이론의 어려운 점

I. 어려운 점들을 소개하기 위하여

그러니까 원형이론은 어휘의미론의 *열려라, 참깨!*가 아닐까? 이 물음에 대답하기 전에 낱말에 대해서 조금 알아보자.

첫 번째로 우리는 원형이론이 그 자체로, 말하자면 정의적으로, 자신의 고유한 적용 한계를 포함하고 있다는 점에 주목할 것이다. 우리가 지금까지 고찰해온 바와 같이, 선구자들이 초기에 똑같이 제시했듯이, 원형의 개념은 결국 여러 개의 자질들의 도움으로 정의될 수 있는 고전적 개념으로 나타난다. 그러나 원형 개념 자체에 원형적 구상을 적용해 보자. 1987년 인지과학에 대한 겐트 콜로키움(Ghent Colloquium)에서 D. Geeraerts가 작성한 발표 제목(「원형적 개념으로서의 원형성, *Prototypicality as a prototypical notion*」)에서 분명하게 나타나는 것처럼 원형이론은, 따라서, 원형의 개념 자체가 원형적 개념이라는 것을, 다시 말해서 그것이 모든 분야에 똑같은 방식으로 적용될 수는 없다는 것을 예언한다. 즉 이 이론의 용법을 최상으로 보여주는 대표일 수 있는 특정 영역(따라서 원형적 사례들)과 다소 주변적인 영역들(비원형적 사례들)이 있을 것이다. 바로 이 점에서 이 이론은 그것이 원형적 용법에서 나타내는 효용성을 더 이상 가지지 못한다. 다른 말로 표현하자면, 원형성이라는 생각 자체는, 이 생각이 반성적으로, 다시 말해서, 원형성의 고유한 구상과 원형이론의 고유한 기능에 적용될 때, 이 원형이론이 지레 특정 분야들에서만, 즉 자신의 모든 용법들 중 확실히... 원형적인 분야에서만 전적으로 적합하도록 만든다.

이것이 어떻게 가능한가? 원형의 개념을 CNS를 기반으로 하는 것이 아니라 범주의 원형과 다소 큰 유사성을 기반으로 하여 자신의 구성원을 모으는 범주로 생각하는 것으로 충분하다. 범주의 원형은 우리가 이론의 중심 가설들로서 열거했던 자질들처럼 필요하지도 충분하지도 않은 일련의 자질들에 의해서도 정의될 수 있기 때문이다[C.J. Fillmore (1982)와 D. Geeraerts(1987a)를 볼 것]. 이렇게 하는 방식의 이점은 상당하다. 원형이론이 원형이 되는 범주 자체를 만들어냄으로써, 우리는 원형이론에 제기될 수 있는 상당수의 비판에 대해 사전에 대비한다. 비록 보기들이 원형이론의 관점에서 똑같지 않을지라도, 다시 말해서 그것들이 모두 동일한 자질들을 나타내지 않아 원형이론에 의해 옹호된 몇몇 주장과 다소 모순되는 것처럼 보일지라도, 그것에 대해 놀라운 것은 아무것도 없다. 그것은 원형의 개념 자체가 원형적 개념이므로 《원형의 원형》과 공유하는 자질들에 따라 범주를 대표하는 다소 좋은 본보기들이 생성되기 때문이다. 이는 요술 같은 것인가? 우리는 나중에 D. Geeraerts(1987a)에 의해 옹호된 이 해결책이 다른 유형의 원형적인 예들을 생성하기는 하지만, 표준이론을 곤경에서 완전히 구하기에는 충분하지 않다는 것을 알게 될 것이다.

이번에는 메타이론적으로 원형이론의 여러 가지 소개에 대해, 즉 이 이론을 예를 들어 설명하는 여러 가지 경우에 대해 유사한 시각, 다시 말해서 원형적인 시각을 가져보자. 원형이론의 ... 원형과 함께 제시된 유사성의 정도에 따라 더 좋은 본보기와 덜 좋은 본보기가 있다는 것을, 다시 말해서 원형이론의 《원형적인》 버전과 다소 멀리 떨어져 있는 버전이 있다는 것을 다시 한 번 예상할 필요가 있다. 여기서 또 다시, 이런 식으로 위협받지만 이번에는 더 이상 설득력이 없는 방식으로 이론의 최소한의 필수적인 것을 보존하는 것은 가능하다.

이것이 아무리 이상해 보일지라도 처음에 놀이와 비슷할 수 있었던 원형적으로 반성적인 우리의 이중 지적은 근거가 없지 않다. 원형 연구의 상황을 통해서 볼 때 실제로 강조된 두 가지 예측이 입증된다. 그러나 그렇다고 해서 그 상황이 우리가 원형의 표준이론이 직면하는 여러 가지 적용 한계와 주된 어려움을 앞서서 하나하나 검토하는 것을 방해해서는 안 된다.

II. 적용의 한계

원형의미론의 힘은 실제로 그 명성을 따라가지 못한다. 원형이론이 개념적이고 어휘적인 범주화와 관련된 인지적 및 의미론적 모든 현상에 적용될 수는 없을 것이다. 따라서 상세한 설명이 필요하다. 그렇다고 해서 원형이론의 혁신적인 중요성을 부정하지는 않지만, 그것을 덜 《포괄적》이고 더 제한된 범위가 되게 해야 한다. M. Posner(1986: 54)의 입장은 이러한 관점에서 본보기이다. 그는 다음과 같이 말한다. 《그 증거는 개념이 원형의 관점에서 완전히 표상되는 것도, 원형이 사유를 위한 충분한 근거라는 것도 결코 시사하지 못했다. 그럼에도 불구하고 나는 로시의 혁명이 진정한 혁명이라고 믿는다. 왜냐하면 로시의 혁명은 심리학과 사회과학에 중요한 영향을 미치는 관련 합리성의 측면에서 볼 때 인간 마음에 대한 새로운 일반 개념화의 일부였기 때문이다.》

A/ 필요조건의 필요성에 대하여

원형이론은 분석적 차원(dimension analytique)을 거부한다. 어떠한 특성도 범주의 모든 구성원들에 의해서 반드시 공유되지는 않을 것이다. 그러나 그러한 자질은 범주의 조직에 없어서는 안 될 것으로 보인다. 어휘의 계층적 구조(범주의 원형 연구의 *수직적* 차원)는 근본적으로 더 이상 확률적 관계가 아닌 함의관계(relation d'implication)에 기반한다(R. Martin, 1983 & 1985). *C'est un chat*(이건 고양이다)에서 *C'est un animal*(이건 동물이다)로, 또는 *C'est du rouge*(이건 빨간색이다)에서 *C'est une couleur*(이건 색깔이다)로 이어지는 추론은 그럴듯한 추론만은 아니다. 그 추론은 여기서 기본 추론의 불합리가 보여주는 것처럼 완전히 유효하다(G. Kleiber, 1988a).

? Si x is un chat et s'il n'y a pas d'information contraire, alors x est un animal. (x가 고양이이고 그 반대의 정보가 없다면 x는 동물이다.)

다른 식별 기준들도 다음에서처럼 관여적이다(G. Kleiber, 1978b).

— *mais*의 테스트: 다음 테스트에서 보듯이 부정적 진술과 긍정적 진술은 적격한 구성이 아니다.

? C'est un chat, mais ce n'est pas un animal(그건 고양이지만 동물이 아니다).
? C'est un chat, mais c'est un animal(그건 고양이지만 동물이다).

— 보편적 양화의 테스트: 특수한 상황(정정, 회상 등)을 제외하면 다음 발화들은 이상해 보인다.

Tous les chats sont des animaux(모든 고양이는 동물이다).
Chaque/ tout/ n'importe quel chat est un animal(각 고양이는/모든 고양이는 /어떤 고양이라도 동물이다).

그 이유는 보편적 양화사의 사용은 특성이 보편적 양화사가 적용되는 모든 지시대상에 의해 입증되지 않을 가능성이 열려 있는 상황에서만 관여적이기 때문이다.

— 특정 한정의 테스트: 다음 발화는 정상에서 벗어나 있다.

? *Ce chat est un animal*(? 이 고양이는 동물이다).

왜냐하면, 그것은 동어 반복적이기 때문이다. 반면, 다음 발화는 모순적이기 때문에 정상에서 벗어나 있다.

*Ce chat n'est pas un animal(? 이 고양이는 동물이 아니다).

— *autre(다른)*의 테스트와 결합된 등위 접속 테스트:

? *J'ai acheté un chat et un animal*(나는 고양이와 동물을 샀다).
J'ai acheté un chat et au autre animal(나는 고양이와 다른 동물을 샀다).

그런데 고양이가 로봇이라면?(*Et si les chats étaient des robots?*)(P. Jacob, 1979)이라는 퍼트넘식의 존재론적 반대를 피하기 위해서는 이들 필요조건의 성격을 상세하게 기술하는 것이 유용하다. 실제로 *고양이*에 대한 자질 [동물]의 상황이 *독신남*에 대한 자질 [미혼 성인]의 상황과 동일하지 않다는 것은 사실이다. 두 번째 경우에 독신남을 미혼 성인이 아닌 다른 것으로 고려하는 것은 가능하지 않다. 이것은 프랑스어의 관습적인 현상이며, 이러한 의미에서 물고기에서 포유동물이 된 고래의 유명한 예가 증명하는 것처럼, 수정될 수 있 명제인 *Un chat est un animal*(*고양이는 동물이다*)보다 분석적으로 훨씬 더 강하다. 그렇다고 해서 우리가 이 명제를 우발적인 판단으로 간주해야

만 하는가? 우리가 위에서 제시했던 데이터들에 의거할 때 대답은 아니라는 것을 암시한다. 이러한 유형의 판단은 실제로 언어적으로 안정적인 요소를 포함하고 있는데, 이는 다음과 같은 사실이다. 즉, 비록 이것이 인지된 세계에 대한 믿음의 문제라 할지라도, 이 믿음은 한편으로는 모든 화자들에 의해 공유되는 것으로 주어지고(R. Martin, 1983 & 1987), 다른 한편으로는 그 판단은 보편적으로, 다시 말해서 예외 없이 타당한 것으로 제시된다. 비록 우리가 이처럼 고양이가 실제로 로봇이 될 수 있다는 생각을 받아들일 수 있다할지라도, 우리는 반대로 고양이가 동물이라고 생각하는 가정에서는 그러한 특별한 고양이는 동물이 아니라 로봇이라는 것을 받아들이지는 않을 것이다[이 문제에 대해서는 S.P. Schwartz(1978 & 1980)에서 수정 테스트와 반례의 테스트를 볼 것]. 그러므로 고양이가 실제로 로봇이나 심지어 위장한 언어학자라는 것은, 우리가 *고양이*의 개념이 필연적으로 동물의 개념을 내포한다는 것을 믿는 순간부터, 즉 우리가 모든 고양이가 실제로 동물이라고 생각하는 순간부터, 본질에는 아무런 변화가 없다. 어휘의미론의 목적은 《과학적》 데이터를 기술하는 것이 아니라는 것을 우리는 상기할 것이다[G. Kleiber(1985a), A. Wierzbicka(1985)]. 따라서 철학자의 장애물은 제거된다. 즉 *고양이*에 대한 [동물]과 같이 《수정 가능한》 자질을 위해서조차도 필요조건에 대해 이야기하는 것은 의미가 있다!

이 주제에 대한 H. putnam 자신의 입장은 중요하다. 즉, H. putnam은 의미에 대한 자신의 표상에서(위 참조), 이러한 유형의 정보가 갖는 특별한 지위를 나타내기 위하여 특별한 구성 요소, 곧 스테레오타입과 구별되는 **의미적 표지**를 가정할 필요성을 느꼈다(G. Kleiber, 1985a).

이들 필요조건의 수용이 CNS 모델로의 전면적인 회귀를 의미하지는 않는다. 근본적인 두 가지 차이점에 주목해야 한다. 첫 번째는 이 조건들이 고전적 접근법에 의해 강조된 조건일 필요는 없다는 것이다. CNS 모델의 필요조건들이 문제시될 수 있다는 것을 상기시킬 필요는 없다. 두 번째 차이점은 CNS 모델의 필요조건들이 필요하기만 하지 충분하지는 않다는 것이다. 따라서 그것들은 소속에 대해서 결정적이지 않다.

바로 그러한 이유로 유일한 필요 자질들을 위해서 충분조건을 포기하면서 CNS 모델을 덜 엄격하게 만들 수 있다. **의미망 이론**[예를 들어 F. Rastier(1987b)를 볼 것]과 마찬가지로 **의미 전제 이론**[예를 들어 J. Fodor[1](1975)를 볼 것]은 CNS의 이러한 완화된 버전을 나타낸다. 의미 전제 이론이 낱말과 그 《정의》 사이에 설정한 관계는 더 이상 동등관계(rapport d'équivalence)가 아니라 오르지 함의관계이다. 예를 들어 *tuer*(*죽이다*)가 *faire de telle sorte que quelqu'un, ou quelque chose, devienne non vivant*(*누군가 또는 무엇인가가 살아있지 않게 되*

---

[1] 제리 포더(Jerry Fodor, 1935~2017)는 1970년대는 사고의 언어(language of thought)이론을 주창하면서 언어발달과 습득을 연구했고, 1980년대는 '마음은 각자 자신만의 규칙을 지니고 있는 많은 특수 목적 프로그램들의 집합이다'라는 마음의 모듈(module)이론을 주창한 미국의 인지과학자이자 철학자이다. 그는 1988년부터 럿거스대학교(Rutgers University)의 철학과 및 인지과학과의 교수직을 역임했다<역주>.

도록 *하는 것*)과 동등하다고 전제하는 대신에 우리는 단지 이 둘 사이에 다음과 같이 함의관계를 설정할 것이다(C. Schwarze, 1985).

X tuer Y → X faire Y devenir non vivant.
(*X가 Y를 죽이다 → X가 Y를 살아있지 않게 되도록 하다*)

이러한 함의에 대한 화자들의 판단은 S.G. Pulman(1983: 47)이 관찰한 바와 같이 그들이 동의관계에 대해서 내리는 판단보다 더 확실하다. 즉, 화자는 *독신남*과 *미혼 성인* 사이의 동의관계보다 *누군가가 독신남이면 그는 결혼하지 않았다*라는 함의에 더 확실하게 동조한다. 이러한 함의의 전건(前件)과 후건(後件)[2] 사이의 관계가 의미적, 즉 분석적이지[R. Martin(1983 & 1985)의 의미에서] 단지 우연적이 아니라는 생각은 따라서 유지될 수 있다. 그러므로 우리가 첫 번째 해결책을 향해서 보낼 수 있었던 비난의 상당한 부분은 더 이상 통용되지 않는다.

B/ 호의적인 경우와 덜 호의적인 경우

1. 지시 범주

오늘날 거의 보편적으로 인정되는 사실[참조. R.S. Jackendoff (1983), H. Cuyckens(1984), C. Schwarze(1985), R.W. Langacker

---

[2] 추론명제의 조건 부분을 전건(前件, antécédent)이라 하고, 그 귀결 부분을 후건(後件, conséquent)이라 한다<역주>.

(1987)]은 모든 범주의 지시 대상들이 쉽게 원형적 처리의 대상이 되지는 않는다는 것이다. 특정 분야(따라서 원형 분야)는 원형이론의 발전을 위한 거점으로 작용하는 분야이다. 지각 현상의 분야(참조. 색깔 형용사), 자연 종(種)의 용어, 인공물의 영역 등(F. Cordier & D. Dubois, 1981)이 그러한 분야이다.

그러나 *독신남*에 대한 C.J. Fillmore(1975 & 1982)의 연구와 *거짓말하다*(mentir)에 대한 L. Coleman & P. Kay(1981)의 연구와 같은 연구들은 모든 범주의 지시대상들에 확장을 제안한다. 그러나 우리가 이에 대해 더 면밀히 살펴보면, 그들의 논증이 전혀 결정적이지 않다는 것을 알아차린다.

C.J. Fillmore의 논증은 오직 한 가지 사실만 입증한다. 즉, *독신남*에 대해 제시된 세 가지 조건, 말하자면, [남자], [성인] 그리고 [미혼]은 충분하지 않다는 것이다. 반면에 이 세 가지 조건은 모두 *독신남*이 있기 위해 필요한 것이다. 즉 이들 세 가지 조건 모두를 입증하지 않는 독신남은 없다. 그렇지만 *독신남*의 원형적 범주화의 관여성이 공인된 것으로 인정받기 위해서는 하나 혹은 두 가지 조건만을 갖춘 독신남의 본보기들이 필요했었을 것이다. G. Lakoff(1986 & 1987)는 우리가 자연스러운 방식으로 *독신남*에 대해 말할 수 있도록 하기 위하여(위 참조) C.J. Fillmore가 가정한 **이상화된 인지모델**(*idealized cognitive model*: *ICM*)에서 CNS의 아리스토텔레스적 모델이 우세하다는 것을 보여주기까지 한다. 이러한 틀에서 *독신남*에 대한 세 가지 조건은 필요하고도 충분하다.

L. Coleman & P. Kay(1981)의 추론은 더 논리적이다. 그들의 추론

은 다음과 같이 *거짓말*(lie)을 위해 제시된 세 가지 조건의 필요한 특징짓기를 부인하는 것을 목표로 한다.

(i) 거짓말을 하는 화자에 의해 단언된 명제 p는 거짓이다.
(ii) 화자는 그 명제가 거짓이라고 믿는다.
(iii) p를 발화하면서 화자는 그의 대화상대자를 속이기를 원한다.

동시에 그들은 이 모든 조건을 충족시키지 못하는 거짓말의 출현을 보여준다. 불행히도, 그들의 예 중 어느 것도 우리의 지지를 얻지 못한다. 그 결과 CNS 모델은 그들이 받게 한 시험에서 무사히 벗어난다. 따라서 화자가 예를 들어 다음과 같이 발화하면서,

저녁 정말 맛있었어(Le diner était très bon)

자신은 대화상대자를 속이기를 원하지 않으며, 그 대화상대자는 그 단언이 거짓이라는 것을 아주 잘 알 수 있는 《예의상의 거짓말》은 진정한 거짓말이 아니다. 동일한 입장을 옹호하는 A. Wierzbicka(1985: 341-342)는 거짓말의 개념은 또한 비난을 받을 만한 요소를 포함하고 있다는 것을 보여준다.

G. Lakoff(1986 & 1987)가 제안한 *어머니*(mother)의 분석은 겉보기에는 더 적절해 보인다. G. Lakoff(1987: 74-76)는 사실 *어머니*에 대한 CNS의 관점에서의 고전적 정의인 《아이를 낳은 여자》가 우리가 어머니에 대해서 이야기하는 모든 경우에 적용되지 않는다는 것을 보

여준다. 《출산 모델》과 비교되는 다음과 같은 다른 모델들이 있다.

— 《양육 모델》 : 아이에게 젖을 먹여 키우는 성인 여성이 이 아이
의 *어머니*이다.
— 《결혼 모델》 : 아버지의 아내는 *어머니*이다.
— 《유전 모델》 : 유전 물질을 물려준 여자

이들 모델에 따를 때 자신을 어머니라고 말하는 아이를 반드시 낳
은 것은 아닌 누군가를 *어머니*라고 부를 수 있다.

이중의 답변이 제시될 수 있다. 한편으로, 위의 L. Coleman & P.
Kay(1981)의 *사교상의 거짓말*(social lies)의 경우에서처럼 이 《어머니
들》은 *진짜* 어머니들이 아니라고 생각하는 것이 금지되어 있지 않다.
G. Lakoff 자신이 이들 모델 중 하나만을 *어머니*의 《진짜》 개념을 특
징짓는 것으로 간주하는 경향이 있다고 지적할 때 주목한 바와 같이
발화 주체들의 느낌도 이 방향으로 나아간다. 이 직관에 대한 반향은
다음과 같은 발화의 이상함에서 발견된다.

*나는 다음과 같이 네 명의 진짜 어머니, 곧 유전 물질을 물려준 여
자, 나를 낳은 여자, 나를 키운 여자 그리고 내 아버지의 배우자인
여자가 있다*(G. Lakoff, 1987: 75).

그러나 이 직관은 G. Lakoff에게는 충분해 보이지 않는다. 그는 이
직관과 자신이 다음과 같은 문장의 *언어적 증거*라고 부르는 것을 대립
시킨다.

나는 입양되었고 나는 누가 나의 진짜(vrai) 엄마인지를 모른다.
나는 키워준 사람이 아니므로 내가 아이의 진짜(vrai) 엄마일 수 있다고
생각하지 않는다.

이는 *진짜* 엄마가 무엇인지 정의하기 위한 하나 이상의 기준 모델
이 있음을 입증한다. 그러나 방편으로 내세워진 언어 사실들은 그가
생각하는 만큼 명백하지 않다. 즉, 형용사 *vrai*(*진짜*)는 이들 두 발화에
서 동일한 방식으로 기능하지 않는데, 그것은 분명히 논증을 왜곡시킨
다. 첫 번째 발화에서 *vrai*(*진짜*)는 *faux*(*가짜*)와 대립되는 반면 두 번
째 발화에서는 *진짜*의 범위가 그 부류의 소속 구성원의 범위가 아니
다. 그것은 이 용법에서 그것이 적용되는 지시대상의 특징적인 특성,
곧 G. Lakoff 자신이 1972년에 *real*(*실제의*)에 대해서 부각시킨 특징
을 오로지 강조하는 데 사용된다. 그러니까 리트레(Littré)[3]가 *과장*이
라는 이름으로 특징지은 이 가치를 가지고 *vrai*는 *어머니*의 개념이
가질 수 있는 다양성을 정당화하기 위한 논거로 사용할 수 없다. 이에
대한 최상의 증거는 여전히 그것이 그런 용법에서 갖는 은유적 활용이
다[참조. *Jean est un vrai poisson*(*존은 진짜 물고기이야*)].
이제부터 왜 *어머니*가 '아이를 낳은 여자'라는 정상적인 외연을 넘
어서 사용될 수 있는지를 설명해야 한다. 우리는 여기서, 잘 알려진,

---

[3] 에밀 리트레(Émile Littré, 1801~1881)는 19세기 프랑스의 의사, 철학자, 그
리고 언어학자이다. 언어학자로서 그는 『프랑스어사』(2권, 1862)를 연구하
고, 무엇보다도 『프랑스어 사전』(5권, 1863~1873)을 편집한 것으로 유명하
다(『두산백과』 참조)<역주>.

논쟁의 여지가 있는, 그리고 다른 방식으로 다루어진 더 일반적인 현상, 곧 우리가 확장이론의 범주 문제의 바로 중심에서 재발견할 다의어의 《의미 확장》의 현상을 다룰 것이다. 이 단계에서 본질적인 것은 이 더 넓은 용법의 가능성이 '아이를 낳은 여자'와 같은 CNS의 관점에서의 *어머니*의 분석을 거부하기 위한 결정적인 논거는 아니라는 것을 보고자 하는 것이다. A. Wierzbicka(1985 : 341)가 상기시키는 바와 같이 《사람들은 종종 그 의미에서 예상 가능한 범위를 넘어서 있는 낱말을 사용할 준비가 되어있는데, 그것이 의미 자체가 불확실하다는 것을 의미하지는 않는다》.

G. Lakoff가 *어머니*의 기술에서 제기한 이 문제에 우리가 제시할 수 있는 두 번째 대답은 공식화된 《다발 모델》[4]에 의한 설명이, 이 설명이 제안하는 *어머니*의 모델들의 증가에 의해서, G. Lakoff의 의지와 일치하는 것, 즉 원형의 표준이론의 틀을 광범위하게 능가한다는 것이다.

2. 문법 범주

명사는 예를 들어 동사와 같은 다른 문법 범주들보다 원형이론에

---

[4] 앞에서 보았듯이 Lakoff는 범주 *어머니(mother)*가 '출산, 양육, 결혼, 유전 등'과 같은 하위범주들로 이루어진 다발로 구조화되어 있다고 설명한다. 이처럼 하위의 인지 모델이 결합해서, 각 개별 모델보다 심리적으로 더 복합적인 다발을 발생시키는 모델을 '다발 모델(cluster model)'이라 한다[G. Lakoff(1987) 저/이기우 역, 『인지 의미론』(한국문화사, 1994: 87~90) 참조] <역주>.

더 적합해 보인다는 것이 종종 관찰되었다[F. Cordier & D. Dubois (1981), C. Schwarze(1985), 그리고 S.G. Pulman(1983)]. 원형이론의 선구자들의 경험적이고 이론적인 연구를 통해서 구체적인 **대상**(참조, *새, 탈것, 채소, 과일, 의복, 가구* 등)의 표상이 우선시됨에 따라 명사의 의미 분석도 똑같이 우선시된다. 이는 E.F. Loftus(1972)가 시사한 것처럼 우리의 의미 기억이 본질적으로 명사 범주로 조직되어 있기 때문일까? 이 문제에 대해 토론할 것 없이, *달리다*(*courir*)나 *...의 안에*(*dans*)의 가장 좋은 본보기가 무엇인지 고려하는 것보다 *새*의 가장 좋은 본보기가 무엇인지를 상상해 보는 것이 더 쉽다는 것을 간단히 주목해 보자. 왜 그럴까?

첫 번째 이유는 계층적 조직의 차이이다. *새* 또는 *과일*과 같은 용어들은 좋은 또는 덜 좋은 본보기의 선택이 가능한 하위 범주들을 모으는 것으로 이해된다. 이 모델은 명사의 영역 밖에서는 더 이상 그다지 관여적인 것처럼 보이지 않는다. 그 증거는 명사 영역 밖에서는 B. Berlin과 E. Rosch의 수직적 분류가 훨씬 더 어렵게 적용된다는 것이다[동사에 대한 시도는 S.G. Pulman(1983: 108)을 볼 것]. 또 다른 단서는 명사 범주의 분석에 사용된 테스트를 동사, 전치사 등에 대한, 특히 동사에 대한 테스트로 재현하기가 어렵다는 데에 있다. 사람들은 아마도 우리에게 포함 관계 또한 이들 표현의 영역을 조직화하기도 한다고 반박할 것이다. 동사는 우리가 알고 있는 것처럼, 예를 들어, *죽이다*(*tuer*)에 대하여 *암살하다*(*assassiner*)와 *처단하다*(*exécuter*), *주다*(*donner*)에 대하여 *제공하다*(*offrir*), *쓰다*(*écrire*)에 대하여 *요약하다*(*rédiger*)와 *작성하다*(*libeller*) 등등과 같은 많은 하위개념의 사례를 제시한다. 따라서 이들 하위개념의 사례를 통해서 가능한 여러 개의 본보기가 있는 곳에서는 원형성의 판단이 가능하다. 그럼에도 불구하고, 또한 S.G. Pulman (1983: 110-122)에 의해 이 방향에서 수행된-반대되는 점을 지적하는-실험에도 불구하고, 내가 보기에는 명사의 범주에서 통용되는 변화도와 직관적인 관련성을 갖는 원형성의 변화도 (gradient de prototypie)가 설정될 수 있을 것 같지 않다. *암살하다* (*assassiner*)가 *처단하다*(*exécuter*)보다 *죽이다*(*tuer*)의 더 좋은 본보기라고 말하는 판단보다 참새가 *새*의 더 나은 본보기라고 말하는 판단을 우리는 더 쉽게 받아들인다. 이것은 내가 보기에 우리가 무시할 수 없는 개념적 차이에 기인한 것으로 보인다. 즉, 범주 *새*에 대한 하위부류가 있다는 것은 *새*라는 개념의 일부를 이루는 기지의 사실이 있다는 것이다. 왜냐하면 *새*는 일반적으로 하위범주들이 있는 지시대상들의 범주를 외시(dénotation)를 통해 나타내기 때문이다. *죽이다*(*tuer*)나 *쓰다*(*écrire*)에 대한 하위범주가 있다는 것은 동일한 방식으로 그 하위범주에 통합되지 않는 표시이다. 왜냐하면 *죽이다*나 *쓰다*의 개념은 *선험적으로* 하위-유형[곧 아류형(亞類型)]을 가지고 있는 범주에 속하지 않기 때문이다.

두 번째 이유는 아마도 이 문법범주들은 빈사[5]로서 지시적 지주

---

[5] 빈사(賓辭, prédicable)는 객어(客語)라고도 하는 것으로 명제에서, 주사(主辭)에 결합되어 그것을 규정하는 개념이다. 예를 들어, '개는 동물이다.', '하늘은 높다.'에서 '동물', '높다'가 이에 해당한다(『표준국어대사전』 참조)<역주>.

(support référentiel)를 필요로 하기 때문일 것이다. 그러니까 우리가 이들 문법범주의 더 좋은 본보기가 무엇인지를 밝혀내려고 할 때, 우리는 아주 자연스럽게 이 지시적 지주 또한 거기에 포함하게 된다. 이때 원형성의 층위에 대한 문제가 바로 제기된다. 즉, 해당 범주의 원형의 문제인가 아니면 지주 및 관련된 술어에 관여하는 상황의 원형의 문제인가?

큰(*grand*), *좋은*(*bon*) 등과 같은 형용사, 곧 고전적인 공의어[6]의 경우는 분명하다. 즉 위 대안 중 두 번째 갈래만이 고려될 수 있다. *큰* (*grand*)이 적용되는 지시대상의 범주가 분명히 지정되지 않으면 가능한 *큰*(*grand*)의 원형적 의미는 없다. 그 때 우리는 각각 다른 유형의 지시대상들에 대해 다른 원형을 갖게 될 것이다. 예를 들어 *키 큰 남자* (*homme grand*)의 원형은 *키 큰 원숭이*(*singe grand*) 등등의 원형과 동일하지 않다.

비록 똑같이 지시적 지주를 끌어들여야 한다고 할지라도, 이번에는 넓은 의미에서 지시적으로 의존적인 표현들, 공의어적 표현들을 가지고(G. Kleiber, 1981), 상기 대안의 첫 번째 갈래를 포용할 수 있다. 예를 들어 *달리다*(*courir*)에 대해서 *사람이 달린다*(*un homme court*)라

---

6   공의어(共義語, syncatégorématique)(또는 공범주어(共範疇語))는 어떤 대상을 가리키는 표현인지, 혹은 그렇지 않은 표현인지에 따라 구별되는 개념으로 가리키는 대상이 있으면 지시어(referring expression), 가리키는 대상이 없으면 공범주어이다. 공범주어는 단독으로는 뜻이 없고 다른 표현과 연관된 문맥 속에서만 뜻을 갖는 표현이다(『영어학사전』(조성식 외, 1990) 참조)<역주>.

는 상황이 범주 *달리다*(*courir*)의 가장 좋은 대표라면, *게가 달린다*(*un crabe court*)와 같은 상황은 덜 전형적인 본보기라는 생각을 우리는 옹호할 수 있다. 따라서 S. Schlyter(1982)에 따르면, 상황 *그는 산을 기어오른다*(*Er steigt den Berg hinauf/Il grimpe sur la montagne*)에서의 *기어오르다*(*steigen/ grimper*)는 *새*에 대한 *참새*에 상당하는 것이라면, *그는 욕조 밖으로 기어 나온다*(*Er steigt aus der Baderwanne/Il grimpe au-dehors de la baignoire*)와 같은 상황에서의 *기어 나오다*(*steigen/ grimper*)는, 예를 들어, *참새*에 대한 *병아리*의 관계처럼 그 중심 가치에서 멀리 떨어져 있는 비원형적인 본보기가 될 것이다. 그러나 우리는 범주화의 관점에서 볼 때 이러한 해결책이 *새*의 상응하는 원형적 처리보다 훨씬 덜 관여적인 것으로 보인다는 것을 주목할 것이다. *달리다*(*courir*)의 사건에 대한 범주화는 *사람이 달린다*(*un homme court*)와 같은 원형과의 비교로 이루어지는 반면 이러한 정신적 작용이 *새*에 대해서는 훨씬 더 자연스러워 보인다고 생각하기란 사실상 어렵다.

다른 한편, 근본적인 차이는 이 경우 *새*와 같은 명사들의 원형적 상황과 예를 들어 *달리다*(*courir*)와 같은 동사의 원형적 상황 간에는 근본적인 차이가 있다. 원형적이든 아니든 모든 사례는 동사-범주 자체, 말하자면 *달리다*(*courir*)(참조. *사람이 달린다, 암탉이 달린다, 기린이 달린다, 게가 달린다* 등)를 포함하지만, 명사와 함께 하는 사례에는 더 이상 명사-범주가 포함되지 않는다. 이 마지막 요점은 동사와 다른 공의어적 범주들에 대한 이러한 취급이 사실상 말의 사용이나 용법에 대한 원형적 접근을 빗나가게 한다는 것을 보여준다(참고 C.

Vandeloise에 대한 우리의 초기 인용). 우리는 아주 자연스럽게 다음과 같은 용법들을 위의 *달리다(courir)*의 상황적 사례의 목록에 추가하게 된다.

*Le fleuve **court** à travers...*(강은 ...을 가로질러 **흐른다**)
*Le bruit **court** que...* (...라는 소문이 **퍼진다**)
*Le sentier **court** à travers...* (오솔길이 ...을 가로질러 길게 **뻗어있다**)

그렇게 함으로써 우리는 표준이론을 떠나, 원형의 해석이 《다의적》일 뿐만 아니라, 그 기능과 범주화 기준에서 다른 확장이론을 향하게 된다.

3. 낱말의 상위 단위

원형의미론이 낱말보다 높은 단위 때문에 어려움을 겪는다는 것은 지극히 당연하다. 왜냐하면 원형의미론은 우선적으로 범주화, 즉 명칭이나 코드화된 단위의 의미론을 설명하기 위한 것이므로 미리 설정된 범주가 일치하지 않는, 코드화되지 않은 어휘의 조합은 고려하지 않기 때문이다. 그러나 이 문제는 피할 수 없다. 특히, 우리는 어휘 의미의 원형적 처리가 그러한 단위의 의미를 구성하는 과정에서 어떻게 통합되는지를 알아야 한다.

예를 들어 *황색개(chien jaune)*의 조합을 생각해 보자. CNS 모델은 단지 *개(chien)*의 CNS와 *황색(jaune)*의 CNS의 합산의 방식[이 문제에 대해서 앞서 U. Weinreich(1966)를 볼 것]만이 아닌 방식에 따라 조합으로 구성된 구성적 의미를 제공한다. 이러한 의미 구성을 통해서 이러한 낱말군이 현실의 요소에 지시적으로 적용되는 것이 설명된다. 원형적 접근은 여기에 더 어렵게 적용된다. 한 범주에 소속되기 위한 결정적인 원형적 짝지우기 원리는 여기에서는 절대적으로 관여적이지 않는 것처럼 보인다. 하나의 실체가 황색개로 기술될 수 있는지 혹은 없는지를 결정하기 위해서 우리는 황색개의 가장 좋은 본보기와의 비교에 의존하지 않는다. 이것은 범주의 문제가 아니기 때문에 지시적 적용은 소속의 이중적 메커니즘에 기반을 두고 있다. 즉 그 실체는 *개*이어야 하고 *황색*이어야 한다[참조. *Ce n'est pas un chien jaune, mais un chien brun*(이것은 황색개가 아니라 갈색개이다). *Ce n'est pas un chien, mais un chat*(이것은 개가 아니라 고양이이다)]. 우리는 *개*의 원형과 *황색*의 원형이 각각 개들의 부류에 속함과 *황색*의 범주에 속함을 위해 작용하고 있다고 생각할 수 있다. *개*의 경우는 그러한 소속이 큰 어려움을 제기하지 않는 반면, *황색(jaune)*의 경우는 문제가 복잡해진다. 왜냐하면 *황색*의 원형은 더 이상 명백하게 비교의 축으로 사용될 수 없기 때문이다. 요컨대, 이 문제에 직접 관련성이 있는 것이 정말 *황색*의 «중심» 가치라면(또는 Wierzbicka에게 악의적인 비평을 해보자면, 미모사나 병아리의 색깔과 같은 황색이라면) 선명한 황색의 개는 더 «주변적인» 황색의 개보다도 황색개의 더 좋은 본보기이어야 할 것이다. 그러나 이것이 아무리 이상해 보인다할지라도 이러한 황색의 개는 오히려 특이한, 다시 말해서 비전형적인 황색개로 느껴질 것이다. 우리가 황색개에 대해 할 수 있는 묘사는 실제 미모사 색이나 카나리아 색을 가진 황색개의 묘사와는 일치하지 않는다. 이는 오히려, J. Picoche가 나에게 지적하게 한 것처럼, «비열한 똥개»와 관계된다. 달리 말해서, 황색개의 원형은 *개*와 *황색*의 원형의 조합과 일치하지 않는다[*애완물고기*에 대한 유사한 논증에 대해서는 D.N. Osherson & E.E. Smith(1981)를 볼 것].

이 예는 원형이론에 대한 두 가지의 결과, 곧 부정적인 결과와 긍정적인 결과를 낳는다. 첫 번째 것은 확장, 다시 말해서 부호화되지 않은 조합의 지시적 적용 가능성이 각 구성요소의 원형에 근거를 둔 원형적 짝지우기 과정에 의해 해결되지 않는다는 것을 명확히 밝힌다. 반면에 두 번째 것은 원형적 시각이 인지적 구조화의 측면에서 상당한 관련성을 유지하고 있다는 것을 보여준다. 고전적 모델은 *황색개*의 심적 이미지에서 우선시되는 황색이 무엇인지를 전혀 설명하지 못한다. 황색에 따라 다른 황색개들보다 더 좋은 황색개의 사례들이 있다는 사실은 다음에서처럼 완전히 새로운 원형적 고려를 가능하게 한다.

— 명사 제사[7]가 맡은 역할에 대해서 고려할 수 있다. 이는 명사에 따라 함축된 황색의 차이를 설명하기 위해서이며[참조. *황색의 사과* (*pomme jaune*)와 *황색의 개*(*chien jaune*)의 차이점을 볼 것. 그리고 또한 채색된 표면의 색깔과 모양의 분포에 대해서는 예를 들어 *황색과 흰색의 개*(*un chien jaune et blanc*)와 *황색과 흰색의 깃발*(*un drapeau jaune et blanc*) 사이의 원형적인 차이를 볼 것], 그리고 무엇보다도 이러한 원형적 현상이 모든 지시적인 범주에서 발견되지 않는다는 것

---

[7] 명사 제사(nom recteur)는 명사구에서 지배적인 핵(곧 머리)의 역할을 하는 명사를 말한다. 예를 들어 *황색의 사과*(*pomme jaune*)와 *황색의 개*(*chien jaune*)에서 명사 제사는 *사과*(*pomme*)와 *개*(*chien*)이다<역주>.

을 설명하기 위해서이다. 예컨대 *황색 드레스(robe jaune)*는 *황색개* (*chien jaune*)와 같은 원형적 이미지를 생기게 하지 않는 것처럼 보인 다. 이것이 자연 종(種)에 관계되는 용어라는 사실은 중요하지만 결정 적인 요소는 아니다. 이 문제에서 결정적인 것으로 보이는 것은 친숙 함이다. 요컨대, 우리가 황색개와 황색 드레스에 대해 가지고 있는 경 험을 통해서 우리는 황색개의 황색은 가장 자주 어떤 유형을 띠는 반 면 황색 드레스의 황색은 매우 다양할 수 있다는 것을 알게 된다. 결과 적으로 첫 번째 경우에는 원형의 형성이 뒤따르지만 두 번째 경우에는 그렇지 않다. 우리는 단지 원형성이 이번에는 친숙함에서 유래한다는 점에 주목할 것이다.

— 명사 제사의 원형이 이 유형의 조합에서 뒷자리로 밀려난 예기치 못한 사실에 대해서 생각할 수 있다. *황색개*의 우선시되는 이미지에서 *개* 자체의 원형은-비록 *개*가 명사 제사로서 지배적인 색조를 모으는 데 결정적인 요소라 할지라도-조합의 필수 원형 요소로 인정되지 않는 다(또는 더 이상 인정되지 않는다). 거기에는 G. Lakoff(1987: 74)의 *사회적 거짓말(social lies)*에 대한 제안이 메아리친다. 즉, 수식어와 피수식 용어 간의 갈등이 있을 경우, 그가 *윌렌스키의 법칙*(R. Wilensky, 1983)-곧 «특수한 경우가 일반적인 경우보다 우선이다»(G. Lakoff, 1987: 74)라는 것을 의미하는 법칙-이라고 부른 아마도 일반 인지 원리에 따라 우세한 것은 수식어이다.

여기에서 우리는 또 다른 방법으로 공의어적 표현의 원형 문제에 다시 돌아온다. 우리가 위에서 동사에 대해 제시한 것과 같은 «상황적 인» 원형 설명이 왜 적절하지 않은지를 이제 분명하게 알게 된다. *게*

*가 달린다(un crab court)*와 같은 조합의 현실성에 대한 적합성을 결정하려면 *달리다(courir)*의 원형적 상황을 개입시켜야 할 것이다. *달리다(courir)*의 원형적 상황이 *사람이 달린다(un homme court)*라고 가정하면, 그때에 우리는 *황색개(chien jaune)*에 대한 유사한 추론에서 나온 것과 같은 바람직하지 않은 동일한 결론을 얻게 된다. 즉 우리 게가 사람처럼 달린다면(!), 그것은 사람이 게 ...처럼 달리는 것보다 더 잘 달린다!

4. 기본 용어와 상위 용어

원형 연구의 가장 눈에 띄는 결과들 중의 하나는 우리가 보았듯이 세 가지 층위, 즉 인지적 관점에서 가장 경제적인 기본 층위(niveau de base), 상위 층위 그리고 하위 층위가 있는 범주의 수직적 차원의 강조이다. 원형성의 변화도를 강조하기 위한 실험과 테스트가 대상으로 하는 예들을 통해서 원형의 개념이 기본 층위의 범주(*새* 참조)와 상위 층위의 범주(*과일, 동물, 탈것* 등)에 모두 관여적인 것으로 드러난다. F. Cordier(1980)가 수행한 실험을 통해서 동물의 범주에는 *개, 고양이, 말* 등의 원형적 사례가 나타나고, *과일* 범주에는 *사과, 오렌지, 배* 등의 원형이 나타나고, 그리고 *새*의 범주에는 *울새, 참새, 독수리, 제비* 등의 원형적 본보기가 나타난다.

그러나 더 자세히 살펴보면 우리는 *황색개(chien jaune)*에 대한 우리의 이야기를 하는 동안 이미 언급한 사실, 즉 원형의 개념이 범주의 층위에 따라 다른 근원을 가지고 있음을 알게 된다. 범주의 최상의 대표로 정의된 원형의 기본 용어의 경우와 마찬가지로 상위 용어의 경우도 문제가 되는 것은 부정할 수 없는 사실이다. 그러나 근본적으로 변화하는 것은 이 대표성의 근원이다. 표준이론에서 채택된 해결책은 더 이상 상위 용어의 원형에 적용되지 않거나 어렵게 적용된다. 이들 상위 용어의 원형은, 기본 용어의 원형이 그러한 것처럼, 더 이상 범주의 전형적인 특성들, 곧 최상의 특성들을 나타내는 본보기들로 간주될 수 없다. 그것들은 범주의 두드러진 특성을 압축하지도, 더 이상 요약하지도 않는다. 이들 상위 용어의 원형이 갖는 더 좋은 본보기로서의 특징은 발화주체가 그것들에 대해 갖는 (직접적이거나 간접적인) 경험에서의 빈도에서 비롯된다. 이는 *개, 고양이, 말* 등이나 *사과, 오렌지, 배, 바나나* 등이 동물 범주나 과일 범주의 좋은 대표로 인정되는 친숙한 동물이나 과일로 판단되기 때문이다. 예를 들어 *블루베리*나 *미라벨*[8]이 F. Cordier(1980)에 의해 작성된 대표성 등급의 아래쪽을 차지하고 있다는 점에서 과일의 덜 좋은 본보기라는 것은, 이것들이 과일 범주에 대한 높은 *단서 타당성*을 가지고 있는 자질들을 공유하지 않기 때문이 아니라–이 두 품종의 과일은 바로 이 관점에서 오히려 더 좋은 대표인 것처럼 보인다–, 이 과일들이 발화주체들에게 덜 친숙하기 때문이다. 즉 우리가 *과일*이라는 범주를 떠올릴 때, 우리는 그다지 전형성을 기반으로 하지 않고, 친숙함을 바탕으로 블루베리나 미라벨보다는 사과와 오렌지 또는 배를 더 빨리 생각한다. 반대로 *병아리*를 범주 *새*의 비원형적 본보기로 분류하는 것은 친숙함이 아니라 특성

---

8   '미라벨(mirabelle)'은 자두의 일종이다<역주>.

과 관련된 전형성의 판단에 근거한다.

도출된 대표성의 등급에서 두 가지 기준, 즉 친숙함과 전형적인 속성의 소유가 기본 범주의 경우에서와 마찬가지로 상위 범주의 경우에서야말로 자주 충돌한다는 것을 서둘러 덧붙이자. 이것은 얻어진 결과에 대한 해석을-비록 그 해석이 항상 완전한 것은 아니지만-필요로 한다. 예를 들어 F. Cordier(1980)가 제시한 목록에서 범주 *과일*에서 *멜론*이 차지하는 매우 낮은 위치를 설명하는 것, 그것은 확실히 친숙함이 아니라 오히려 이번에는 전형성이다. 반면에 동일한 등급에 있는 *오디*의 경우에는 그 반대인 것 같다. 마찬가지로, 범주 *새*에서 *어치*가 *병아리*와 같은 층위에서 발견된다면, 그것은 분명히 같은 이유에서가 아니다. 왜냐하면 어치는 전형적인 새이지만 아마도 덜 친숙한 것으로 판단되기 때문이다.

이러한 가능한 충돌이 강조된 핵심을 가려서는 안 된다. 즉, 상위 용어는 범주의 현저한 속성의 상관관계보다는 오히려 친숙함을 기반으로 한 원형성의 판단에 적합하다. 이유는 쉽게 알 수 있다. 즉 상위 범주는 B. Tversky의 연구에서 보았듯이(위 참조) 부분적으로는 상당히 다르지만 일반적인 (종종 추상적이고 기능적인) 속성만을 공유하는 기본범주들을 결집시키고 있기 때문이다. 우리가 기억하는 것처럼 범주에 대한 질적인 원형의 역할을 할 범주의 심적 이미지를 생각하기는 어렵다.

이러한 원형적 기원의 차이에 따른 결과는 중요하다. 우리는 먼저 친숙함이 대표성의 정도와 상관관계가 있는 다른 적합성 판단으로 이어지지 않는다는 것을 확인하게 된다. 다음과 같은 발화의 쌍에 대한

두 번째 판단이 생기게 하는 덜 중요한 «진리»의 인상은

참새는 새다(Le moineau est un oiseau).
펭귄은 새다(Le pingouin est un oiseau).

다음과 같은 발화들에는 더 이상 없다.

고양이는 동물이다(Le chat est un animal).
퓨마는 동물이다(Le puma est un animal).

이는 퓨마가 고양이보다 덜 원형적인 것으로 제시됨에도 불구하고 그렇다. 두 번째로는, 표준이론의 기본 명제들 중의 하나, 즉 원형과의 짝지우기에 의한 범주화의 명제를 포기해야 한다. 동일한 상위어의 기본적인 사례들은 너무 달라서 이 상위어의 최상의 본보기와의 짝지우기의 원리가 타당한 결과를 제시할 기회는 별로 없다. 따라서 위에 인용한 S. Schlyter의 과일에 대한 예는 내가 보기에 잘못 선택된 것처럼 보인다. 즉 우리가 이 범주에 과일의 출현을 포함시키는 것은 과일의 원형 혹은 원형들과의 유사성의 정도를 기준으로 해서가 아닌 만큼이나 이러저러한 실용적 자질을 알고 있다는 사실을 기준으로 해서도 아니다.

사람들은 어떤 대상을 사과, 오렌지 혹은 더 나아가 바나나와 비교하면서 그것을 *과일*의 범주에 포함시키지 않는다. 모두 알다시피, 상위 용어의 범주화를 설명하기 위해서는 CNS가 원형적 자질보다 더 적합한 것 같아 보인다. 기본 범주들을 그것들의 상위 용어와 결합하

는 함의관계[참조. *표범은 동물이다(une panthère est un animal)*]는 그러한 가설을 강화시킨다.

마지막 한 가지 점은 그 중요성이 나중에 나타날 뿐이므로 언급할 가치가 있다. 원형과의 비교를 통해 범주화를 하는 것은 아니지만, 그럼에도 불구하고 상위 용어에는 모호함이라는 현상이 있다. 주변적인 경우가 존재한다. 예를 들어, 우리는 *멜론*의 지위에 대해 궁금해 할 수 있다. *멜론*은 *과일*인가 아닌가?

우리는 상위 용어를 고려하여 다음 두 가지 결론을 채택할 것이다.

(i) 범주의 대표성의 판단에는 오직 하나의 기원만이 존재한다. 친숙함의 기준은 상위 범주의 가장 좋은 사례의 선택을 설명하는 것에는 적합한 것으로 드러나지만, 전형성 혹은 범주의 두드러진 속성의 소유는 오히려 기본 범주보다 우세하다.

(ii) 원형과의 짝지우기를 통한 범주화의 설명은 더 이상 상위 용어에 대해서는 받아들여질 수 없다.

5. 기본 용어와 하위 용어

기본 범주(참조. *새*의 경우 *참새, 독수리, 병아리* 등)가 모으는 범주에 원형이론의 적용은, 내가 믿기에, 위에서 설명된 원형-더 좋은 사례(«로시»의 초기 기법의 원형성)에서 원형-전형적인 특성의 추상적인 조합(특성의 원형성)으로의 변화에 있어서 직접적인 원인이 되는 원형의 성질에 관한 어려움을 야기한다. 예를 들어 *참새*가 *새*의 원형이라는 것을 인정한다면, 그리고 *참새*의 원형이 무엇인지 궁금하다면 얻어진 답은 이것이 동일한 원형의 문제라는 것을 완전히 논리적으로 나타나게 할 것이다. 즉 *참새*의 원형은 *새*가 원형으로 *참새*를 가진 경우에만 *새*의 원형일 수 있다. 즉, *새*가 원형으로 *참새*를 가진다면 *참새*의 원형은 *새*의 원형일 수밖에 없다. 사람들은 아마 *참새* 자체가 최상의 대표이며-포도밭에 있는 참새의 존재를 상상해보자-, 따라서 *참새*와 *새* 사이에는 더 이상 원형적 일치는 없다고 반박할 것이다. 사실 문제는 한 단계 옮겨졌을 뿐이다. 왜냐하면 원형의 정체성이 존속하기 때문이다. 즉, *새*의 원형이 *참새*이고 *참새*의 원형이 포도밭의 참새라면, 이는 정신적 표상의 문제이기 때문에, *새*의 원형도 포도밭의 참새가 될 것이라는 것은 명백하다.

하위 범주가 기본 범주와 동일한 원형을 가지고 있는 그러한 상황은 용인될 수 없다. 그것은 결국 *참새*와 *새*가 동일한 의미를 갖는다고 주장하는 것을 재검토하게 될 것이다. 그것은 또한 모든 의미론적 직관을 거스르고, 더 나아가 어떠한 의미 이론에 의해서도, 하물며 의미 개념을 부정하는 이론들에 의해서조차도 아직 주장되지 않았던 결과에 이르게 될 것이다.

이러한 바람직하지 않은 결과는 원형을 범주와 연계된 《최상의》 특성들로 구성된 추상적 실체로서 생각하기 위해 원형을 범주의 가장 좋은 사례로 이해하는 것을 포기할 때만이 피해갈 수 있다. 이때에, *참새*가 여전히 범주의 원형적 사례라고 인정되더라도 *새*의 원형은 더 이상 *참새*의 원형이 아닐 것이다(우리가 가정한 포도밭의 참새도 마찬가지다!). 왜냐하면, 우리가 위에서 보았듯이, 모든 것이 이 범주의 타당한 특성은 아니라는 점을 고려한다면, *참새*의 모든 전형적인 자질이 새의 원형에서[참고. 예를 들어 '지저귀다(pépier)'] 되풀이되지는 않을 것이기 때문이다.

R.S. Jackendoff(1983)는 기본범주-하위범주 관계의 원형적 처리를 예측하는 또 다른 어려움을 기술한다. 이 어려움은 비원형적 하위 범주(참조. *새*에 대한 *타조* 범주)의 분명한 출현(*구현*)은 결국 기본 범주의 원형과 유사한 자질들(참조. 문제의 *구현*이 날 수 있다는 가정)을 나타내는 상황과 관련되어 있다. 그러면 어떻게 되는가? 원형이론은 이러한 타조에 두 개의 다른 지위를 할당한다. 즉, 원형이론은 타조가 *새*의 원형적 사례로서 *새*의 원형에서 나타나게 함과 동시에 이 원형 밖에서는 타조로서 나타나게 한다. 왜냐하면 타조는 비전형적인 새이기 때문이다. R.S. Jackendoff(1983)에 의해 사용된 *유형*(type)/*구현* (token)[9]의 구별을 통해 문제는 더 명확해진다. 즉, 하나의 *구현*(타조의 출현)은 그것의 유형(모든 타조들, 곧 타조 전체)과 관련하여 비전형적일 수 있고, 후자(곧 모든 타조)는 상위 유형(모든 새들, 곧 조류)과 관련하여 비전형적인 *구현*이 될 수 있다.

내가 보기에 《비전형적-타조-새-전형적》이라는 괴상하게 복잡한 이 이야기에서 추가적인 교훈을 끌어내야 할 것 같다. 소속이 원형적인

---

9 어떤 언어요소는 그것을 추상적인 **유형(type)**으로 볼 수도 있고, 그 유형이 구체적으로 실현된 사례 즉 **구현(token)**으로도 볼 수 있다. 유형과 구현은 생물학에서의 종(種, species)과 개체(individual)의 관계와 유사하다. 언어학에서의 자연상적 및 문화상적(Etic and Emic) 관계나, 랑그(Langue)와 파롤(Parole)의 관계도 일종의 유형과 구현의 관계라 볼 수 있다[『영어학사전』(조성식 외, 1990) 참조]<역주>.

사례들과의 짝지우기를 근거로 하여 결정된다면 우리의 타조가 *새*의 원형과 가깝거나, 게다가 또 *새*의 원형의 일원인 데도 불구하고, 여전히 타조로 남아있는 것은 어찌된 일인가? 이것은 원형적 짝지우기 메커니즘이 범주화에서 결정적이지 않기 때문이 아닌가? 다음의 전개는 이 질문에 긍정적으로 대답할 것이다.

III. 범주화 문제의 재론

A/ 그럼에도 불구하고 우리가 의자라고 부르고 싶은 《의자》

우리는 CNS 모델이 너무 엄격하기 때문에 우리가 *의자*라고 부르고 싶은 모든 대상을 *의자*라고 부르는 것을 허용하지 않는다는 것을 기억한다. 이 어려움은 원형이론에 의해 해결된다. 즉, 범주화는 범주의 모든 구성원들에 의해서 공유되는 자질을 바탕으로 이루어지는 것이 아니라 범주의 원형적 본보기들과의 비교를 통해 이루어진다. 예를 들면 다리가 하나뿐이거나 팔걸이가 하나 있는 등의 주변적인 의자는 의자로서 전제된 기준 정의에 부합하지 않으므로 CNS 모델에서 *의자*라고 불릴 수 없는 데도 불구하고 우리가 그렇게 부르기를 원하는 것은 이들 의자가 원형적 범주화의 원리 덕분에 의자로서 범주화될 수 있기 때문이다. 따라서 한 범주에 소속의 근본적인 문제는 원형이론에 의해서 해결되는 것처럼 보인다. 즉 범주의 확장은 원형과 그 구성요소의 유사성의 정도에 의해 결정된다.

우리가 방금 제시한 공식화에서의 몇몇 지표를 통해서 볼 때 범주화에 대한 해결책이 보이는 것만큼 명확하지 않을 수도 있다는 생각을 하게 된다. 따라서 의자의 예에서 우리는 *그럼에도 불구하고* «*의자*» *라고 부르기를 원하*는 표현 방식에 세심한 주의를 기울여야 하며, 또 왜 우리는 그런 비정형적인 의자를 *의자*라고 부르기를 원하는지를 자문해보아야 한다. 마찬가지로, 어떤 기준이 다음과 같은 정의의 3인칭 소유형용사 *ses*(그)의 원인인지를 설명해야만 한다. 즉, «한 범주의 확장은 *그* 구성요소들의 유사성의 정도에 의해 결정된다... ».

B/ 아직 해결되지 않은 문제

우리가 옹호할 가설은 원형의 표준이론이 범주에의 소속 문제에 대한 만족스러운 대답을 제시하지 못한다는 것이다. 범주의 모든 구성원에게 공통된 기준의 필요성을 전제하려 하지 않으면서 원형의 표준이론은 범주들의 존재 자체에 대한 정당함을 증명하는 이론적 원리를 포기하고 있다.

T. Givon이 표준이론을 나타내는 도식으로 돌아가 보자.

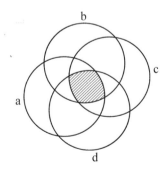

그리고 이 도식에서 원의 바깥 경계가 또한 범주의 경계를 구성한다는 것을 임시로 받아들이자. 이때에 모든 구성원이 적어도 하나의 원형 자질(빗금 친 부분)을 가지고 있을지라도, 그에 반하여 모든 구성원에 공통된 자질이 없다는 것을 확인해야 한다. 달리 말해서 원형의 어떠한 자질도 필수적이지 않다. 그러나 우리는 또한 이러한 가설적인 상황은 필요충분조건으로 표현될 수 있음을 살펴볼 것이다. 즉, 범주 Y-이 범주 Y의 원형은 a, b, c, d의 교차점이다-의 구성원이 되려면 x는 $a \lor b \lor c \lor d$와 같은 **양립적 선언**(disjonction inclusive)[10]을 확인해야만 한다. 범주에의 소속은 원형과의 비교로 이루어지는 것이 아니라 기준의 확인에 의존한다. 즉 범주화할 요소는 범주 경계를 긋는 데 기여하는 네 가지 특성 중 적어도 하나는 가지고 있어야 한다.

우리는 아마도 상기 도식의 네 가지 동그라미의 바깥 경계가 범주 Y의 경계를 형성하지 않는다고 반박할 수 있을 것인데, 이러한 가설적인 상황은 양립적 선언의 관점에서 소속 기준에 대한 정의를 부적절한 것으로 만든다. 그러나 우리는 그렇게 함으로써 특성들 중의 하나만을 확인하는 모든 경우, 다시 말해서 서로 겹치지 않는 영역에 속하는 모든 경우는 더 이상 Y의 구성원이 아니라는 것을 인정하는 것에 주목할 것이다. 이들 경우 모두가 Y의 구성원이라면 앞에서의 기준에

---

10 양립적 선언(選言)(inclusive disjunction)이란 두 명제의 양쪽이 거짓인 경우에만 전체가 거짓이고, 그 밖의 경우는 참이 되는 판단을 말한다. 보통 pVq로 나타내며, 명제 p 또는 q, 또는 p와 q 양쪽이라는 뜻이다[윤평현(2008), 『국어 의미론』 (pp. 300~302) 참조]<역주>.

대한 정의가 다시 타당성을 가질 것이다. 그리고 어떠한 Y의 구성원도 없다면 Y의 일부가 되기 위해서 네 개의 속성, a, b, c 그리고 d 중 적어도 두 개를 가지고 있어야만 한다고 규정하는 소속의 정의와 함께 CNS의 틀 속에 우리는 다시 떨어지게 될 것이다. 이때 범주 Y의 경계는 겹쳐져 있는 모든 영역으로 구성될 것이다. 따라서 Y의 구성원인 네 가지 특성 중 하나만을 나타내는 경우의 일부만 존재해야 한다. 그러면 소속의 문제가 명확하게 제기된다. 즉, 어떤 근거로 이들 경우가 Y의 구성원들이지 다른 구성원들이 아니라는 것을 결정할 것인가?

원형과의 유사성의 정도는 거론될 수 없다. 즉 그것은 단지 원형과 동일한 특성이 있다는 것을 밝힐 뿐이며, 그것으로는 불충분하다. 왜냐하면 이 특성은, 우리의 첫 번째의 가설적인 상황에 다시 떨어지지 않고는 Y로 범주화될 수 없는 경우도 똑같이 가지고 있기 때문이다.

따라서 소속의 문제는 그대로 다 남아 있는 채로 우리가 그럼에도 불구하고 *의자*라고 부르기를 원하는 비정형적인 의자에 찬동한다. 우리가 왜 그럼에도 불구하고 이 의자들을 의자로 범주화하기를 원하는지가 언급되지 않은 것과 마찬가지로, 여기에서도 똑같이 표준이론에서 원형이론은 왜 원형의 자질 a(또는 b, 또는 c, 또는 d)만을 가지고 있는 경우의 몇몇은 Y로 범주화되는 반면에 동일한 자질을 가지고 있는 다른 경우들은 Y로 범주화되지 않는지를 말할 수 없다.

전형적인 특성의 추론 가능성을 특징짓기 위해 사용된 기본 추론의 공식화는 표준이론이 범주에의 소속의 문제를 해결할 수 없음을 보여주는 추가적인 증거를 제공한다.

x가 새이고 반대의 정보가 없으면 x는 날 수 있다.

이 추론은 진술되는 대상인 출현 요소 x가 앞서 새의 범주에 포함되어야만 한다는 것을 분명하게 보여준다. x가 사전에 새의 부류에 속하지 않는다면, 어떤 추론도, 기본적인 추론조차도 가능하지 않다. 그러나 이것은 각 원형적 특성에 적용되는데 그 이유는 원형적 특성들이 필수적이지 않기 때문이다. 소속은 결코 이러한 특성들에 의해 정의되지 않는다. 왜냐하면 이러한 특성들은 매번 기본 추론에서 x가 Y라면이라는 전제의 문제가 다른 수단에 의해 이미 해결되었다는 것을 전제로 하기 때문이다.

따라서 우리는 표준이론이 소속의 문제를 해결할 수 없다는 생각을 받아들여야 한다. 특히 자연 종(種)의 용어에 대한 («기본적인» 특성의?) 공통분모가 존재한다는 직관은 이론의 여지가 없다. 그러나 Putnam(1975)의 해결책에 의존하기보다, 이를테면 확장 자체[11]...에 의한 확장을 결정하기보다는, 다른 범주들이 있다는 부정될 수 없는 이 단순한 사실을 설명하기 위하여 무엇보다도 다른 인지 모델들과의 구성에서 보다 유연하면서도 기준이 되는 소속 모델을 재도입하는 것이 낫다.

이러한 방법은 현재 원형적 차원을 자연 언어의 의미론에 통합하는 것을 지지하는 사람들에 의해 탐구되고 있다. R.W. Langacker(1987)

---

[11] 사실상 특성의 문제이다(참조. 물에 대해서는 H_2O). G. Kleiber(1985a)를 볼 것<각주>.

는 원형성 자체가 도식성, 다시 말해서 도식에서의 유사성에 기초한 통합을 함축하고 있다는 것을 보여준다. 출현 요소 x가 범주의 원형 (PT[12])을 닮은 경우 도식성은 명확하다. 그 이유는 유사성이 있기 때문이다. 그러나 x가 원형적 사례가 아닐 때, 다시 말해서 그것이 원형과 닮지 않고, 그럼에도 불구하고 범주화가 이루어질 때, 이 범주화 또한 유사성을 기반으로 이루어지지만, 이때 유사성이란 다음 그림이 보여주듯이 상위 도식화의 표지이다.

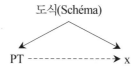

따라서 *소나무(pin)*와 *종려나무(palmier)*와 같은 비전형적인 사례들을 *나무(arbre)*로 범주화하는 것을 기술하기 위하여, Langacker는 다음 그림에서처럼 원형적 사례들을 묶는 도식 *나무* 위에 두 개의 상위 도식 *나무'*와 *나무"*를 가정한다.

---

12 PT는 prototype(원형)의 약어이다<역주>.

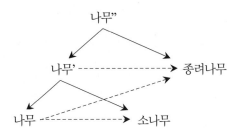

이 체계는, 우리의 비전형적인 의자를 기억하면서, «그럼에도 불구하고» 비전형적인 사례들의 범주화라고 불릴 수 있는 것의 어려움을 해결한다는 것을 우리는 이해하게 될 것이다. 그러나 실체 *나무'*와 *나무"*의 지위는 우리에게 별로 분명해 보이지 않는다.

G. Lakoff(1986 & 1987)의 해결책은 바로 이러한 관점에서 더 일관성이 있다. G. Lakoff는 소속 기준과 전형적인 특성 사이의 구별을 명확하게 확립한다. 전자를 통해서는 한 범주가 다른 범주와 구분된다. 예를 들어 새는 [날개가 있다], [깃털이 있다], [부리가 있다], [알을 낳는다] 등과 같은 자질들에 의해서 새가 아닌 것과 구별된다. 후자를 통해서는 더 좋은 본보기의 **원형효과**가 발생된다(참조. 크기, 날 수 있는 능력 등). 소속 기준은 실제 세계와 일치하지 않을 수도 있는 **이상적 인지모델**(modèle cognitif idéalisé)로 통합된 필요 충분한 자질들이다[13](참조. *독신/남*에 대해서: [남성 성인 미혼]). 범주의 전형적인, «보통» 진짜 자질은 Lakoff가 **사회적 스테레오타입**이라고 부르는 것

---

13   우리는 아래에서 이 점에 대해서 재론할 것이다<각주>.

을 만들어낸다. 따라서 *독신남*은 [혼자 산다], [남성우월론자이다], [자신의 요리를 한다] 등과 같은 특성과 결합되어 있다. G. Lakoff가 매우 정확하게 강조한 것처럼[14] 원형이론은 이들 두 가지를 혼합하고 있다. 즉 표준이론의 원형은 범주의 선적인 대표성의 구조를 부과하는 이들 두 가지 인지모델로 구성되어 있다. 그렇지만 원형과의 거리로 범주화를 설명하는 이 선적인 대표성은 G. Lakoff에게 있어서 사실상 피상적인 현상일 뿐이다. 아래의 단락에서 볼 수 있듯이 이러한 견해는 원형의 표준이론의 종말을 고하는 동시에 확장된 원형이론으로 나아가는 길을 연다. 우리가 나중에 보게 될 것이지만 확장된 원형이론에서는 표준이론의 가장 중요한 점들이 폐기되거나 단지 이차적인 효과로 취급된다.

(대표성의 구조는) 원형적 경우에 근접한 것 이외에 다른 것과는 관련이 없으며, 바로 그러한 이유로 범주를 특징짓는 인지모델에 존재하는 많은 구조적 풍부함을 숨기고 있다. 대표성의 구조는 비록 실제적이지만 인지모델의 그림자에 지나지 않는다. 이것을 기억하는 것이 중요하다. 왜냐하면 원형이론이 가끔씩 인지모델이 아닌 이러한 대표성의 선적인 구조를 암시하는 것으로 생각되기 때문이다. 이것은 원형이론의 빈약해진 관점이다(G. Lakoff, 1986: 41).

---

[14] L. Coleman & P. Kay(1981)도 이 차이를 막연하게 예상했다. 그들은 실제로 원형적 특성을 결집시키는 **의미적 원형**과 전형적인 특성을 통합하는 (**전형성**이라 불리는) 비의미적 원형을 구별할 것을 제안한다<각주>.

C/ 소속, 모호성 그리고 원형성

표준이론의 지지자가 원형적 범주화의 과정에 대한 우리의 비판에 반대할 수 있다는 것은 여전히 근거 있는 논지이다. 그것은 범주의 모호성에 대한 주장이다. 범주에 명확한 경계가 없는 경우 범주에의 소속의 문제는 사실 더 이상 정확한 대답을 요하지 않는다. 이때에 범주의 사례는 범주의 구성원 또는 비구성원이 아니라 오로지 어느 정도만 범주의 구성원이거나 비구성원이다. 그러나 D.N. Osherson & E.E. Smith(1981: 35)가 원형의미론에 대한 비판에서 상기시키는 것처럼, 원형의 표준이론은 그러한 불분명함의 가능성을 예측한다.

실체는 범주 확장의 안 혹은 밖에 분명하게 떨어지지 않는다. 사물은 그것이 개념의 원형과 비슷한 범위 내에서만 개념을 구체적 예를 들어 나타낸다. 그렇기 때문에 개념의 확장에 속하는 것과 속하지 않는 것 사이의 경계는 흐릿하다.

사례가 원형에 가까우면 가까울수록 범주에 소속의 정도는 높아진다. 그렇기 때문에 G. Lakoff(1972)에서 참새는 펭귄이나 병아리보다 *새*(참새가 필경 더 새답다)의 범주에 더 큰 소속의 정도를 나타낸다.

원형성과 범주의 모호함(또는 *지시적 적용 가능성의 모호함* : K. Kleiber, 1987b)은 이렇게 혼동되어 있다. 즉 범주는 모호하다. 왜냐하면 범주는 원형의 내부 조직에 부합하기 때문이다. 종종 공식화된, 이러한 원형적 주장에 어떻게 대응할 것인가(L. Coleman & P. Kay, S. Schlyter, C. Schwarze)[15]? 대답의 몇 가지 요소는 이미 위에서 주어졌다.

첫째로, 소속의 모호성에 대한 이론은 왜 비원형적 경우가 그럼에도 불구하고 범주화되는지를 설명하지 않는 것이 아니다. 따라서 우리가 말한 «그럼에도 불구하고 의자»의 어려움은 모호성으로 흐려지지 않는다.

두 번째로, 범주의 존재는 원형성에 의해서 문제시되지 않는다. 즉 비원형적 사례가 반드시 가변적, 지시적인 적용 가능성의 상황과 일치하는 것은 아니다. 그렇기 때문에 원형성은 모호함의 동의어가 아니다. G. Lakoff(1986 & 1987)에 의해 재해석된 S.L. Armstrong, L. Gleitman & H. Gleitman(1983)의 홀수의 예는 그것을 괄목할만한 방식으로 증명한다. 심리적 테스트를 통해서 1에서 9까지 홀수는 홀수 개념의 최상의 대표로 설정된다. 그러나 이 원형성은 모호성을 야기하지 않는다. 왜냐하면 이 개념은 어떠한 변동도 없는 지시적인 적용 가능성을 제공하는 매우 정확한 정의('2로 나눌 수 없는 수')를 가지기 때문이다.

그러한 구별은 «자연» 범주들에서도 똑같이 관여적이다. 그렇다고 해서 *새*의 내부 구조가 범주를 불분명하게 만드는 것은 아니다. «G. Lakoff(1986: 43)가 강하게 주장한 것처럼, 오리와 독수리는 원형적인 새는 아니지만, 그래도 역시 새이다.» «더 나은 새»가 되기 위해서는 당연히 이미 새여야만 한다. 달리 행동하는 것은 50%, 70% 등의 새가 존재한다는 생각을 받아들이게 하는 것이며, 그것은 지지를 받을 수

---

15 참조. 예를 들어 C. Schwarze(1985: 78)는 «원형과 닮은 것에 근거한 범주는 그 본질상 **모호하다**.»라고 말한다<각주>.

없다(R.S. Jackendoff, 1983: 116). 우리는 위에서 그 이유를 보았다. 즉 소속 기준은 원형적 분류를 하게 하는 기준과 동일하지 않기 때문이다. 크기와 '포식성 또는 비포식성'의 특징은 *새* 범주의 원형적 구조화를 위한 관여적인 두 가지 차원이지만 범주에의 소속 여부와는 아무 관련이 없다. 요컨대, «C. Schmidt(1974)는 G. Lakoff(1972)에 대한 반발로, 범주에 소속의 문제와 범주 내의 계층적 분류의 문제는 동일한 것이 아니라고 주장한다. 분류는 소속을 결정하는 데 사용될 수 없는 속성을 기반으로 하고 있다고 그녀는 설명한다.»

원형성과 모호성을 혼동하지 않기 위한 두 번째 이유는 원형과의 짝지우기를 통한 범주화의 가설이 거의 적합하지 않은 용어들이 그럼에도 불구하고 모호함의 징후와 함께 나타날 수 있다는 관찰에서 파악된다. *과일*과 같은 용어는 이러한 관점에서 비원형적인 방식으로 분석하는 것이 더 바람직하다. 왜냐하면 이 용어는 상위 용어이며, 우리가 위에서 언급한 것과 같이 어쨌든 모호한 지시적 적용 가능성의 상황을 용인하기 때문이다.

더욱더 주목할 만한 것, 그 자체로 등급의 개념을 포함하는 개념[참조. 예를 들어 *크다(grand)*]은 **모호성**(그 한계는 어디인가? 170cm의 남자는 키가 큽니까? 등)을 함축하는 필요충분조건[*크다(grand)*의 경우, x는 x가 속하는 범주에 대한 예상 평균 키보다 커다면, 그리고 그저 크기만 하다면, 크다]에 의해 정의된다[G. Kleiber(1987b)에서 우리가 *관찰을 통한 애매함*(vague observationnel)이라고 부른 것을 보라].

따라서 우리는 아주 널리 알려진 의견과는 달리, 성분의미론(sémantique componentielle), 즉 불연속적 자질을 사용하는 의미론은

사실상 주변적인 경우, 즉 분류하기 어려운 경우의 존재에 의해 맹렬히 비난을 받지 않는다는 것을 깨닫는다. 내가 보기에는 범하지 말아야할 실수는 범주의 불연속을 현실의 유사한 불연속과 연결시키는 것이다. 우리는 용어의 정의가 명확할 수 있는 것은 현실의 요소들 또한 명확할 때 만이라고, 다시 말하면 그러한 명확함을 따를 때 만이라고 착각한다. 어휘 범주에 들어갈 수 없는 «것들»이 있다는 것을 체념하고 받아들여야만 한다. 그러나 그렇다고 해서 어휘 범주가 불분명하다는 것은 아니다.

개념 자체에 포함된 모호함[참조. *크다(grand)*와 같은 낱말] 외에도, 모호함은 또한 현실과 불연속적 범주 사이의 괴리에서 생긴다(이미 여러 번에 걸쳐서 인용된 C.J. Fillmore와 G. Lakoff의 유명한 *이상적 인지모델*을 참조할 것). A. Wierzbicka(1985)는 주변적인 경우들이 무엇인지를 몇몇의 주변적인 경우들을 고려하면서 이러한 견해를 옹호한다. 다음과 같은 그녀의 경고는 우리에게 특히 사려 깊은 것처럼 보인다.

> 말하자면 *모든 것이 무언가가 아니라*는 것, 다시 말하면 모든 것이 하나 또는 다른 어휘 범주에 속하지 않는다는 것을 깨닫는 것이 중요하다. *컵과 머그컵* 사이에 *컵도 머그컵*도 아닌 것들이 있다. 이는 마치 *치마*와 *바지* 사이에 *치마*도 *바지*도 아닌 것들이 있는 것과 같다. 표준 어휘 표시가 존재하지 않는 이 유형의 사물들은 어휘적으로 가장 가깝다고 인정받은 어종(語種)을 참조하여 상당히 잘 기술될 수 있으므로, 예를 들어 *일종의 컵(a sort of cup)*, *우스꽝스러운 컵(funny cup)* 아니면 *컵 같은 것(cup-like thing)*으로 불릴 수 있다. 이 유형의

사물들은 심지어 *분할된 치마*[16]와 같은 준 기술적 이름을 부여받을 수도 있다. 이러한 중간 범주를 어휘적으로 그러한 것으로 인정받은 실제 어종(語種)이나 개념 어종과 구별하는 것이 필수적이다(A. Wierzbicka, 1985: 38).

모호성과 원형성이 동일한 현상의 두 측면은 아니지만, 그럼에도 불구하고 우리가 왜 이 둘을 동류시킬 수 있었는가를 설명하는 둘 사이의 관계가 있다. 모호성이 근원으로서 **관찰적 술어**(prèdicat observationnel)[*크다*(*grand*)와 같은 것] 또는 (*팔걸이 없는*) *의자* (*chaise*)와 같은 **다기준적 술어**를 가지든 간에, 모호성은 항상 원형효과를 낳는다(G. Lakoff, 1986 & 1987). 이것은 **관찰적 술어**에서 명확하다. 예컨대, 1,90m의 남자는 1,73m의 남자보다 키가 큰 남자의 더 좋은 본보기이다. 그러나 이것은 **다차원 술어**(prédicat multidimensionnel)에서도 마찬가지이다. 이는, 주변적인 경우와 범주화에 어려움이 없는 경우 사이의 대립을 통해서 볼 때 후자의 것들이 자동적으로 범주의 《좋은》 본보기가 되거나, 아니면 적어도 이론의 여지가 있는 경우보다 더 좋은 본보기로 바뀌게 된다는 점을 고려할 때 그렇다.

그 역은 사실이 아니라는 것을 우리는 기억할 것이다. 즉, 원형적 구조화는 애매함을 자동적으로 야기하지 않는다. 이는 이 두 가지 현상, 곧 원형적 구조화와 애매함을 혼동하지 않고 모호성을 범주 소속

---

[16] '분할된 치마(divided skirt)'란 '가랑이가 둘인 치마'로 '치마바지' 또는 '바지치마'라고도 한다<역주>.

의 문제에 대한 답으로 사용하지 않기 위한 근본적인 이유이다. 모호한가 모호하지 않은가, 이 질문은 사실 원형의 표준이론에서 열려있다. 주로 **가족유사성** 개념을 바탕으로 한 더 정확한 대답은 표준이론을 훨씬 강력한 다중 지시적 이론으로 확장시킨다.

제4장

원형의미론의 확장이론

위에서 살펴본 반성적 사고와 예들을 통해 원형의 표준이론, 특히 수평적 차원의 제안들은 대폭적인 수정으로 이어진다. 이에 반해 다른 차원, 곧 수직적 차원은 비평가들의 영향을 훨씬 덜 받는다. 원형과 관련하여 범주와 범주화에 대한 표준형의 구상을 구조화하는 주요 주장들 중에서 그대로 유지될 수 있는 것은 거의 없다.

I. 일시적인 해결책: 원형 개념으로서의 원형

표준이론에 대한 우리의 비판적 검토의 초기에 발표된 《자동원형적》 해결책은 표준이론의 주요 부분을 지키려는 시도에서 고려해볼 만하다. 그것은 《원형성은 그 자체가 원형 개념이라는 것》을 고려하는 것으로 구성되어 있다(D. Geeraerts, 1987a). 그러한 입장을 통해서 원형의미론의 특징으로 인식되는 주요 특성이 검토된 모든 예에서 전부

발견되지는 않는다는 것이 설명된다. 이 입장은 이 예들이 가지고 있는 특징의 수에 따라 많든 적든 정도의 차이는 있어도 원형적이 될 것이라는 것이, 다시 말해서 원형 범주를 정의하기 위하여 제시된 자질들의 결합으로 구성된 원형적 상황에 어느 정도 가까워질 것이라는 것이 예측된다. D. Geeraerts(1987a)가 선택한 조합은 다음 네 가지 특성을 갖추고 있다.

- a) 직관적인 일의성과 결합된 분석적 다의성(polysémie analytique) (우리가 아래에서 재론할 이 특성은, 범주가 직관적으로 단의의 소로 느껴질 수 있지만 다른 유형의 지시대상들도 가리킬 수 있다는 것을 나타낸다. 예를 들어 *새*는 *참새, 독수리, 타조*를 가리킬 수 있는데, 그렇다고 해서 중의적인 것은 아니다).
- b) 서로 겹치는 의미 집합(범주의 구조화가 자질의 동일성이 아니라 가족유사성을 따른다는 것을 나타내는 특성)
- c) 대표성의 정도(더 나은 본보기, 따라서 원형의 존재를 고려하는 특성)
- d) 모호한 경계

이들 네 가지 특성을 가지고 D. Geeraerts는 범주 *oiseau*(*새*), *vers*(*싱싱한*)[네덜란드어로 프랑스어의 *frais*(*싱싱한*)에 가깝다], *rouge*(*빨강*) 그리고 *nombre impair*(*홀수*)의 《원형》 표를 다음과 같이 그릴 수 있다.

	Oiseau(새)	Vers(싱싱한)	Rouge(빨강)	Nombre impair(홀수)
a)	+	-	-	-
b)	+	+	-	-
c)	+	+	+	+
d)	-	+	+	-

이 표는 최소한 두 가지 사실을 보여준다. 첫째로, 원형적 상황의 다양성이다. 범주는 그 유형에 따라 다른 원형적 특성을 나타낸다. 이를테면, 새와 홀수는 모호하지 않으며, 빨강은 분석적으로 중의적이지는 않지만 모호하다 등. 두 번째로, 이 표는 두 가지 중요한 점에서 원형 개념의 원형적 조직을 보여준다. 이들 본보기는 확인된 원형적 조합의 특성 수에 따라 더 좋은 혹은 덜 좋은 대표이다. 따라서 세 가지 자질을 가지고 있는 *vers*와 *oiseau*는 두 가지 자질만을 포함하고 있는 *rouge*와 *nombre impair*보다 더 원형적이다. 다음으로 구조화는 표준이론의 원형 범주의 구성을 따른다. 즉, 모든 본보기는 최소한 원형과 공통된 하나의 자질을 나타낸다. 여기서, 이 경우에, 문제가 되는 것은 바로 동일한 자질, 즉 대표성 정도의 자질이다. 그러나 우리는 즉시 그 이유를 이해한다. 왜냐하면, 그러한 자질 없이는 원형 범주에 대해 말할 필요가 없을 것이기 때문이다.

따라서 언뜻 보아 이러한 입장은 표준이론의 틀 속에 남아 있는 것 같다. 왜냐하면 이 입장이, 확실히 반성적인 원형적 관점에서, 표준이론의 주요 주장들을 유지하기 때문이다. 사실, 이것은 일시적인 중간 해결책이다. 더 자세히 살펴보면, 우리는 다음 두 가지 사실로 볼 때 이 입장이 이미 확장이론에 자리하고 있음을 확실히 깨닫는다. 한편으로 특성 a)의 임의성은 아래에서 볼 수 있듯이 다의성 영역으로의 확장과 범주 개념과는 크게 다른 구상을 하게하고, 다른 한편으로 특성 c)는 우리가 아래에서 볼 기회를 갖겠지만 *vers*에 대해 더 이상 적절해 보이지 않는다. 그 결과로 원형 개념 역시 그것이 표준이론에서 갖는 의미에서 벗어나 있다. 이 두 가지 점은, 우리가 지금 알아보려고 하는 것처럼, 원형의미론의 확장이론의 성격을 규정하는 데 결정적인 요소이다.

II. 새로운 원형이론을 향하여

A/ 과감한 수정

E. Rosch를 필두로 한 표준이론의 창시자들은, 우리가 앞서 여러 번 지적했듯이, 그들의 첫 이론에 필요하다고 판단된 가지치기, 설명 및 정정을 스스로 실행했다. 그러나 이러한 변화와 명확한 설명은 대개의 경우 결과로 이어지지 않았다. 그런즉 원형이론은 1978년 이후 주로 표준형으로 계속 퍼져 나갔다. 왜일까? 우리가 표준이론을 처음 소개할 때 시사했듯이, E. Rosch와 G. Lakoff는 너무 간단하고도, 이 분야에서 모든 책임으로부터 자신들을 너무 빠르게 정당화하는 방식으로 표준이론에 대한 정정을 스스로 실행했기 때문에, 우리는 단순히 다른 사람들의 오해와 잘못된 해석을 내세울 수는 없었기 때문이다. 사실 제시된 변경사항이 너무 커서 표준이론의 기본적인 미덕, 말하자면 CNS에 의한 범주화의 고전적 모델에 대한 대안을 제안하는 미덕

만이 아니라 로시주의자들 명제의 《혁명적인》 면이 사라지게 된다. 따라서 대체되거나 혹은 *확장된* 버전의 이론은 발전이 아니라 표준이론과의 사실상의 단절을 나타낸다. 이 사실을 깨닫기 위해서는 고수된 주장과 폐기되거나 수정된 주장을 종합적으로 검토하는 것으로 충분하다.

첫째로, 원형이라는 생각이다. 모든 원형이론을 미리 금하지 않고는 원형이라는 생각이 사라질 수 없다는 것은 분명하다. 우리가 그것을 내버려두고 문제 삼지 않을 수 없다는 것 또한 분명하다. 왜냐하면 그것이 상당한 현실성을 띠고 있음을 확실하게 증명하는 실험과 테스트가 있기 때문이다. 다른 한편으로는, 이 실험들에 의해 생성된 결과의 해석에 의문을 제기하고 새로운 설명을 제안하는 것이 가능하다. 이것이 E. Rosch(1978)와 G. Lakoff(1987)가 선택한 길이다. 범주의 더 나은 본보기로서의 원형 개념은 그대로 남아 있지만 더 이상 유일한 기원을 가지지 않을 뿐만 아니라 고전적인 범주들(참조. 흘겨에서 조차도 돌발적으로 나타날 수 있으므로, 그것은 표준이론에 의해 부여된 범주 구조의 기본 실체로서의 지위를 더 이상 가지지 않는다. 원형 개념은 가능한 여러 가지 출처를 가지고 있기 때문에 어떤 효과로만 간주된다. 이러한 사실로 인해 다음 인용에서처럼 *원형*보다는 오히려 원형성의 정도에 대해서 말하는 E. Rosch(1978: 40)와 같이 자발적으로 수정을 하는 사람들이 생겨나게 된다.

> 《*원형*이라고 말하는 것은 단순히 편리한 문법적 허구일 뿐이다. 실제로 목표로 하는 것은 원형성의 정도에 대한 판단이다》.

바로 그러한 이유로 E. Rosch가 포기한 근본적인 생각은 원형이 개념의 표상이고, 원형은 그 자체로 하나의 범주를 표시하는 데 사용되며, 따라서 범주는 내적인 원형 구조를 가진다는 것이다. 즉, «원형은 범주들을 표상하는 이론을 구성하지 않는다»(E. Rosch, 1878 : 40). 따라서 수행된 실험과 테스트의 역할은 범주의 구조 자체가 아니라 원형효과를 강조하는 것으로 귀착된다. 범주는 더 이상 범주의 중심에 위치해 있는 가장 나은 본보기들에서 주변부에 있는 비원형적인 본보기들에 이르는 원형성의 등급에 따라 조직되지 않는다.

원형이 범주를 조직하는 실체라는 것을 거부하면서 우리는 또한 어떤 실체가 범주에 소속하는 것을 설명하기 위한 원형의 모든 권한을 없애버린다. 그리고 이 점에서 표준이론의 두 번째 신조(곧 독단적 주장)가 무너진다. 즉, «원형은 범주를 위한 특별한 예측 모델을 구성하지 않는다»(E. Rosch, 1978: 40). 따라서 범주에의 소속이 원형과의 유사성의 정도에 기반하여 이루어진다는 주장은 폐기된다. 그런즉 'chaise[(팔걸이 없는) *의자*]'의 원형과의 비교에서 출발해서 한 대상을 의자(chaise)로 범주화하는 것은 더 이상 설명될 수 없다.

범주의 경계가 불분명하다는 주장과 한 본보기의 대표성 정도를 범주에의 그 소속의 정도와 동일시한다는 주장은 둘 다 잘못되었다. 그러나 이는, 범주의 구성이 원형적이냐 아니냐에 대해 취할 수 있는 선택과는 별개인 이유 때문이다. 이를테면 비록 병아리가 참새보다 덜 좋은 새의 본보기라고 하더라도, 그것은 그럼에도 불구하고 새이다.

파멸을 피하는 유일한 길은 CNS를 이용하여 범주를 설명할 수 없다는 이론과, 원형이 피상적인 현상이라는 주장이다. 여기서 또한 우리는 그 이유를 이해할 수 있다. 이를테면 그것은 그저 순전히 고전적 이론들로의 복귀였을 테니까. 그렇다면 다른 실체들의 동일한 범주로의 통합을 어떻게 설명할 것인가? 그것은 **가족유사성** 개념, 곧 «범주의 구성원들이 그 범주를 정의하는 공통된 특성을 가지지 않고도 서로 연결될 수 있다는 생각»(G. Lakoff, 1987: 12)을 고수하면서 가능하다. 가족유사성 개념의 장점은 홀수의 개념과 마찬가지로 필요충분조건에 부합하는 범주를 통합한다는 것이다. 고전적 모델에 기반한 범주는 가족유사성 모델의 특별한 경우, 즉 범주의 모든 구성원들이 동일한 자질을 가지는 경우, 곧 글자 그대로 해석된 은유조차도 허용하는 상황으로 이해될 수 있다. 가족유사성이론(théorie de la ressemblance de famille)은 동일한 범주의 구성원들이 어떠한 공통 자질도 갖지 않을 수도 있다는 것을 단지 예상할 뿐 요구하지는 않는 모델이다. 겹침의 측면에서 고전적 범주는 가족유사성 모델의 특징적 자질들의 겹침이 최대가 되는 범주라고 우리는 말할 수 있다. 그럼에도 불구하고 G. Lakoff에게 있어서 모호한 채로 내버려진 이 사실은 필수적인 것이다. 왜냐하면 이것만이 여러 이상적 인지모델에 동일한 범주화 원칙을 보장하기 때문이다.

확장이론에서 이론적 출발점 역할을 하는 이 수정의 종합적인 평가는 괄목할만한 것으로 드러난다. 즉, 표준이론에 의해 발전된 여섯 가지 기본 제안 중 다음과 같이 두 가지만 남아있는데, 그 중 첫 번째 것은 추가로 결정적인 변화를 겪었다.

(i) 원형효과만이 존재한다. 즉 범주들이 갖는 개념의 대표로서, 그리고 범주의 구조화로서의 원형은 사라졌다.

(ii) 동일한 범주의 여러 구성원들을 연결하는 관계는 그 범주가 무엇이든 간에 가족유사성의 관계이다.

(ii)와 (i) 사이의 관계는 표준이론의 관계와 정반대이다. 표준 원형이론에서 원형, 즉 (i)에 해당하는 사항은 범주의 구조화와 그에 따른 동일한 범주의 구성원들 간에 존재하는 관계, 즉 (ii)에 해당하는 사항을 설명하는 데 사용된다. 결과적으로, 가족유사성의 구조화는 원형적 구조화를 따랐기 때문에 모든 도식과 모든 해석이 확인해 주는 바와 같이 중심, 원형적 사례나 사례들 그리고 그것들의 유사성의 정도에 따라 중심의 원형으로부터 어느 정도 방사형으로 멀어져 있는 비원형적 구성원들을 포함하는 방사형의 구조화를 이룰 수밖에 없었다. 달리 말해서, 사항 (ii)을 사항 (i)에 의존시킴으로써, 가족유사성 모델에 의해 허용된 모든 구조화는 일치할 수 있었다. 중심과 주변부의 원형 이미지가 남아있어야 했다. 표준모델의 개정은 바로 역의존성을 야기시킨다. 이번에 원형효과를 설명해야 하는 것은 첫 번째 원형적 표상의 모든 요구에서 벗어난 범주의 구조이다. (ii)는 (i)을 정당화해야만 한다. 또는 달리 말하면 원형효과는, G. Lakoff(1987)가 표현한 바와 같이, 범주 구조나 혹은 G. Lakoff의 범주화의 틀에서 **이상적 인지모델**의 결과, 즉 *부산물*일 뿐이다. 따라서 이러한 범주 구조는 범주에 대한 원형적 구상에 의해 부과된 제약을 더 이상 허용하지 않아서 모든 가족유사성의 구조화가 일치할 수는 없다는 결과를 야기시킨다.

그것들의 유일한 제약은 한편으로는 이들 범주 구조가 원형효과를 설명할 수 있는바 그대로여야 하고, 다른 한편으로는 가족유사성의 일반 모델-이 모델의 특별한 외형이 어떻든 간에-을 충족시켜야 한다는 것이다.

우리는 이미 이 이중 제약에 대한 이유에 대답했다. 한편으로는 원형효과들을 설명할 필요가 있다. 왜냐하면 그것들은 경험적으로 강조되고, 따라서 우리가 빼고 생각할 수 없는 이 관여성이 다수의 인지적, 특히 언어학적 과제를 수행하는 데 필요한 데이터이기 때문이다. (i)의 포기는 또한 원형의미론의 개념 자체를 포기한다는 것을 의미할 수 있다는 것을 나는 기억한다. 다른 한편으로는, 가족유사성 개념을 사용해야 한다. 왜냐하면 가족유사성만이 CNS의 이전 고안을 재론하지 않고 범주에의 소속 문제를 극복할 수 있게 하기 때문이다. 실제로, 그것은 동일한 범주의 구성원들이 공통의 자질을 나타내지 않는 것을 허용하기 때문에 우리가 설명하기를 원하는 여러 유형의 범주 조직을 포함하는 데 충분할 만큼의 강력한 집합 모델을 제안한다.

B/ 다른 의미에 대한 견해

원형의미론에 대한 가족유사성 개념의 반향을 검토하기 전에 범주를 이해하는 방식에서 관점의 변화가 용어의 의미를 이해하는 방식에서도 유사한 변화를 똑같이 수반한다는 점에 주목해야 한다. 범주가 더 이상 원형적 방식으로 구조화된 것으로 이해되지 않고, 실체들이 원형-우리가 원형에 대해 갖는 견해가 무엇이든 간에-과의 짝지우기를 기준으로 범주화되지 않는 것과 마찬가지로, 우리는 더 이상, 표준이론에서 권장한 것과 같이, 낱말의 의미를 원형적 주요 표현으로 공식화하는 것으로 생각할 수는 없을 것이다. 원형을 곧바로 개념의 표상인 것으로 간주하는 것을 포기한다는 사실은 낱말이 갖는 의미에 대한 원형적 표상의 요구를 제거하는 즉각적인 결과를 초래한다. 그 결과, 가장 다양한 표상이나 정의는 허용 받을 권리를 되찾는다.

의미적 정의나 표상의 유사한 다양성은 범주(또는 개념)에 대한 구조화의 다양성에 부합할 것이다. 이것은 이전의 비원형적 의미론에서 제기된 제안과 견해를 재통합하게 한다는 점에서, 이 제안들이 자신들이 기술하는 개념들을 확실히 만족시키는 한 중요하다. 어휘 의미는 더 이상 원형의 관점-우리가 기억하기로, 사실 원형-전형적인 특성들 다발로만 실제로 생각할 수 있었던 시도-에서 기술될 필요가 없다는 것, 이것이 바로 원형이론을 어휘의미론에 적용시키는 것에 실패했음을 의미한다고 우리는 생각할 수 있을 것이다. 사실은 그렇지 않다. 왜냐하면 범주의 조직에 대한 이해가 원형효과를 예측할 수 있어야 하는 것과 마찬가지로 낱말의 의미에 대한 표상이나 정의 또한 원형효과를 설명할 수 있어야하기 때문이다. 따라서 이 새로운 원형의 틀에서 **원형의미론**에 대해 계속 이야기하는 것이 중요하다.

표준이론의 수정에서 주요한 사실인 설명적 의미 *원형-범주*의 반전[1]을 통해서 가족유사성 모델은, 우리가 보았듯이, 닮음으로 이루어

---

[1] 범주는 원형을 중심 이루어진다는 '범주-원형' 도식(표준이론)에서 원형이 범주를 만들어낸다는 '원형-범주' 도식(가족유사성이론)으로의 반전을 말한다<역주>.

진 유일한 유형의 구조화에 의해 범주를 나타내는 의무에서 자유롭게 된다. 이 가족유사성 모델은 동시에 범주의 원형 조직과 일치하는데, 이 후자에는 J. Rubba(1986: 325)의 다음 도식이 환기시키는 것처럼 중앙의 원형 영역(더 나은 본보기들이나 가장 현저한 특성들의 조합. J. Rubba의 도식에서는 글자들이 특성들을 나타낸다)과 함께, 이 중앙의 원형과 어느 정도 자질을 공유하나 서로 간에는 공통된 자질을 가질 의무가 없는 다소 멀리 떨어져 위치하는 사례들이 있다.

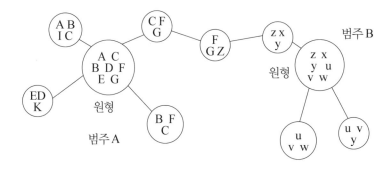

단지 효과의 하위 등급으로 이동된 원형을 범주의 조직에 의존하게 하고, 그 역에는 의존하지 않게 하면서, 가족유사성 개념에 해당하는 다른 구조화들이 사용 가능해진다. 우리가 지금 보여주고자 하는 것은 가족유사성 개념이 원형의 표상에 대한 모든 주요 관심사로부터 벗어난 그러한 상황이 원형이론에 대한 두 가지 불리한 결과를 낳는다는 것이다. 이 두 가지 불리한 결과는 확장이론이 더 이상 표준이론의 연장선상에 있지 않다는 것을 다음과 같이 입증한다.

― 확장이론은 원형 개념(또는 원형효과의 개념)이 발화주체들에 의해 일반적으로 그러한 것으로 인정받는 더 나은 본보기라는 원형의 초기 정의에 더 이상 부합하지 않는 원형이론에 이르게 된다.

― 확장이론은 범주의 지표를 구성하는 것이 더 이상 의미적 차원에서의 개념이나 그 개념에 상응하는 것, 곧 말의 뜻이나 의미가 아니고, 어휘 단위라는 다른 범주적 견해에 도달한다. 그로부터 이러이러한 특정 실체가 왜 이러이러한 범주에 속하는지를 설명하기보다는 동일한 낱말이 여러 가지 다른 의미를 통합할 수 있다는 것을, 다시 말하면 동일한 낱말이 여러 유형의 지시대상이나 범주...를 가리킬 수 있다는 것을 설명하는 것은 다의적이거나 다중 범주적인 이론이라는 결론이 나온다.

이 두 사항의 입증은 직접적으로 그 원인인 개념, 즉 가족유사성 모델을 조사함으로써만 가능하다. 나는 먼저 이 비트겐슈타인의 생각을 표준이론에 도입하는 것이 원형과의 유사성 정도와 가족유사성 사이의 과도한 동화에 기초하여 이루어졌음을 역추적하여 지적할 것이다. 원형의 표준이론에 대한 일반적인 소개에서 닮음은, 아래의 인용이 명확하게 상기시키듯이, 원형과의 거리와 동등한 것, 곧 원형과의 유사성의 동의어이다.

― 《모든 *주변* 개체들에게 공통적인 특성은 거의, 아마도 아무것도 없고, *가족유사성*이나 원형과의 유사성만 있다》(S. Schlyter, 1982: 13).

— «Rosch는 범주의 *본질*에 대한 유일하고도 엄격한 내포적 기술은 불가능하다고 가정한다. 즉 범주의 적용 또는 다양한 뉘앙스는 공통의 내포적 본질에 의해 연결되는 것이 아니라 *가족유사성*에 의해 연결된다»(D. Geeraerts, 1985a: 29).

— «그러므로 다른 본보기들의 표상은 차이의 관점에서이든 닮음의 관점에서이든 이 원형(곧 이 전형적인 표상)을 기준으로 하여 정의된다»(D. Dubois, 1986: 86).

이러한 동류시의 원천에는 표준 원형이론이 가족유사성과 마찬가지로 범주의 모든 구성원이 최소한 하나의 공통 속성을 가지고 있어야 한다는 것을 요구하지 않는다는 사실이 있다. 그러나 이 중요한 «이론적» 전환점이 이 두 개념의 완전한 겹침을 정당화하기에는 충분하지 않다. 가족유사성이론은 사실 원형 범주의 구조적 모델과 혼동되지 않는다.

III. 범주화이론으로서 가족유사성이론

A/ 닮음의 구조화

닮음 이론은 실제로 무엇인가? 다음과 같은 유명한 놀이의 예가 우리에게 도입부의 답변이 될 것이다.

예를 들어 우리가 *놀이*라고 부르는 활동을 생각해보자. 이 말은 보드놀이(=체커, 체스 등), 카드놀이, 공놀이, 올림픽 경기 등을 의미한다. 그것들 사이에 공통점은 무엇인가? — 다음과 같이 말하지 말자. *공통되는 어떤 것이 있음에 틀림이 없다. 그렇지 않다면 우리가 그것들을 '놀이'라고 부를 수 없을 것이다.* — 그러나 좀 더 자세히 살펴보고 그것들 모두에게 공통적인 것이 있는지 자문해 보자. — 왜냐하면, 당신이 그것을 훑어본다면 당신은 그것들 모두에게 공통된 것은 보지 못할 것이고, 유사점, 관계 그리고 이런저런 것들의 전체 집합만을 볼 것이기 때문이다. 그것을 재검토해 보자. 생각하지 말라, 들여다보라! (...) 그것들이 모두 «재미있는»가? 체스를 3목 게임[2]과 비교해 보라. 항상 이기는 자와 지는 자가 있는지, 혹은 놀이를 하는 사람들 간에 경쟁이 있는지 자문해 보라. 또한 패떼기를 생각해 보라. 공놀이에서 우리는 이기거나 질 수 있지만, 아이가 벽에다 공을 던져서 그것을 다시 잡으면 이 승부의 양상은 사라져버린다. 또한 체스의 기량과 테니스의 기량 사이에 있는 차이에서와 같이 기량과 운을 간절히 원하는 놀이들을 생각해보자. 이제 *링-어-링-어-로지즈*(술래정하기 노래)[3] 같은 놀이를 생각해보자. 여기에 즐거움의 측면은 있지만 얼마나 많은 다른 특징적인 자질들이 사라졌는가! 그리고 같은 방법으로, 수없이 많은 다른 놀이 그룹을 계속해서 조사할 수 있다. 이때 유사점이 어떻게 나타나고 사라지는지가 보인다.

이 시험의 결과는 다음과 같다. 우리는 거기서 서로 겹치고 교차하

---

[2] '3목 게임(noughts and crosses)'이란 두 사람이 3x3으로 이루어진 칸 속에 번갈아 가며 O나 X를 그려 나가 연달아 3개의 O나 X를 먼저 그리는 사람이 이기는 게임이다<역주>.

[3] '링-어-링-어-로지즈(ring-a-ring-a-roses)'는 아이들이 손을 잡고 노래를 부르며 둥글게 돌다가 노래 끝에 재빨리 앉는 술래정하기 놀이의 노래이다<역주>.

는 유사성의 복잡한 망을 본다. 때로는 전체적인 유사함일 때도 있고, 때로는 세부적인 유사함일 수도 있다.

　나는 이러한 유사점들을 특징짓는 데 *가족유사성*이라는 표현보다 더 나은 표현을 알지 못한다. 왜냐하면 체형, 용모, 눈의 색깔, 걸음걸이, 기질 등과 같은 가족 구성원들 사이의 다양한 유사점이 같은 방식으로 겹치고 교차하기 때문이다. ― 그리고 나는 다음과 같이 말할 것이다. '놀이'는 한 가족을 이루고 있다[L. Wittgenstein(1953: 31~32), R.S. Jackendoff(1983: 118~119)에서 재인용].

　그러나 이 예의 평판이 즉각적인 명료성을 보장하지는 않지만, 내 생각으로, 이는 원형이론의 지지자들이 가족유사성 개념을 범주의 출현과 원형 사이의 유사 관계를 특징짓기 위하여 사용했을 수 있다는 것을 설명해 주는 것이다.

　실제로 《닮음》은 무엇과 일치하는가? 그것은 같은 가족에게 생기는 여러 가지 사건들 간의 일련의 유사성을 특징짓는다. 그러나 중요한 문제는 이 유사성이 무엇인가를 알아보는 것이다. 즉 그것은 모든 구성원이 공유할 필요는 없지만 최소한 두 구성원에게는 발견되는 특성이다. 범주의 더 나은 본보기이든지 전형적인 특성의 표상이든지 간에 원형과 비교할 직접적인 암시는 어디에도 없다. 더구나 놀이의 예는 오히려 더 적합하지 않을 것이다. 우리는 다리가 네 개이고, 등받이가 있고, 팔걸이는 없는, 재질이 단단한 의자가 다리가 한 개이고, 팔걸이는 있는, 등등의 의자보다 더 전형적이라는 것을 받아들일 수 있는 만큼이나, 비트겐슈타인이 하나하나 검토한 놀이 중에서 다른 것들보다 반론의 여지가 없는 더 나은 본보기의 놀이를 선택하는 것은 반직관적이다. 어떤 이들은 전형적인 특성을 이용하여 원형을 구성할 수 있다고 생각하지만, 의자, 컵 또는 새들은 아무 어려움 없이 원형적 표상이 가능한 반면, 놀이 쪽에서는 어떤 적절한 표상도 드러나지 않는다. 실제로 비트겐슈타인이 내세운 자질들을 고려해보자. 원형적 접근에서는 그것들은 범주의 타당한(또는 전형적인) 특성으로서 범주의 원형을 형성하는 데 기여한다. 그 결과 이들 특성을 입증하지 않는(또는 이 원형적 표상에 일치하지 않는) 놀이의 본보기들은 비원형적인 사례, 곧 원형적 구성원들보다 덜 좋은 본보기들이다. 이것이 비트겐슈타인이 의미하는 것인가? 나는 절대로 그렇게 생각하지 않는다. [경쟁]이라는 자질을 가진 *공놀이*의 예만 들어보자. 공을 다시 받으려고 벽에다 던지는 아이의 놀이는 경쟁의 자질을 나타내지 않음에도 불구하고 비전형적인 놀이의 사례로 전혀 느껴지지 않는다.

표준 원형이론과의 결정적인 차이는 비트겐슈타인의 가족유사성이론이 더 나은 본보기로서이든 전형적인 특성의 조합으로이든 범주를 《대표하는》 중심적 실체-이 중심적 실체와의 비교를 통해서 범주의 구성원들이 평가된다-의 존재를 함축하지 않는다는 것이다. 우리가 이미 지적했듯이 유일한 공통점은 특성들을 불필요한 특성들인 것으로서 특징짓는 데 있다. 그러나 사물의 이러한 측면은 이 두 이론을 동일시하기 위한 충분한 증거는 아니다.

가족유사성이론이 원형 중심의 형상을 가정하지 않기 때문에, 범주 내적 구조의 조직은 원형이론의 조직과 크게 다를 수 있다. 가족유사성 이론의 선구자인 Dugald Stewart(1918, 『철학적 에세이 *Philosophical Essays*』, II부, p. 262)의 다음 구절-우리는 이 구절을 A.J. Lyon(1969:

409)에서 재인용한다-은 시사적이다.

먼저 글자 A, B, C, D, E가 일련의 대상을 나타낸다고 가정해보자. 즉, A는 B와 적어도 하나의 특성을 공유하고, B는 C와 하나의 특성을, C는 D와 하나의 특성을, D는 E와 하나의 특성을 공유하는 반면, 다른 한편으로 이들 대상은 연속하는 어떠한 *세 개*의 대상에 공통된 어떤 특성도 가지지 않는다고 가정해보자. A와 B사이에 존재하는 공통점으로 인해 첫 번째 명사에서 두 번째 명사로 향하는 전이가 일어나게 할 수 있다는 것을 상상할 수는 없는가? 나머지 대상들을 연결시키는 다른 공통점 때문에, 같은 명사가 B에서 C로, C에서 D로, 그리고 D에서 E로 연속적으로 이어질 수 있다는 것을 상상할 수는 없는가? 따라서, 비록 대상들이 그 성질과 특성에 따라 서로 멀리 떨어져 있을 수 있어서 어떠한 상상의 노력도 서로 서로 이어지는 생각을 해석할 능력이 없을지라도, A와 E 사이에는 공통된 명칭이 생길 것이다. 그러나 이들 이행은 너무 무감각하고 점진적인 방식으로 이루어질 수 있기 때문에, 그것들이 다행히도 운이 좋고 창의력이 풍부한 이론가에 의해 발견된다면 우리는 즉각적으로 그 가능성뿐만 아니라 추측의 진실을 알게 될 것이다...

따라서 가족유사성은 연상 관계에 의해 서로 결합된 일련의 지시대상 A, B, C, D, E로 구성될 수 있다. 즉 AB BC CD DE는 공통된 명명(또는 공통된 범주화?)을 정당화한다.

B/ 가족유사성과 원형의 구조화

범주에 속하는 과정은 우리가 보다시피 원형이론의 과정과는 상당히 다르다. 범주화가 이루어지는 것은 더 이상 범주의 대표적인 원형적 실체와는 관련이 없다. 즉 범주화는 여러 가지 사례들(혹은 여러 가지 지시대상의 유형) 사이의 연상관계에 의해 정당화되지, 모든 이러한 서로 다른 사례들과 한 동일한 실체, 즉 원형 사이의 관계에 의해 정당화되지 않는다.

아래의 T. Givon(1986: 78)의 도식이 분명하게 보여주는 것처럼, 가족유사성이 있기 위해서는 범주의 각 구성원이 범주의 다른 구성원과 적어도 하나의 특성을 공유하는 것으로 충분하다.

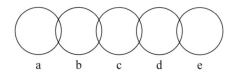

가족유사성 구조의 필요충분조건을 나타내는 이 도식은 우리가 아래에서 다시 제시하는 T. Givon의 원형이론의 도식과 대조될 것이다. 그런데 T. Givon의 원형이론의 도식 또한 가족유사성 구조와 부합하는데, 그 이유는 이 도식이 이러한 구조가 요구하는 조건과 일치하기 때문이다(위의 J. Rubba의 도식 또한 볼 것).

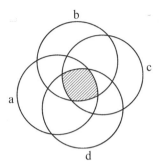

　따라서 이 두 구조화 사이의 차이는 분명하다. 즉 필요충분조건의 도식에 원형의 중심 형상이 없다는 것은 가족유사성이론에 근거한 범주의 구성원들이 원형의 표준이론에 대한 주요한 조건을 충족시킬 의무가 없다는 것을 증명한다. 즉 이들 구성원은 원형과 최소한 하나의 공통된 자질을 가질 필요가 없다. 표준 원형 범주화의 공통분모, 말하자면 모든 구성원이 원형의 자질 중 적어도 하나를 갖추고 있다는 사실은 가족유사성이론에서는 더 이상 다시 발견되지 않는다.

　이 차이는 결정적인데, 그 이유는 범주의 전체 조직이 이 차이로 인해 변화되기 때문이다. 즉, 동일한 범주의 여러 가지 사례들은 더 이상 표준이론에서 범주의 유대를 맺게 하고, 이 원형이론을 고전적 모델과 가족유사성이론 사이의 *타협물*(T. Givon, 1986)로 만드는 동일한 중심 실체로 수렴되지 않는다.

　그 결과, 원형이론에 가족유사성 개념을 도입함으로써 범주들에 대한 표준적인 원형적 견해가 근본적으로 바뀔 가능성이 동시에 생겨난다. 특성들의 불필요한 특징에 대한 관점의 일치에 의해 선호됨에도 불구하고 원형이론과 가족유사성 사이의 접근은 한층 더 힘 있는 원형의 확장이론으로 이어진다. 왜냐하면 확장이론은 표준이론의 모든 구성원이 나타내야 하는 원형과의 공통된 자질이나 자질들의 제약에서 자유로워지기 때문이다.

C/ 단의성의 개념에서 다의성의 개념으로

이 제약의 폐기로 가장 눈에 띄는 결과는 범주의 단일 지시적 개념에서 다중 지시적 개념으로의 전환이다. 원형을 지시적 짝지우기 축으로 설정함으로써, 표준이론은 지시대상들의 유형을 통합하는 범주의 개념에 여전히 남아 있다. 즉 범주의 모든 구성원이 적어도 원형의 한 가지 자질을 갖추고 있어야 한다는 사실은 범주가 더 이상 서로 공통된 것을 가질 수 없는 하위 범주로 분열되지 못하게 한다.

범주의 구성원이 무엇이든, 주변적이든 아니든 그것은 다른 구성원들처럼 좋건 나쁘건 원형과 닮음으로써 그것들과 결합된다. 따라서 마지막 구성원은 항상 원형적 구성원들과 관계가 있다. 가족유사성이론이 허용하는 대로, 범주를 통합하는 실체로서 원형이 사라지면, 그 방법은 범주에서 갈라진 지시적 개념 작용에 열려있다. 즉, 범주가 지시대상의 유형들이나 다른 하위범주들로 형성된다고 생각해도 된다. 이때 다른 하위범주들은, 예를 들어, 그 첫 번째 것이 마지막 것과는 아무런 직접적인 관련이 없을 수도 있는 식으로 서로 연결된다((참조. A와 E가 아무런 관련이 없는 조직 AB BC CD DE). 달리 말해서 범주는 더 이상 지시대상의 유형과 일치하지 않는다.

가족유사성이론에 의하여 더욱 역동적이 된 원형의 확장이론은, 이처럼, 지시적으로 동일하지 않은 범주 (또는 «낱말»)에 적용될 수 있다. 이때 지시적으로 동일하지 않는 범주들이란 T. Givon과 J. Rubba의 도식이나 D. Stewart의 글자들을 통해 검토된 것들과 같은 유형의 가족유사성의 관계를 제외하고는 더 이상 서로에게 공통된 것이 없는 지시대상의 여러 가지 하위범주를 통합한다는 점에서 그러하다. 달리 말해서, 원형이론에 적용된 가족유사성 개념은 다중 범주화나 다중 의미의 이론으로 가는 길을 연다. 우리는 그것을 표준이론 또는 **단의적 모델**과 구별하기 위하여 원형의 **다의적 모델**이라고 부를 수 있을 것이다. 우리가 동일한 낱말이 다른 유형의 지시대상들에 사용된다는 것을 강조하기를 원한다는 것은, D. Stewart의 여러 가지 글자들과 마찬가지로 T. Givon 도식의 여러 가지 원은 CNS 모델과 표준이론의 도식에서와 같이 더 이상 특성과 일치하는 것이 아니라, 다른 지시대상들, 또는 다른 용법들이나 관용들의 유형과 일치한다는 것을 말한다.

G. Lakoff(1987: 378)는 그것을 다음과 같이 확언하면서 명시적으로 인정한다. 즉, «다의성은 원형을 기제로 삼은 범주화의 특별한 경우로 보이며, 여기서 낱말의 의미는 범주의 구성원들이다. 낱말의 의미에 대한 연구에 원형이론을 적용함으로써 이전에는 혼돈만이 존재했던 곳에 질서가 잡힌다.» C.J. Fillmore(1982: 36) 역시 이 다의성의 조직을 원형의미론을 통해서 상세히 설명함에 있어서 다음과 같이 분명하다. 즉 «원형의미론의 이론은 우리가 언어 표현의 최초의 의미와 파생적 의미를 분리할 수 있게 한다(실제로는 분리하지 않을 수 없게 한다).»

D. Geeraerts(1987a & 1988)에 의한 네덜란드어 *vers*[프랑스어 형

용사 *frais*(*서늘한, 싱싱한* 등)와 거의 일치함]의 원형적 분석을 예로 들어보자. 그것은 다음과 같이 세 가지 기본적 의미를 지니고 있는데, 그 중 첫 번째 의미는 나머지 다른 두 개의 결합으로 구성된다.

— *vers* = '최근에 생산된, 새로운, 그렇기 때문에 소비하기에 최적
의' (예를 들어, 과일, 우유, 빵 등에 적용됨).
— *vers* = '최근의, 새로운' (예를 들어. 상처 혹은 소식에 적용됨).
— *vers* = '최적의' (예를 들어. 공기에 적용됨)

이 세 가지 의미는 모두 가족유사성 구조를 구성하는데, D. Geeraerts(1987a & 1988)는 다음과 같이 나타낸다.

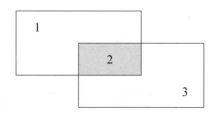

네덜란드어 *vers* :
2 : 새로운, 그래서 (소비하기에) 최적의
1 : 새로운, 최근의
3 : (소비하기에) 최적의

우리는 이 도식을 A AB B와 같은 글자 도식으로도 나타낼 수 있을 것이다.

이 예는 우리가 여전히 표준이론에 있다고 믿게 할 수 있다. 그 이유는 그것이 중심 사례, 곧 2를 나타내고, 각각의 다른 사례, 즉 1과 3은 2의 특성을 가지고 있기 때문이다. 그러나 그것은 더 이상 전적으로 그렇지 않다. 왜냐하면 우리는 이미 다른 의미를 다루고 있으며, 우리가 나중에 보게 될 것처럼, 원형에 대한 생각조차 더 이상 적합하지 않기 때문이다.

G. Lakoff(1986 & 1987)가 R.M.W. Dixon(1982)과 A. Schmit 1983)의 연구에서 출발하여 제시하는 디르발어(Dyirbal)의 분류사(또는 명사 도입사)의 예와 같은 눈길을 끄는 예에서는 혼란이 더 이상 가능하지 않다. 이 오스트레일리아 원주민어의 네 가지 분류사 *bayi, balan, balam, bala*[4]는 너무 이질적인 지시적 하위 범주를 통합하는 것으로 알려져 있어서 처음에 언뜻 보면 그러한 범주화에 합리적인 설명이 있어 보이지 않는 것 같다. 이에 대해 우리는 다음의 예들과 함께 쓰이는 *bayi*라는 단 하나의 예를 가지고 판단해 보자.

---

[4] 이들 분류사에 대하여 딕슨(Dixon, 1982)이 제안한 일반적 도식은 다음과 같다.

I. Bayi : (인간) 남성; 동물

II. Balan : (인간) 여성; 물; 불; 싸움

III. Balam : 육물이 아닌 식품

IV. Bala : 이상의 분류에 들어가지 않는 것들 모두

[G. 레이코프(1987)/이기우 역, 『인지 의미론. 언어에서 본 인간의 마음 *Women, Fire, and Dangerous Things. What Categories Reveal about the Mind*』(한국문화사, 1994: 111) 참조]<역주>.

사람(남성), 캥거루, 주머니쥐, 박쥐, 대부분의 뱀, 대부분의 물고기,
몇몇 새, 대부분의 곤충, 달, 폭풍우, 무지개, 부메랑, 몇몇 투창 등.

원형의 표준이론은 무지개가 부메랑 등과 함께 남자, 캥거루로 범주
화되는 것을 설명하기에는 분명히 적절하지 않다. 범주화가 이루어질
것과 관련하여 원형-더 나은 본보기나 전형적 특성의 원형-조합을 찾
는 것은 소용이 없다. 반대로 원형의 확장이론은 *bayi*로 분류된 지시
대상 전체를 가족유사성 개념 덕분에 하나의 범주로 취급할 수 있다.
*bayi*에 의해 분류된 여러 가지 구성원들은 가족유사성 구조로 조직되
어 있는데, 이 가족유사성 구조는 더 이상 중심적 유사성이 아니라
아주 다양할 수 있는 오직 《국부적》 유사성만을 요구하기 때문에[참
조. G. Lakoff(1986 & 1987)의 연쇄의 여러 원리] *bayi*로 통합된 겉으
로는 이질적인 지시대상들 전체에 질서를 부여하게 된다. G. Lakoff는
이러한 통합이 자의적이지 않다는 것을 보여준다. 즉 각 구성원은 적
어도 하나의 공통된 특성에 의해 다른 것과 연결되어 있다. 예를 들어
달이 *bayi*의 범주에 속한다는 것은 그것이 남자와 공통된 자질을 공유
하기 때문이다. 신화에서 달은 남편으로 나타나는 반면, 태양은 아내
이고 따라서 *balan* 범주[5]에 여성들과 나타날 것이다. *bayi*에 낚시 도구

---

5 분류사 *balan*로 표시되는 세부 하위 범주는 다음과 같다.
   II. Balan : 여자, 밴디쿠트, 개, 오리너구리, 바늘두더지, 일부의 뱀, 일부의
   물고기, 대부분의 새, 반딧불, 전갈, 귀뚜라미, 헤아리 메아리 땅벌레, 불 또는
   물에 관련이 있는 모든 것, 태양과 별, 방패, 일부의 창, 일부의 나무 등(위의
   책, p. 111 참조)<역주>.

가 있다는 것은 물고기와의 연상관계에 의해 설명된다. 낚시 도구는 물고기와 같은 경험 영역에 속하기 때문이다. 이처럼 복합적인 범주 *bayi*는 최초의(또는 중심의) 구성원들에서 시작하는 일련의 연쇄에 의해 구조화되어 있다. 여기 이 경우에는 남자와 동물이 최소의 구성원이다. 이들 자신은 다른 구성원들과 연결되고, 이들 다른 구성원들은 또한 다른 구성원들과 연결되고 이런 식으로 계속 이어진다. 가족유사성 구조의 중요하고도 특징적인 점은 이번에는 더 이상 모든 구성원에게 공통된 단일 특성이 없다는 것이다.

이 예의 이국풍과 눈에 띄는 특징으로 인해 이 새로운 범주화 과정의 영향력이 가려져서는 안 된다. 가족유사성을 통한 원형이론은 모든 다의적 범주화 현상, 말하자면 말뜻을 포함한 다중적 의미의 모든 현상에 적용할 수 있는 *확장된* 이론이 된다. 그 이유는 존재해야만 하는 최소한의 연쇄가 구성원 간의 관계나 관계들을 나타내기 때문이다. 예를 들어 낱말 *veau*(*송아지*)는 하나의 동일한 범주에 '동물', '이 동물의 고기' 그리고 아마도 '이 동물의 표피'라는 지시적 하위 범주를 통합할 것이다. 이러한 통칭은 디르발어의 분류사와 일본어의 분류사 *hon*[6]에 대해서 G. Lakoff가 강조했던 것들과 같은 연쇄와 연상의 일반적인 지시적 원칙에 의해 설명된다[또한 G. Nunberg(1978)의 **지시적 기능** 참조]. 이러한 여러 원칙은 심지어 단 하나의 고리를 기준으로

---

6   일본어 '本(hon)'을 말한다. 이에 대한 상세한 내용은 G. 레이코프(1987)/이기우 역(1994), 『인지 의미론. 언어에서 본 인간의 마음』(한국문화사, pp. 124~132) 참조<역주>.

범주의 동일한 가족으로 통합되는 데 필요한 유사성을 만들어낸다.

우리는 이제 원형의 《개정된》 이론과 표준이론을 구분하는 것을 더 잘 이해하기 시작한다. 원형이론의 *확장이론* 또는 *다의적 모델*이라는 이름은 문헌에서는 나타나지 않는데, 이는 단지 우리가 *표준이론* 또는 *단의적 모델*과 *확장이론* 또는 *다의적 모델* 사이에 그었던 대립이 《수정된》 원형의미론의 지지자들에 의해서 이 형태로 인식되지 않기 때문이다. 그러나 우리에게는 그러한 이론적 분할선을 긋는 것이 필요해 보인다. 왜냐하면 그것만이 수정된 접근의 지지자들과 성과를 진정으로 파악할 수 있게 하기 때문이다. 《두 번째 방식의》 원형이론 지지자들은 다른 곳에서, 즉 다른 범주의 구조화 유형에 의해 생성된 다양한 원형효과를 인지하면서 그 경계선을 본다. 따라서 그들은 쇄신된 원형모델이 표준이론보다 발전된 것이라고 분명히 정당하게 주장할 수 있다. 즉 이 쇄신된 원형 모델은 표준이론에 의해 강조된 원형적 현상들을 설명하고, 범주들에 대한 더 강력한 이론을 나타낸다. 왜냐하면 이 강력한 이론은 다의적 사실조차도 통제할 수 있다는 것이 드러나기 때문이다. 그러나 다음 두 가지 점에 대해서는, 우리가 아래에서 보여 주려고 하는 것처럼, 비판적인 분석을 통해서 볼 때 현격한 차이가 있다는 것이 입증된다. 즉 원형 개념은 원래의 의미에서 벗어나 있고, 범주의 개념은 거기서 최초의 개념적인 정의적 특성을 잃는다.

IV. 확장이론에서의 원형

　분명히 원형은 확장이론에서 원형…으로 남아 있다. 비록 그것이 효과로서만이지 더 이상 범주의 정신적 표상으로서가 아닐지라도 그렇다. 더욱이, 원형을 범주의 «심층적» 구조의 산물로 생각한다는 사실은 원형 유형의 다양화, 따라서 원형 유형의 더 큰 풍부함으로 이어진다.

　C.J. Fillmore(1982)는 다음과 같이 최소한 여섯 가지의 원형을 구별한다.

　1/ *climb*(오르다) 유형: «이 유형의 범주는 상호 양립 가능한 조건의 선언(選言, disjunction[7])으로 식별되고, 가장 좋은 본보기들은 그 본보

---

[7]　'선언(選言, disjunction)'의 의미는 명제논리상 '($p \lor q$)는 p와 q 둘 중 적어도 하나가 1(참)이면 1이며, 다른 경우는 0(거짓)이다'라는 진리조건으로 나타난다. 즉 선언은 두 문장 p와 q 가운데서 하나라도 1이면 전체 문장이 1이되는 복합문을 가리킨다. 자연언어에서 '-거나, -든지'와 같은 선택적 표현으로 나타난다. 다음 두 예를 보자.
　(i) 형이 오거나 동생이 온다.
　(ii) 영수는 죽었거나 살았다.
(i)에서는 두 이어진 문장이 모두 1이어도 복합문 전체는 1이 되지만, (ii)에서는 모두 1인 두 문장이 결합하면 0이 된다. 이처럼 선언에는 두 유형이 있는데, (i)과 같은 선언을 양립적 선언(inclusive disjunction)이라 하고, (ii)와 같은 선언을 배타적 선언(exclusive disjunction)이라 한다. 이와 같이 명제논리에서의 선언은 양립적 선언이지만 자연언어에서의 선언은 양립적 선언과 함께 배타적 선언이 가능한 경우도 있다[윤평현(2008), 『국어의미론』 (pp.

기들 내에 선언의 모든 구성원이 현존하는 것들이다»(p. 32).

*climb*의 경우, 관여적인 조건은 *기어오르기· 기어가기*(clambering)와 *오르기*(ascending)[8]이므로 원숭이가 깃대를 올라가는 상황은 이 두 조건을 모두 충족시키므로 원형적인데 반해, 원숭이가 깃대를 내려가는(clambering down) 상황은 이 두 조건 중 하나만을 충족시키므로 비원형적이다.

2/ *long*(*긴*)의 유형: «이 유형의 범주는 조건의 선언(選言)으로 식별되지만, 그 조건 중 하나는 특권이 있는 지위를 누리고, 가장 좋은 본보기들은 특권을 누리는 조건을 가지고 있는 것들이다. 나머지 다른 사례들은 이 첫째의 용법에서 파생된 것으로 간주된다»(p. 32).

형용사 *long*은 공간적 및 시간적 범위 측정에 모두 사용될 수 있다. 그러나 공간적 사용은 기본적인 반면, 시간적 사용은 2차적인 것으로 느껴진다.

3/ *새* 유형: «이 유형의 범주는 조건의 고정된 집합으로 식별되지만, 가장 좋은 본보기는 범주의 이상화에 가장 가까운 것들이다. 이 이상화는 범주에 대한 **단서 타당성**을 보장하는 자질들의 결합이기 때문이다»(p. 33).

모든 새들, 즉 참새와 마찬가지로 펭귄, 타조 등은 전제된 조건 전체

300~302) 참조]<역주>.

8 'climb'은 '어려움을 참고 노력하여 높은 곳에 오르다'라는 뜻이라면, 'ascend'는 '노력이나 어려움이 내포되어 있지 않은 상태에서 높은 곳에 오르다'라는 뜻이다(『엣센스영한사전』(민중서림) 참조)<역주>.

에 비춰볼 때 ...새이지만, 참새는 그 중 더 좋은 본보기이다. 그 이유는 그것이 이 범주에 행해진 이상화에 더 잘 부합하기 때문이다.

4/ *빨강* 유형: «이 유형의 범주는 각 범주가 "표적" 영역 주변의 범위로 정의되는 범주들 집합에 속한다. 이때 가장 좋은 본보기는 표적에 있는 것들이다»(p. 33).

«초점»의 빨강은 원형적 빨강 색깔이고, 초점 영역에서 멀어지는 색깔은 빨강의 덜 좋은 본보기들이다.

5/ *독신남*(bachelor) 유형: «이 범주는 일련의 조건으로 정의되지만 가장 좋은 본보기는 표준형 또는 원형 배경의 틀에 위치해 있는 것들이다»(p. 34).

이 유형을 통해서, 이미 여러 번 반복해서 거론된 사실, 즉 교황이나 남성 동성애자 부부 등에게 *독신남*이라는 호칭이 별로 호의적이지 않는 상황이 설명된다.

6/ *사자*(*死者*, decedent) 유형: «이 범주는 일련의 조건들로 정의되지만, 범주의 *용법*에서 가장 나은 본보기는 범주가 연관이 있는 특별한 이름을 가졌던 활동 유형에 화자가 적절한 방식으로 가담하는 것이다»(p. 34).

이것은 원형의미론의 주변적인, 따라서 비원형적인 경우와 관계된다. C.J. Fillmore는 많은 표현이 자신들의 가장 자연스러운 용법을 위한 관례적인 틀을 가지고 있으며, 뚜렷하게 다른 조건에서 그것들을 사용하면 이러한 원형적인 용법과는 격차가 생긴다는 것을 설명하기를 원한다. C.J. Fillmore가 이해하는 바와 같이 *decedent*라는 낱말은,

구두 변론에서 그 사람의 재산 상속에 관한 문제가 다루어지고 그 변론에서의 참석자들이 «법적» 맥락에서 행동할 때, *피상속인*을 가리키는 데 사용될 수 있다.

이 여섯 가지 경우에 대한 피상적인 검토는 원형 개념이 표준이론에 의해서 발전되었던 개념으로 남아있다는 믿음을 줄 수 있다. 즉 우리는 매번 화자들에 의해서 다른 것들보다 더 나은 것으로 판단되는 본보기들과 맞닥뜨리고 있다. 그러나 발화주체의 판단이 더 이상 결정적이지 않다는 것을 인식하기 위해서는 1의 정의를 고려하는 것으로 충분하다. 비록 *climb(기어오르다/오르다)*의 예가 여전히 변화한다고 하더라도, 1에 의해 강조된 원형과 실험대상자들에 의해 표명된 유사한 원형성의 판단이 반드시 일치하는 것은 아니다. 사례 2는 원형에 대한 더 명확한 예시이다. 즉, C.J. Fillmore가 주장하는 것과는 반대로, *원어민 화자*들이 *long(긴)*의 공간적 의미에서 시간적인 사용보다 더 기본적인 용법을 인지하는 데에 의견이 일치한다는 것은 전혀 확실하지 않다. 그리고 비록 사정이 그렇다하더라도, 공간적-*long*이 기본이라는 사실이 시간적-*long*과 비교해서 필연적인 결과로 더 좋은 본보기의 지위를 공간적-*long*에 부여하는 것은 아니라는 것을 인정해야만 한다. 화자들은 긴 거리의 사건을 긴 기간의 사건보다 *long*의 더 좋은 대표로 생각할 준비가 되어 있을까? 나는 그렇게 생각하지 않는다. 달리 말해서, 원형이론의 출발점 역할을 하는 심리적 정의 기준은 더 이상 *long* 원형의 특징에서 발견되지 않는다. 원형 개념을 기본 의미의 개념과 동일시하면서, 우리는 그것에서 기본적인 정의적 지주, 즉 실험대상자들에 의해 그러한 것으로 인정된 가장 좋은 본보기라는 지위를 박탈한다. 반대로 3과 4의 상황은 표준 이론에서 원형이기 위해서 요구되는 조건을 존중하는 원형효과를 발생시킨다. 따라서 우리는 원형효과가 더 이상 동질적인 것이 아니라는 것을 확인한다. 즉 확장이론에서의 원형 개념은 더 이상 실험대상자들에 의해 그러한 것으로 인정된 더 나은 본보기의 경우를 포함하지 않을 뿐만 아니라, 대표성의 판단과 관계없이 다른 기준에 따라 기본적이거나 첫 번째로 나타나는 용법이나 지시대상의 유형으로도 확대된다.

D. Geeraerts(1987a)는 우리가 위에서 보았듯이 *oiseau*(새), *rouge*(빨강), *nombre impair*(홀수), 그리고 *vers*(싱싱한)이라는 네 가지 유형의 원형적 예를 제안한다. 그는 이들 네 가지 유형의 원형적 예에 공통된 특성, 곧 원형성 효과(effet de prototypicalité)를 야기하는 특성만을 부여한다. 그러나 우리가 이미 위에서 그 분석을 인용했던 *vers*(싱싱한)는 대표성 정도를 나타내는 경우가 아닌 것처럼 보인다. 즉 우리는 '새로운'과 '최적의'라는 조건이 겹쳐진 *vers*의 의미는 실험대상자들에 의해 *vers*의 더 나은 예로 느껴지고, 두 개의 다른 의미는 반대로 덜 좋은 대표라고 단언할 수 없다. 여기에서도 다시, 가족유사성에 의해 설명된 다의성으로의 전환에 따라 원형 개념은 본래의 그 의미에서 벗어나게 된다.

유사한 상황이 G. Lakoff(1986 & 1987)에서 관찰될 수 있다. 그는 일곱 가지 유형의 원형을 구분하는데, 이들 원형은 매번 전형적 본보기(exemplaire typique), 사회적 스테레오타입, 이상적 본보기, 모범적 본보기, 생성원 본보기(générateur), 하위 모델 그리고 현저한 본보기와 같은 상이한 범주적 환유와 일치한다. 그러나 전형적 본보기에는

*새*의 경우 *참새*, 도구의 경우 *톱*과 *망치*와 같은 고전적 사례뿐만 아니라, 남자들은 전형적인 *bayi*이고 여자들은 전형적인 *balan*이며 식용 식물들은 전형적인 *balam*인 디르발어의 분류사의 사례와 같은 다의적인 범주의 중심 사례도 포함된다(G. Lakoff, 1986: 34). 이것은 여전히 이들 본보기의 대표성에 대한 화자의 판단과 일치하는가? 의심할 여지가 있다. 예를 들어 우리는 남자가 어떤 점에서 물고기보다 더 나은 *bayi*일까를 별로 잘 알지 못한다.

다른 한편, 환유를 원형효과의 기원에 둔다는 사실은 표준이론의 원형을 강조하기 위하여 사용된 두 요소, 곧 원형에 대한 판단의 일치와 원형적 본보기의 하위 범주의 지위를 임의적이 되게 하는 결과를 초래한다. *모범적 본보기*이라는 원형은 개별 구성원이 전체 범주를 나타낼 수 있게 한다(참조. 예를 들어 축구에 있어서의 플라티니(Platini)와, *이 사람은 또 다른 플라티니이다*와 같이 그로부터 유래하는 언어 사용). *현저한 본보기*인 원형은 《사적》이고, 개별적인 가장 좋은 본보기에 대해서 설명한다. 즉, 당신의 가장 친한 친구가 채식주의자이고 당신이 다른 채식주의자들은 알지 못한다면 당신은 유일한 예인 당신 친구로부터 채식주의자 범주 전체를 이해하는 경향이 있을 것이다.

그러나 이 두 마지막 변이는 대부분의 원형이론과 일치하며, 원형이론을 단일 지시적 범주의 틀에서 벗어나게 하는 다의적 일탈에 이르게 하지는 않는다. 반대로 그것들은 가능한 《가장 나은 대표》의 식별과 다양성에 있어 상당한 진보를 보여줄 뿐 아니라 *하위 모델* 유형과 같은 다른 유형들을 가지고 상당수의 인지 효과를, 특히 몇몇 추론을 설명할 수 있도록 한다.

결정적인 변화를 구성하고 표준이론과 확장이론 사이의 단절을 나타내는 것은 원형(또는 원형효과)의 인식에서 화자의 판단 포기이다. 가족유사성이론이 나머지 다른 이론들보다 더 낮거나 더 근원적인 중심적 실체의 존재를 전제하지 않았다면, 원형 개념은 사라질 수도 있었을 것이다. 원형 개념은 우리가 보았듯이 내용을 바꾸면서 존속한다. 그것은 이번에는 기본적이거나, 첫 번째 혹은 중심으로 판단되는 지시적인 하위 범주(또는 용법 또는 의미)에 적용될 수 있다. 따라서 원형-더 좋은 본보기(또는 전형적인 특성을 가진 표상)와 지시적 하위 범주 또는 하위 범주나 기본적 사용으로 인식되는 용법(또는 사용)-이 용법에서 출발하여 나머지 다른 하위 범주나 용법이 설명된다- 사이에서 동화가 이루어진다. *새*의 가장 좋은 본보기 또는 《전형적인 새》가 다른 경우들의 범주화를 설명하는 것과 마찬가지로 중심 용법이나 기본적 하위 범주도 동일한 용어의 나머지 다른 용법 (또는 하위 범주)을 설명한다. 따라서 기본 용법이나 중심의 하위 범주는 어떻게 보면 똑같이 범주의 가장 전형적인 것들이다. 분류사 *bayi*의 경우 중심의 하위 범주를 구성하는 것은 하위 범주 *남자*이다. *송아지*의 경우 그것은 명백한 이유로 *고기*나 *가죽*보다는 오히려 *동물*이 될 것이다. 그래서 우리는 한가운데 네모가 수컷 인간을 나타내는 *bayi*의 다음 그림에서와 같이 기본적인 하위 범주에 해당하는 《원형적인》 중심 그림이 포함된다는 점에서 표준이론의 도식을 떠올리게 하는 표상을 다시 발견하게 된다(G. Lakoff, 1986: 24).

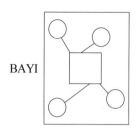

BAYI

우리가 T. Givon의 원(또는 글자들)을 다시 가져온다면, 용법이나 기본적인 하위 범주화를 구성할 것은, 다시 말해 나머지 다른 것들이 파생하는 용법이나 기본적인 하위 범주화를 구성할 것은 첫 번째 원 (또는 글자 A)이다. 이와 같이 원형(또는 원형효과)의 구상에서 이러한 중요한 변화의 이유들이 분명하게 드러난다. 다른 설명적 요인들도 고려의 대상이 된다.

*원형*이라는 낱말의 중의성은 아마도 이 문제와 완전히 무관하지는 않을 것이다. 확장이론에서 최초 의미 혹은 최초 용법의 개념(아래를 참고할 것)-이것들로부터 나머지 다른 것들이 파생된다-에 낱말 *원형* 의 적용은 최초 모델-이 최초 모델로부터 나머지 다른 모델들이 실현 된다-에서 원형이 갖는 일반적인 말뜻에 의해 용이해진다. 기본 의미 에 적용된 *중심적*이라는 수식어는 또한 그러한 이행에 유리하게 작용 한다. G. Lakoff(1986: 25)는 디르발어 분류사의 하위 범주들에 대해 말하면서, 그가 《어느 것이 중심적이거나 *가장 전형적인 것인지를*》 명시해야 한다고 말할 때 *중심적*과 *가장 전형적인*이라는 말을 동등한 것으로 제시한다. 이러한 동등성은 단일성의 인상을 준다. 즉 표준과 확장이론에서 원형은 범주의 *중심* 실체로 나타난다.

두 가지 다른 요인이 더욱 중요한 역할을 한다. 그것은 제기된 문제들에서와 그 해결 과정에서의 두 가지 일치의 문제이다. 표준이론과 확장이론은 확장 문제와 관련이 있다. 첫 번째 경우에는 원형적 사례에서 주변적 사례로 범주적 확장을 하고, 두 번째 경우에서는 기본 의미에서 파생 의미들로 범주적 확장을 한다. 확장을 조절하는 과정은 두 경우 모두 동일하다. 그것은 환유적 과정과 관련되어 있다. 이것은 확장이론에서 분명하다. 여기서 한 용법에서 다른 용법으로의 이행(참조. 위의 *송아지*의 용법)을 보장하는 것은 '부분/전체' 유형의 환유적 관계이다. 그러나 이것은 표준이론의 경우에도 또한 사실이다. 왜냐하면 여기서 가장 《좋은 대표》(본보기 또는 전형적인 특성의 조합)가 전체 범주에 적용되는 부분이라고 생각할 수 있기 때문이다. 원형효과에 대한 인식이 환유적인 추론과 동일시의 범주를 지지하는 존재에 기반을 두고 확립되는 경향이 있다고 할 정도로 환유적 과정은 G. Lakoff(1986 & 1987)에게 있어서 원형효과의 근원 자체이다(1987, ch. 5). 그렇다고, 우리가 본 바와 같이, 이러한 원형효과가 이러한 여러 가지 인지적 과제에서 사용될 수 있는 사례의 대표성에 대한 평가의 판단을 반드시 수반하는 것은 아니다.

따라서 확장이론에서 원형의 상황은 결국 다음과 같이 요약될 수 있다.

1/ 원형은 표층 현상으로 축소된다.
2/ 원형은 자신을 생겨나게 하는 범주의 모델에 따라 여러 가지 형태를 취하는데, 그래서 **원형효과**라는 이름이 붙게 된다.
3/ 원형은 **가족유사성** 개념을 통해 다의성 영역으로 확장됨에 따라

표준이론의 본질적인 정의적 요소로부터 벗어나는 정의적인 변화를 겪는다. 즉 원형이 오직 효과로만 이해된다할지라도 더 이상 발화주체들에 의해서 최상의 것으로 인정받는 본보기는 결코 아니다.

V. 확장이론에서의 범주

A/ 이상적 인지모델

이 종합 평가가 요구하는 것은 확장이론 내에서 범주의 상황을 검토함으로써 완성된다. 원형은 범주의 실제 구성에 더 이상 부합하지 않으므로 원형의미론의 수정된 모델의 주요 부분은 우리가 방금 행한 비판적 분석의 영향을 받지 않는다. 이 비판적 분석이 보여준 것은 기껏해야 확장이론에서 원형 개념의 사용이 표준이론에서 주장된 원형 개념의 사용과는 기본적인 점에서 서로 빗나간다는 것이었다. 확장이론에서 범주들의 구조 문제에 제시된 대답은 계속 관여적일 수 있다.

이 대답은 결국 범주와 원형효과 구성의 출처인 **이상적 인지모델**의 존재를 가정하는 데 있다. 즉 «G. Lakoff(1987: 68)는 우리가 **이상적 인지모델**이라 불리는 구조를 통해 우리의 지식을 조직한다고 주장한다.» 이상적 인지모델들이란 다음 네 가지 구조화 원리의 도움으로 구조화된 집합들이다.

— 명제로 이루어지는 구조 (Fillmore의 틀에서와 같은)

— 이미지 도식의 구조(Langacker의 인지 문법에서와 같은)

— 은유적 확장[G. Lakoff & M. Johnson(1985)에서처럼]

— 환유적 확장[G. Lakoff & M. Johnson(1985)에서처럼]

첫 번째 원리는 고전적 범주의 구조화에 해당한다. 즉, 그것이 필요 충분조건을 가진 모델을 만들어 냄에 따라 더 큰 인지적 집합에 아리스토텔레스식의 범주화를 통합하는 것이 가능하게 된다. 나머지 다른 원리들은 심적 이미지, 은유적 및 환유적 과정을 개념적으로 이용하려는 경향을 설명한다.

예를 들어 범주 *화요일*은 첫 번째 원리에 의해 구조화된 이상적 인지모델과 비교해서 정의될 것이다. G. Lakoff(1987: 68~69)는 거기에 태양의 움직임에 의해 정의된 자연계의 순환주기, 즉 하루의 끝과 다음 날의 시작 그리고 일주일의 7일 주기를 특징짓기 위한 표준화된 수단들을 포함시킨다. *화요일*은 이 주기의 세 번째 날이 될 것인데, 그것은 다른 문화권에서 상이한 주의 존재가 입증하는 것처럼 주(週)라는 것이 객관적으로 존재하지 않는다는 점에서 이상화된 것이다. *독신남*도 이미 지적한 것처럼 동일한 유형의 범주이다. 즉 *독신남*의 범주는, 결혼은 전형적으로 일부일처제이며, 일정한 나이에 행해지고 등등이 포함되는 모델과 관련하여 정의된다. 이 이상적 모델은 우리가 현실에서 마주칠 수 있는 모든 상황에 해당하지는 않는다. 교황, 동성애자들, 홀아비 등등은 이 모델에 의해 예견되지 않는 경우들이다. 이러한 불일치가 이 유형의 범주들이 갖는 피상적인 원형성의 근원이다. 실제로 원형성 효과는 이상적 인지모델과 현실 상황 사이에 있을 수 있는 일치의 정도에서 비롯된다. 따라서 성인 남성이 이 모델에 부합한다면 그는 *독신남* 범주의 좋은 대표가 될 것이다. 반면에, 그 성인 남성이 이 모델에 의해 예견되지 않는 경우를 나타낸다면, 그는 원형이 아닐 것이다.

이와 같이 우리는 *독신남*과 같은 《고전적》 범주가 어떻게 원형성 효과가 뒤따르는 비대칭을 일으킬 수 있는지를 알게 된다. 따라서 겉으로 보기에는 **이상적 인지모델**의 가설은 범주의 측면에서 적절한 해답을 구성한다. 모델들과 이들 모델들의 조합이 구성할 수 있는 다른 유형의 범주들을 더 멀리 조사해 보지 않고도, 우리는 관련된 범주의 개념이 놀라울 정도로 확장된다는 것을 알게 된다.

B/ 범주와 어휘항목의 의미

표준이론의 수정으로 사실상 범주에 대한 이해에 중요한 변화가 생겼으며, 이는 또한 두 이론 간의 근본적인 단절을 의미한다. 원형의 표준이론에서는 한 가지 생각이 근본적이다. 즉, 비록 다른 지시대상들(*새*에 대해 *참새*, *독수리* 등과 같은 구성원이든지 하위범주이든지 간에)이 있더라도 이 지시대상들이 단지 하나의 범주만을 구성한다는 직관, 곧 이 범주와 일체가 된 단일 개념이라는 느낌에 의해 강화된 단일성만을 형성한다는 직관이 필연적으로 남아있다. D. Geeraerts (1987a & 1988)는 이와 관련하여 원형의미론의 옹호자는 필요충분조건의 관점에서 범주의 정의가 부적절하다는 것을 입증하는 것에 만족할 수는 없지만, 원형적 어휘가 여러 가지 의미에 직관적으로 호응하지 않는다는 것을 더 보여 주어야만했다는 것을 매우 정확하게 지적했다. 따라서 《분석적 다의성》에 유일한 의미의 존재가 답해야 한다. 즉 D. Geeraerts(1987)는 《원형적 범주들은 필요하고 충분한 정의의 부재뿐만 아니라 분석적(곧 정의적) 다의성과 결합된 직관적 일의성을 나타낼 것》이라고 말한다.

그러나 우리에게 어떻든 중요해 보이는 이 특성은 확장이론에서는 포기된다. D. Geeraerts(1987a) 자신은 *vers*의 원형적 경우를 설명하기 위해 그것을 포기한다(참조. 위에 주어진 표). *sur*와는 달리 *vers*는 더 이상 하나의 의미만을 나타내지 않는다. 즉 *vers*는 모호해 보이는 데 반해, *sur*는 그것이 모으는 지시대상의 다양성에도 불구하고 모호하지 않다.

이러한 조건들에서 우리는 여전히 표준이론에서처럼 범주에 관해 말할 수 있는가? 나는 그렇게 생각하지 않는다. 아주 자연스럽게 가족 유사성 개념이 가져오는 다의적 어휘 영역으로의 개방은 범주 개념에서 용어의 의미 개념으로의 전환을 동반한다. 이 경우 확장이론은 더 이상 범주들의 구조화 이론이 아니라 다의적 어휘의 의미 조직 이론이 된다. 확장이론은 범주(또는 개념)가 어떻게 구성될 수 있는가가 아니라, 동일한 용어가 어떻게 여러 가지 범주를 가리킬 수 있는가를 보여 준다. 이때 그런 다른 범주들을 하나로 묶어 줄 공통된 하나의 범주를 전제해야 할 필요는 없다. 따라서 확장이론은 다의적 낱말들을 접할 때 더 이상 범주화의 이론(théorie de la catégorisation)이 아니라 동일한 낱말의 다른 말뜻 사이의, 따라서 다른 범주들 사이의 관계를 기술하는 어휘적 의미 이론이다. 달리 말해서 분류사 *bayi*는 범주를 가리키지 않는다. 즉, G. Lakoff에 의해 제시된 *bayi*의 내부 조직에 대한 기술은 *bayi*라는 개념이나, *bayi*라는 범주에 대한 기술이 아니라, 단지 *bayi*가 정확하게 분류하는 여러 가지 의미나 범주들에 대한 구조화의 기술일 뿐이다.

우리는 범해진 오류가 무엇인지를 안다. 즉, 어휘적 용어가 있다면 *필연적인 결과*로 범주 또한 하나만인 것으로 가정하는 오류이다. 해결이 겉으로 보기에는 가능한데, 그것은 이들 언어 단위를 *언어* 범주로 간주하는 것이고, 그 다음으로 G. Lakoff(1987: 57)가 한 것처럼 «언어 범주들은 인지 범주의 유형들»이라고 공포하거나 더 나아가 좀 더 정확한 방식으로 어휘항목들에서 «자연의 의미 범주(catégories naturelles de sens)»(1987: 417)를 보는 것이다. 물론, 우리는 언어 범주의 어휘항목에 관해 말할 수 있다. 우리는 또한 이 항목의 다른 의미들의 조직이 다의적이라면, 그것은 다른 곳에서 발견되는 환유적 과정에 순응한다는 생각을 옹호할 수 있다. 우리는 마침내 이러한 전제들로부터 이러한 언어 범주들이 인지 범주와 관련되어 있다는 결론을 내릴 수 있으며, 따라서 그것들이 «자연의 의미 범주»라고 선언할 수 있다. 그러나 해서는 안 되는 것은 이들 언어 범주를 지시적 범주와 동일한 수준으로 놓는 것이고, 예를 들어 그 자체가 개념 범주(catégorie conceptuelle)가 아니면서도 다른 의미나 범주를 통합하는 *bayi*와 같은 언어 «범주»를, 다른 의미나 범주가 아니라 구성원이나 지시대상(개체나 하위 범주)을 통합한다는 점에서 개념 범주를 구성하는 *시//*와 같은 언어 «범주»와 동일시하는 것이다. *bayi*나 *vers*와 같은 다의적 항목은 범주로 간주될 수 있지만, 그러나 다른 의미나 말뜻을 가진 범주로 간주될 수 있다. *시//*와 같은 비다의적 항목은 지시대상의 범주를 가리킨다. 이 두 항목의 차이는 수정된 원형 모델의 지지자들이 주장하는 것과는 반대로 환원불가능하다. 이 두 경우 모두가 어휘항목이라는 사실만으로 두 경우 모두에 대해 같은 방식으로 범주를 이야기하기에는 충분하지 않다.

C/ 확고부동한 차이

공의어적 표현은 동일시를 확실히 선호한다. 공의어적 표현은 지시적 지주를 끌어들이기 때문에 공의어[9]들은 아주 자연스럽게 최상의 용법을 고려하기에 이르고, 또한 명시적이건 아니건 다의성의 영역에 이르게 되지만, 그러나, 다의성을 탐구하는 많은 문헌이 증명하는 것처럼 《다의적인》 문제, 특히 다의적 사실의 경계와 식별의 문제가 분명하지 않는 어떤 영역에 이르게 된다. 이것을 생각해 보면, 우리는 명사, 동사, 전치사 등은 모두 원형으로 처리가 가능하지만 명사는 표준이론에 더 적합하고, 동사와 전치사는 확장이론에 더 적합하다는 생각을 옹호할 수 있다.

반면 동일시를 금지하는 이유는 다의성이 확인될 때는 분명하다. 우선 우리는 직관적 차이를 기억할 것이다. 이 직관의 차이는 바로 그것이 분명히 드러나는 곳에서는 내가 보기에 결정적인 요소인 것처럼 보인다. 즉, *bayi*와 같은 다의적 어휘항목에는 *si*와 같은 단의적

---

[9] 공의어(共義語, syncatégorématiques)란 단독으로는 뜻이 없고 다른 표현과 연관된 문맥 속에서만 뜻을 갖는 말을 말한다<역주>.

항목에서처럼 그 항목이 지시대상들의 범주만을 나타낸다는 직관이 부합하지 않는다. 다음으로 우리가 이들 두 유형의 항목에 의해 모아진 요소들을 검토한다면, 우리는 그것들에 대해 제기할 수 있는 범주화의 질문들이 겹치지 않는다는 것을 알게 된다. 단의적 항목에는 *왜 특정 실체 x가 새 범주에 포함되는가*라는 범주적 질문만이 해당한다. 다의적 항목의 《언어》 범주에 관한 질문은 *이 특정 의미가 «bayi»에 의해 통합된 의미들의 범주에 포함된 이유는 무엇인가*와 같이 이 항목에 의해 통합된 의미나 범주와 관련이 있다. 이러한 질문은 *새*와는 관여적이지 않은 반면, *새*라는 범주가 야기하는 것과 유사한 지시적 질문은 다의어에 의해 배제되지 않는다. 왜냐하면 그런 지시적 질문이 그 다의어가 지시적 범주를 구성하지 않는다는 이유로 그 다의어 전체와는 관련될 수 없을지라도, 그것은 반대로 그것이 통합하는 지시적 범주들 각각에는 적용될 수 있기 때문이다. 다음과 같은 질문에 대한 대답의 차이는 X가 다의적 항목인지 아닌지에 따라서 문제되는 범주적 대립의 층위를 잘 나타낸다.

왜 특정 실체 x가 X라고 불리는가?

X가 *새*와 같은 항목이면 다음과 같은 대답 (i)을 생각할 수 있다.

(i) x는 X이다. 왜냐하면 x는 X의 범주 또는 개념과 관련된 자질들 (필요하거나 충분하든지, 원형적이거나 두드러지거나 특징적이거나 상투적이거나 간에, 그것들의 정확한 지위는 별로 중요하지 않다)을

가지고 있기 때문이다(참고로 x는 새이다. 왜냐하면 x는 *새*라는 범주 혹은 그 개념과 관련된 특성들을 가지고 있기 때문이다. 이를테면 새는 동물이고, 깃털, 부리 등을 가지고 있다).

X가 *bayi*와 같은 다의적 용어라면 (i)에 해당하는 대답은 다음 (ii)와 같이 확연하게 다르다.

(ii) x는 X이다. 그 이유는 그것이 Y의 범주 또는 그 개념과 관련된 자질들을 가지고 있기 때문인데, 여기서 Y는 X의 범주이다(참조. 특정 실체가 *bayi*로 분류되는 것은 그것이 *bayi*의 자질들을 가지고 있기 때문이 아니라, 그것이 예를 들어 남성 범주, 즉 *bayi*로 통합된 범주들에 속하는 범주와 관련된 자질들을 가지고 있기 때문이다).

(i)-(ii)의 대립은 표준이론의 원형과 확장이론의 원형 간의 견해 차이에 대한 우리의 결론을 동시에 확인해 준다. (i)은 X에 대한 표준 원형에 대해서만 말할 필요가 있다는 것을 보여주는 반면, (ii)는 우리가 범주 X가 아니라 범주 Y의 각각에 대한 또는 동일한 용어 X에 대해 구별된 용법 Y의 각각에 대한 표준 원형을 이야기할 수 있다는 것을 나타낸다. 따라서 *veau*-'동물', *veau*-'송아지 고기' 그리고 *veau*-'송아지 가죽'은 각각 «더 나은 본보기»와 결합될 수 있는 반면에, 이러한 조작은 그저 *veau*(송아지)의 의미만 가지고 생각될 수 없다!

G. Lakoff에 의해 이루어진 지시적 범주와, 의미를 범주화하는 «언어적» 범주 간의 동일시를 거부하기 위한 아마도 가장 중요한 요소는 유용성과 기능의 근본적인 차이에 있다. 첫 번째 것들, 즉 지시적 범주는 우리가 이미 언급했듯이 사실적 경우들뿐만 아니라 가상적이고 반

사실적인 경우들을 모은다는 점에서 일반적이고 열린 범주이다. 이들 범주는 새로운 지시대상을 분류하기 위한 것이다. 두 번째 것들, 즉 《언어적》 범주는, 따라서 다의적 항목들이 의미를 통합하는 범주로 생각된다는 가정하에, 다른 한편으로는 닫힌 범주이다. 즉, 그것들은 오직 확인된, 따라서 실재하는 의미만을 모으며(참조. *bayi*나 *veau*에 대해 실행된 발췌), 바로 그런 이유로 새로운 요소(말하자면 의미나 범주)를 자신들의 범주에 속하는 것으로 분류할 수 있는 어떤 권한도 가지고 있지 않다. 달리 말하면 그것들은 범주화를 할 어떤 능력도 가지고 있지 않다. 그렇다면 그것들은 어느 정도까지 여전히 진정한 범주인가? 우리는 이러한 ... 범주화의 질문에 대답하는 임무를 원형의 미론에다 남겨둘 것이다.

범주이건 아니건, 중요한 것은 표준이론에서의 범주에 대한 견해가 더 이상 확장이론에서 가족유사성을 이끌어내는 견해가 아니라는 것을 아는 것이다. 우리의 이전 관찰에서 직접 도출된 소속 문제를 고려하면, 여전히 필요하다면 최종적인 정당성이 제공된다.

D/ 소속과 동기화

원형의 표준이론에서 매우 중요한 소속과 모호성의 문제-주변적인 사례들의 문제-는 확장이론에서 더 이상 전면에 나타나지 않는다는 점에서 어떤 면에서는 해결된 것이다. 원형의 다의적 이론에서 기본적인 문제는 사실 중의성의 문제이지 더 이상 모호성의 문제가 아니다 [이 둘 사이의 관계에 대해서 G. Kleiber(1987b)와 특히 C. Fuchs(1986 & 1987)를 볼 것]. 이에 대해 주어진 대답은 다른 의미나 용법들이 조직되는 출발점이 되는 《원형적인》 의미나 용법에 대해 유일한 의미를 거부한다. 이러한 다양한 의미나 범주가 구성되는 방식은 반쯤 열린 채 있는 범주에의 소속의 문제를 제기한다. 원형의 다의적 이론은 사실 왜 이러저러한 범주(또는 의미)는 그 범주에 속하는데 반해, 왜 이러저러한 다른 범주는 똑같이 그 범주에 속할 수 있는 필요한 관계를 나타내는 데도 불구하고 그 범주에 속하지 못하는지를 설명해야 한다. 우리는, 그러나 다른 층위에서, 원형과 공통된 특징을 나타내기도 하지만 그 원형이 속하는 범주에 모두 포함되지 않는 특별한 발생 상황을 보게 된다.

확장이론이 이 어려움을 어떻게 해결하는지 보는 것은 흥미로운 일이다. 이 이론이 가진 유일한 이론적 무기는 가족유사성 모델이다. 그러나 이 모델은 결국 대수롭지 않은 것을 말할 뿐이다. 아마 바로 그런 이유로 이 모델은 매우 편리하다. 즉 이 모델은 단순히 –우리가 알고 있는 것처럼- 동일한 어휘항목의 여러 의미(따라서 이는 동음이의를 배제한다)가 우연히 동일한 표지하에 분류되지 않는다는 것을 나타낸다. 어떠한 공통된 자질도 필요로 하지 않는 바 그대로 여러 의미 사이에는 연결 고리가 있다. 유일한 제약 조건은 모든 의미가 적어도 하나의 특성을 다른 의미와 공유한다는 것이다.

이러한 모델은 매우 강력한 기술(記述)적인 힘을 가지고 있다. 그것은, 우리가 강조한 것처럼, 자의적인 모으기에 해당하는 경우를 제외한 모든 전형적인 예에 적용된다. 그것이 기술적으로 그렇게 강력하다는 것은 이론적인 제약이 정확하게 자의성의 부재에 한정되기 때문이다. 그러나, 그 결과로 D.A. Zubin & S. Svorou(1984: 347)가 다음과 같이 주목하는 바와 같이, 이 모델이 설명력 면에서는 약한 것으로 드러난다. 즉 «그러한 모델은 기술(記述)적인 힘이 있다. 왜냐하면 그것은 다의성과 명백한 동의성(synonymie)의 경우를 자연스럽게 다루기 때문이다. 그러나 그것은 설명력이 부족하다. 그 이유는 나타날 수 있는 구조의 유형에 영향을 미치는 이론적인 제약이 약하기 때문이다. 요컨대, 유일한 제약은 어휘적 의미가 관련이 없는 의미의 자의적인 분산일 수 없다는 것이다. 이 모델은 어휘항목에 대한 공통된 의미의 핵을 분리시키지 못한다. 왜냐하면 모든 의미는 동등한 가치를 가지고 있기 때문이다. 또한 그것은 의미 연쇄가 확장되는 방식과 그 방향을 제어하지 못한다, 그리고 특히 그것은 어휘항목들 간의 의미의 부분적인 겹침을 통제하지 못한다.»

이러한 주장은 연결된 여러 의미 간의 계층 구조가 존재하지 않고 의미의 확장에 대한 설명이 없는 경우에는 아마도 거칠게 보이고 정당화되지 않을 것이다. 즉 이 개정된 모델은 다른 의미들을 파생시키는 기본 의미를 인식하고, 관련된 여러 의미들 간의 관계에 대한 설명을 제시한다. 반면에 그것은 실제로 실행된 확장에 대한 이유를 완전히 설명할 수 없다. 그것이 실제로 자의성을 거부한다는 것은, 그것이 반대로 예측 가능한 데까지 이를 수 없다는 것이다. 왜 그런가? 그 이유는 의미 연쇄의 원리, 다시 말해서 «자연의 의미 범주»가 무작위로 조직되어 있지 않다는 것을 보여주기 위하여 제시된 설명이 체계적으로 적용되지 않기 때문이다. 더군다나 그것들은 체계적으로 적용될 수 없다. 그렇지 않으면 우리는 필요충분조건을 가진 범주를 다루어야 할 것이다. 따라서 다양한 환유적 과정을 통해 설명될 수 있지만, 반드

시 생기는 것은 아닌 관계가 있다. «Lakoff(1987: 379)는, 따라서, 동기
화 이론이 필요하다고 결론짓는다. 왜냐하면 비중심적 하위범주들은
자의적이지도 않고, 중심적 하위범주로부터 예측할 수도 없기 때문이
다.» 자의성과 예측 가능성(또는 필연성) 사이의 중간 길로 선택되는
것은 **동기화**라는 해결책이다. 이러저러한 비기본적인 의미는 우연이
나 필연성이 그것을 거기에 위치시키기 때문이 아니라 동기화에 의해
서 그런 다의적 «범주»에 속하게 된다. 즉 우리는 그러한 비기본적인
의미가 왜 거기에 있는지를 «설명할» 수 있다. 따라서 다의성은 근본
적으로 동기화된 관습 현상으로 생각된다.

　이러한 처리가 만족스러운가 아니면 그렇지 않은가? 이 질문은 열
려있고 덜 희화적으로 소개될 만하다. 그러나 우리 이야기의 핵심은
표준이론의 경우 동기화된 합의라는 관점에서의 답은 «그럼에도 불구
하고»-발생의 문제를 사라지게 한다는 것을 보여주는 것이다. 즉, 동
기화의 더 약한 개념은 실제로 예측 가능성의 측면에서 해석되는 소속
의 기준을 전제로 하는 것을 면제해 준다. 바로 이러한 관점에서 볼
때 표준이론이 훨씬 더 자극적인 설명력을 보인다는 것을 강조해야
한다.

　다른 한편, 원형의미론이 «전에는 혼돈만 있었던»[Lakoff(1978:
378)] 다의성의 영역에 «질서를 확립했다»고 G. Lakoff가 생각한 것
과는 반대로, 이 원형의 다의적 이론은 더 이상 혁명적이지 않다. 동기
화된 의미 관계가 잘 기술된[예를 들어 R. Martin(1972, 1977 & 1979)
을 보라] 영역이 있다면, 그것은 바로 다의성의 영역이다. 이 영역은
무엇보다도 공시적인 관점에 전념한 구조의미론(근본적으로 유럽의

구조의미론이므로 G. Lakoff에게는 알려지지 않았음)에 의해서뿐만 아니라, 낱말의 의미 진화를 강조하는 것과 관련되어 있으며, 바로 그 때문에 실행된 발화 연쇄의 동기화로 곧바로 향한 전-구조주의적 문법 학자들의 의미론에 의해서 잘 기술되어 있다. D. Geeraerts(1978b)는 어휘의미론의 역사가와 원형의미론의 지지자 간 절충점의 주요 부분을 강조했다. G. Lakoff는 분명히 그와 같은 공통점을 거부한다. 왜냐 하면 그것이 종종 그에게 향했던 반대, 즉 그의 인지적 범주를 *단순한 역사적 유물*[G. Lakoff(1986: 47)]로 간주하는 반대로 귀착되기 때문이다. 우리는 *단순한 유물*이라는 어설프게 과도한 이미지를 되풀이하지 않을 것이지만, 우리는 그 이미지가 설명하려고 하고 G. Lakoff가 반박하지 못할 다음과 같은 생각에 동의한다. 즉, 동기화에 의해 서로서로 파악되고 연결된 여러 기존의 의미들은 한 용어의 하나 이상의 의미가 시간이 지남에 따라 확장된 결과이다. 이러한 변화가 다른 곳에서는 동시태에서 작용하는 인지적 원리를 따른다는 것은 초기의 주장에 의문을 제기하지 않는 사실이다.

이 모든 것은 범주화의 측면인 공시적 면에서 소속 문제가 겉으로만 해결되었다는 것을 의미한다. 범주화 과정은 표준이론에서와 같이 더 이상 원형과의 짝지우기에 기반하는 것이 아니라, 본래 예측할 수 없는 관습적인 동기화의 관계에 기반하고 있으므로 «동기 부여» 원리, 다시 말하면, 논리적 연관을 설명하는 원리를 배우거나 아는 것으로 충분하지 않다. 왜냐하면 범주화 과정이 매번 효율적이지는 않기 때문이다. 우리는 매번 그것의 적용을, 다시 말해서, 다의적인 항목에 의해 통합된 각각의 특정 의미를 습득해야 한다. 그러나 그러한 습득이 다른 용법들이나 범주들에 관련된 다의적 항목의 상황에서 이해될 수 있다면, 그것은 분명 특별한 사례에서는 제외되고, 따라서 한 유형의 지시대상에 소속된 단의적 위치에서도 제외된다. 우리는 여기서 《의미 범주》와 지시대상의 범주나 개념 범주 사이의 환원 불가능한 대립을 발견하게 된다.

원형에 대한 견해를 변경하면 이 문제가 뒷전으로 밀려난다는 것은 사실이다. 사실 관심은 무엇보다도 새로운 영역으로의 이론의 확장에 모아진다. 즉, 확장이론은 다양한 유형의 용법을 갖는 거의 모든 현상에 적용될 수 있다는 이점이 있다. 《원형적인 것》의 이점은 여러 용법을 포섭할 수 있는 단일 의미를 찾을 필요가 없다는 데 있다. 요컨대, 하나의 기본 용법(또는 기본 의미), 즉 범주의 원형이 가정될 수 있을 것이다. 이 범주의 원형으로부터 나머지 다른 용법들(또는 의미들)이 여러 가지 연합 모델들(이에 대해서는 이미 위에서 언급된 바 있다)의 도움으로 설명될 것이다(혹은 파생될 것이다). 위에서 강조된 바와 같이 기술적 힘은 그 작용에서 설명적 힘보다 더 우세하기 때문이다.

이것은 물론 기본 의미나 기본 용법이 식별된다는 것을 가정한다. 빈도와는 별도로 원형-표준의 특성화에 사용된 자질들은 더 이상 이 원형을 강조하는 데 사용될 수 없다. 다른 의견들이 고려의 대상이 되어야 한다[G. Nunberg(1978)과 G. Lakoff(1986 & 1987)를 볼 것].

확장이론의 힘을 설명하기 위해서는 한 가지 예로 충분할 것이다. 그것은 C.J. Fillmore(1982)의 지시사의 예이다. 우리는 다른 언어에서와 마찬가지로 영어와 프랑스어에서 지시사들은 직시적인(용어의 좁은 의미에서) 동시에 조응적이라는 것을 안다.[10] 그것들은 사실 문맥 식별의 용법도 –그것들은 언어적 맥락에 《현재하는》 지시대상을 식별한다– 공간 식별의 용법도 - 그것들은 이때에 언어외적 발화행위의 상황에 현재하는 지시대상을 한정한다 – 모두 가지고 있다. 이 이중적 유형의 용법을 어떻게 설명할 것인가? 《확장된》 원형의미론은 솔깃한 대답을 제공한다. 즉, 공간 용법이 일차적이고 《문맥적》 용법은 부차적이라는 것이다. 이러한 해결책의 이점은 분명하다. 즉, 이 두 유형의 용법을 모두 포괄하는 단일 의미를 찾을 필요가 전혀 없다. 전이 규칙(règle de transfert)은 직시적 의미에서 조응적 의미로의 이행을 설명할 것이다. 그러나 이러한 유형의 처리는 또한 다른 용법이나 관용이 있는 곳은 어디든지 다의성을 도입해야 하는 위험을 수반한다. 따라서 확장이론은 《중심에서 멀어진》 의미 분석을 직접 실행하게 된다. 여기서 확장이론은 서로 서로 연결된 상이한 용법들을 찾아내고, 조사된 여러 유형의 용법들을 설명할 단일 의미의 존재 가능성에 대한 선결되어야 할 문제를 제기하는 수고를 더 이상 할 필요가 없게 된다. 이것은 직시적 용법과 텍스트적(곧 문맥적) 용법에서 지시사들의 다의적 분석으로 나타나는 것처럼 나에게 보인다. 실제로 지시사의 조응적 용법은 더 근본적인 가치의 결과일 뿐이라는 것을 보여주는 것은 가능하다

---

10 '직시(直示, deixis)'란 언어표현 가운데 화자의 시공간적 장면이 참조점이 되어 어떤 대상을 직접 가리키는 데 쓰이는 낱말이나 그러한 문법적 자질을 갖춘 낱말을 말한다. 이에 반해 '조응(照應, anaphora)'이란 언어적 맥락 속에서 이미 언급된 요소(곧 사물)를 다시 지시하는 문법적 기능을 말한다. 조응은 대용(代用)이라고 불리기도 한다<역주>.

[불분명한 문맥 의존 지시적 상징의 해결을 위해서는 G. Kleiber(1983, 1984b & 1986)를 볼 것; 불완전한 지시어의 가설에 대해서는 F. Corblin(1987)을 볼 것].

따라서 우리는 CNS(필요충분조건) 관점에서의 고전적 모델의 움직임을 뒤집는 의미론적 움직임이 모습을 드러내는 것을 본다. 즉 원형의미론의 확장이론의 자연스러운 경향은 어휘항목의 의미에 대한 다의적 분석을 증가시키는 것이다. 이 움직임은 이미 표준이론에 잠재되어 있다. 왜냐하면 공통된 자질이라는 조건이 더 이상 요구되지 않기 때문이다. 그러나 이 움직임은 여전히 확장이론에서처럼 자유롭게 발전될 수 없다. 왜냐하면 우리가 보았다시피 최소한 하나의 자질이 원형과 닮아야 한다는 의무가 항상 존속하기 때문이다. 가족유사성 개념이 최대한 활용됨으로써 이 제약이 사라지면, 더 이상의 걸림돌은 없다. 즉 확장이론은 힘 있고 자신만만한 다의적 움직임에 내맡겨져 버릴 수 있는데, 이 움직임은 사전의 《중심에서 멀어진》 표제어들에서 거의 체계적으로 해결 방안을 되찾는다. 이는 마치 표준이론이 어느 순간에 사전의 정의에서 제외된, 필수적이지 않은 의미자질들을 다시 인정하는 것과 마찬가지이다.

가장 원형적인 결론

　나의 논문 「원형, 스테레오타입 : 닮음?」(G. Kleiber, 1988c)은 임의로 《비전형적인》 결론으로 종결되었다. 우리는 이번에도, 원형의미론에 의해 점령당하고 정복된 옛 영역과 새로운 영역에서 우리 여정의 주요 결과들을 기억하면서 가능한 한 가장 고전적인 방식으로, 또한 아주 임의적으로 결론을 내릴 것이다.

　첫 번째 결과는 명확한 설명과 관련이 있다. 원형이론 영역의 입구에서 방문객을 기다리는 가장 직접적인 장애물은 개념들의 부정확성, 사용된 의미 개념들의 변이와 애매함, 사용된 용어들에서의 매우 흥분한 혼돈이 메아리치는 무질서와 불분명함이다. 우리는 **원형의미론**이 무엇인지를 더 잘 논의하고 더 잘 이해할 수 있게 하는 비판적 설명을 아끼지 않았기를 희망한다.

　주요한 결과는 서지상에서 그렇게 알려지지 않은 이 이론의 두 가지 입장을 강조하는 데 있다. 즉 원형의미론은 그 원리와 기능이 현저하게 다른 **표준이론**과 **확장이론**으로 나뉜다.

　전자의 이론은 범주의 가장 나은 대표로 이해되는 원형이 주된 역할을 하는 범주의 내적 조직을 전제로 한다. 그것은 범주들의 구성과 표상의 원리를 직접 제공한다. 즉 범주들은 범주의 중심에 위치한 가장 좋은 대표에서 주변에 위치한 가장 덜 좋은 본보기에 이르는 원형성의 등급에 따라 구성된다. 원형은 동시에 범주화의 원리를 제공한다. 즉 실체들은 원형과의 유사성의 정도에 따라 범주로 분류된다. 따라서 대표성의 정도는 불분명한 경계를 가지고 있는 것으로 간주되는 범주들에서의 소속의 정도와 동일해진다. 원형의 개념 자체는 '더 나은 본보기'에서 '전형적인 특성의 조합'으로 옮겨가는 정의의 점진적인 변화를 한다.

확장이론은 원형을 그 **효과의 등급**(rang d'effet)으로 떨어뜨린다. 원형은 더 이상 범주를 구조화하는 원리가 아니며, 범주화의 문제에 대한 대답을 제공하지도 않는다. 당연한 결과로, 범주들의 애매성에 대한 주장과 대표성의 정도와 소속의 정도 사이의 등가성에 대한 주장은 폐기된다. 가족유사성 개념은 이미 표준이론에 있는 것으로 확장이론 구성의 근원이 된다. 그러나 그것은 한편으로는 피상적인 현상이라 할지라도 '중심적이'거나 '기본적인' 단순한 특성을 위하여 '실험대상자들을 위한 더 나은 대표자'라는 초기의 정의적 특성을 잃어버릴 수 있는 원형 개념의 방향 전환이라는 결정적인 결과를 낳고, 다른 한편으로는 개념 범주(또는 지시 범주(catégorie référentielle)와 의미 범주(곧 *언어 범주*) 범주 사이의 부당한 동일시를 야기하는 다의적 항목들로의 확장이라는 중요한 결과를 낳게 된다. 바로 그러한 이유로 확장이론은 표준이론과 단절된다.

범주 및 범주화의 이론으로서 이들 두 이론의 관여성은 어떻게 되는가? 이 두 이론(곧 표준이론과 확장이론)은 범주에의 소속의 문제에 다른 해결책을 제시하지만, 우리가 보았듯이 그것들의 대답은 전적으로 만족스럽지는 않다. 따라서 새로운 인지적 접근들, 특히 G. Lakoff 의 **경험적 실재론**을 정당화하기 위한 주된 논거로 꽤 자주 사용되는 원형의미론이 그 역할을 완전히 수행하지 못한다고 주장할 수 있다. 우리가 임의로 뒤로 물러나 있었던 이 인지적 논쟁은 E. Cauzinille-Marmèche, D. Dubois & J. Mathieu(1988)의 비판적 견해가 증명하는 것처럼 바로 그러한 이유로 종결되지 않았다.

원형적 짝지우기의 관점에서 표준이론의 대답은 확장이론의 대답이 가지고 있지 않는 설명력이 있다. 그러나 그것의 기술적 힘은 제한적이다. 즉 표준이론은 모든 범주에 적용될 수 없다. 그 이유는 그것이 모든 범주들에 대해 동일한 조직 모델을 가정하기 때문이다. 그러나 범주들이 동일하지 않은 여러 가지 이유가 있다. 즉 모든 범주가 모호한 것이 아니고, 일부 모델에는 CNS 모델이 적합하다면 다른 모델들에는 그렇지 않다. 등등. 확장이론의 대답은 설명적 힘이 덜 강하다. 왜냐하면, 그것은 명제 모델, 이미지 스키마 모델, 그리고 은유적 및 환유적 모델과 같은 구조화 원리에 의존하기에 CNS 모델과 표준이론처럼 예측할 수 있는 것으로 판명되지 않기 때문이다. 즉, 어떤 지시대상이 이러저러한 것으로 범주화되기 위해서 범주화의 다른 원리들에 의해 예견된 조건들이 충족되더라도 이 범주화가 이루어지리라는 것은 확실하지 않다. 따라서 비록 두 개의 지시대상이 환유적으로 연결되어 있고 환유의 원리가 두 번째 것을 첫 번째 것과 동일한 범주에 포함시키는 것을 허용한다할지라도 두 번째 것이 첫 번째 것으로 불릴

지는 확실하지 않다. 자의성이 명백히 배제되었기 때문에 설명적 원리로 사용되는 것은 **동기화**의 개념이지만 설명적인 것 이상으로 이 개념은 무엇보다도 기술적이다. 즉 이 동기화 개념은 어떠한 것도 결코 완전히 자의적이지 않다는 점에서 실행된 모든 범주화에 적용 가능하다!

표준이론은 범주 구성원들의 지위를 기술하기 위한 유사한 힘을 가지고 있다. 특성들의 **단서 타당성**에 의지해서는 관찰된 모든 원형 현상을 설명하는 것이 실제로는 가능하지 않다. 특히, 우리는 상위 범주가 **전형성**(typicalité)보다는 오히려 친숙함을 기반으로 원형적 판단을 하게한다는 것을 보았다. 제안된 다양한 범주 모델에 의한 확장이론은 이와 관련하여 '더 나은 본보기'에 대한 판단의 생산을 설명하기에 더 적합하다. 이 영역에서 표준이론의 설명적이 아닌 기술적인 힘이라는 것은 그것이 《예외》을 포함한 모든 범주에 적용될 수 있다는 것이다. 그 이유는 원형의 개념이 거의 보편적 수량화의 개념과 관련되기 때문이다. 즉 원형은 표준이론에서 다음과 같은 (i)-(ii)의 결합에 상응하기 때문에, 유사한 수량화 현상을 일으키고 따라서 기본 추론을 일으킬 수 있는 모든 영역에 전파될 수 있다.

(i) 보편적 수량화는 필수적이 아니다.
(ii) 다수가 있어야 한다,

언어학에서 표준이론의 성공은 대부분의 모든 상황을 원형의 관점에서 이해할 수 있는 이러한 가능성에서 비롯된다. 이러한 관점에서 볼 때, 원형이론은 참으로 A. Wierzbicka(1985: 343)가 고발하는 «잡동사니 주머니»와 같은 그런 개념이다. 오류는, 이 개념이 «모든 것을 포괄하기» 때문에 모든 것 또한 설명한다고 믿는 데 있다.

마지막으로, 표준이론과 확대이론은 근본적으로 다르다. 그러나 그 것들은 각자의 방식과 다른 층위에서 기술적인 힘은 갖추고 있지만, 설명적인 힘은 그 만큼 뒷받침되지 못하고 있는 것으로 드러난다. 그 래서 우리가 검증할 수 있었던 그러한 힘은 꽤 빨리 시의 적절하지 않게 되고, «C. Hagège(1987: 65)가 말하고 있듯이, 원형은 겉보기에 는 모든 것을, 특히 모순되는 현상들을 설명할 수 있는 것처럼 보이나 동시에 자신의 증명력을 상당 부분 상실하고 있다».

원형은 의미 이론으로서 여전히 적절한가? 확실히, 이 두 이론 중 어느 것도 어휘의미론을 위한 기적 같은 해결책의 지위를 주장할 수 없다. 즉 범주를 다루는 그들의 방식에 따라 행해진 관찰의 대부분은 또한 낱말의 의미를 이해하는 그들의 방식에도 적용된다. 따라서 원형 의미론의 몇몇 옹호자들의 열정은 이 영역에서 지나쳐 보일 수도 있 다. 그러나 반대되는 태도도 마찬가지로 지나칠 것이다. 의미론자, 어 휘론연구가, 그리고 사전학자는 원형의미론에서 배워야 할 것이 많다. 여러 가지 근본적인 점에서, 원형의미론은 새로운 시각을 제안하고 새로운 생각을 시작하며 새로운 관점을 열어, A. Wierzbicka(1985)가 매우 잘 이해한 것처럼, 바로 그러한 이유로 언어학자를 위한 역동적 이고 풍부한 자극적 요소를 구성한다.

가장 즉각적인 이득은 물론 한 용어의 의미를 정의하는 그 자체에 서 원형이라는 개념이 중요하다는 데에 있다. 이는 *용어의 의미 = 이*

*범주의 원형*이라는 등가성을 주장하자는 것이 아니라, 원형이론을 직접 의미 분석 모델(modèle d'analyse sémantique)로 취하자는 것인데, 이것은 우리가 보여주려고 시도했듯이 가능하지만 어려움이 따르지 않는 것도 아니다. 원형 개념에 대해 모든 의미론이 명심해야 하는 교훈은 텍스트의 이해, 용어들의 사용 등에서 원형의 인지적 나타남, 특히 원형의 «언어적» 나타남을 설명할 필요성이다. 따라서 의미적 정의는 어떤 식으로든 원형성의 판단을 설명할 수 있어야한다. 그 이유는 그러한 판단이 «의미적» 반향을 가지기 때문이다. 의미적 정의는 *새*라는 표준이 되는 예를 들기 위해서 왜 참새가 화자들의 눈에 타조보다 새의 더 나은 본보기로 보이는지를 설명할 수 있어야 한다. 왜냐하면 텍스트에서 *새*라는 낱말의 해석은 통상적으로 타조보다 참새에 더 가깝기 때문이다. 우리는 원형의미론의 두 이론이 원형의 위치와 역할에 대한 그들의 불일치가 무엇이든지 간에 다음 점에서 정확히 일치한다는 점에 주목해야 한다. 즉 두 이론은 모두 원형의 «인지적» 효과를 설명할 필요성을 인식한다. 의미적 정의가 어떻게 거기에 도달할 수 있을까?

그 점에 있어서 원형의미론, 곧 표준이론도 확장이론도 «준비된» 대답을 제공하지 못한다. 그러나 원형의미론은 상황을 진전시킬 수 있는 새로운 요소들을 제공한다.

우선, 특정 층위, 즉 **기본 층위**를 강조하는 수직 차원에 부여된 중요성으로 인해 어휘 계층 구조의 풍경이 재구성된다. 즉 **하위 개념/상위 개념**의 고전적인 대립은 새로운 문제, 즉 표준 명명 층위(niveau de dénomination standard)의 문제에 통합된다. 이러한 결과에는 또 다른 이점이 있다. 기본 층위의 특성화 시도는 정의에 포함될 «의미» 자질의 유형에 즉각적인 영향을 미친다. 예를 들어 B. Tversky의 연구는 의미 조직에서 **부분/전체** 개념의 역할을 보여준다.

이러한 자질들의 식별 영역에서 표준이론은 어휘의미론을 위해 선도적인 역할을 한다. 본질적으로 변별적인 의미에 대한 이전 소수파의 견해와는 확연히 대조적으로, 어휘 의미에 대한 긍정적인 시각을 통해 표준이론은 H. Putnam의 스테레오타입 의미론과 마찬가지로 이전에 제외된 많은 특성들을 낱말을 정의하는 의미로 통합(재통합)하도록 이끈다. 이들 특성이 제외된 이유는 그것들이 구별이 되지 않는 것으로 간주되고, 바로 그런 이유로 백과사전적인 것으로 규정되었기 때문이다. 이들 자질의 지위가 아직 완전히 안정적이지는 않지만, 현재의 연구 상태가 보여주듯이, 용어의 의미 기술에 이들 자질을 포함시킬 필요성은 더 이상 의문의 여지가 없다. 그것들이 해석 과정에서 하는 역할은 의미의 구성을 전반적으로 지배하고자 하는 모든 의미 모델에 실제로 그들의 존재를 받아들이게 하는 것이다.

이들 특성의 의인화된 성격 또한, 비록 이 문제에 있어서 CNS 모델에 대한 불공정함이 드러나지 않도록 하는 것이 바람직하다 할지라도, 원형의미론에 의해 더 잘 파악된다. 여기저기에서 주장된 의견과는 반대로, 고전적 의미론이 자질의 «비객관적인» 차원을 무시하고, 지시 대상의 비본질적인 차원에 속한 모든 것을 제거하면서 의미 현상들에 대한 순전히 객관적인 접근에만 한정된다고 주장하는 것은 확실히 잘못이다. 이 영역에서 몇몇 주장들이 보이는 순진무구함은 의미론의 초심자조차도 놀라게 할 무언가가 있다. 반면에, 사실인즉슨 고전적 의미론이 이 실상에 필요했던 관심을 아마도 기울이지 않았다는 것이다. 그리고 어휘의미론에 대한 **상호작용적** 자질들의 중요성을 강조함으로써 [*체화된*] 또는 [*사람 크기*]와 같은 특성들의 변별성을 입증할 수 있었던 것은 바로 원형의미론의 모든 장점이다.

확장이론이 다중 의미의 영역에서 혁신을 일으키지는 못하지만 다의어의 다른 의미들을 연결하는 인지 관계들을 밝혀준다는 점을 강조하면서 우리는 다의성에 대해서도 거의 같은 것을 말할 수 있을 것이다. 그러나 본래 환유적이면서 은유적인 그런 관계는 결코 내버려진 것이 아니라 그 정반대이다. 따라서 이 부문에서 원형의 영향을 최소화해야 한다. 확장된 원형의미론은 다의적 어휘 단위의 자연적 구성을 **동기화**로 설명하기 위하여 이들 인지 관계의 관여성을 확인하기만 하면 된다. 따라서 확장이론은 J. Picoche(1986)와 같은 여타 사람들이 다른 방식으로 도달한 결론, 즉 더 이상 다의성을 주변적인 현상이거나 언어의 《결함》으로 보지 않고, 거기서 인간 언어를 특징짓는 규칙적이고 경제적이면서 자연적인 명명 과정을 보게 된다는 결론과 합류하게 된다. 바로 그러한 이유로 확장된 원형의미론은 어휘의미론의 역사적 전통과 대등하게 다시 관계를 회복함(D. Geeraerts, 1987b)에 따라, 새롭지만 또한 경험을 통해 얻을 수 있는 시각과 관점을 내세울 수 있는 의미론적 사조에 포함된다.

| 참고문헌 |

S. L. Armstrong, L. Gleitman & H. Gleitman, 1983, What some concepts might not be, *Cognition*, 13, p. 263-306.

K. Baldinger, 1984, *Vers une sémantique moderne*, Paris, Klincksieck.

E. Bates & B. MacWhinney, 1982, *Functionnalist Approaches to Grammar, in Language Acquisition : the State of the Art*, Cambridge, Cambridge University Press, p. 173-218.

B. Berlin, 1978, Ethnobiological Classification, in *Cognition and Categorization*, E. Rosch et B. Lloyd (eds.), Hillsdale, Lawrence Erlbaum Ass., p. 9-26.

B. Berlin *et al.*, 1974, *Principles of Tzeltal Plant Classification*, New York, Academic Press.

B. Berlin et P. Kay, 1969, *Basic Color Terms : their Universality and Evolution*, Berkeley, University of California Press.

M. Bierwisch, 1970, Einige semantische Universalien in deutschen Adjektiven, *Vorschläge für strukturale Grammatik des Deutschen*, H. Steger (ed.), Darmstade, Wissenschaftliche Buchgesellschaft, p. 269-318.

R. Blutner, 1985, Prototyp-Theorien und strukturellen Prinzipien der mentalen Kategorisierung, *Linguistiche Studien*, 125, p. 86-135.

P. Bosch, 1987, Pronouns under Control?, *Journal of Semantics*, 5, p. 65-78.

R. Brown, 1958, How a thing be called?, *Psychological Review*, 65, p. 14-21.

J. L. Bybee et C. L. Moder, 1983, Morphological Classes as Natural Categories, *Language*, 59, p. 251-270.

E. Cauzinille-Marmèche, D. Dubois et J. Mathieu, 1988, Catégories et processus de catégorisation, *Modèles généraix et locaux du développement cognitif*, G. Netchine (ed.), Paris, PUF.

L. Coleman et P. Kay, 1981, Prototype Semantics : the english word LIE, *Language*, 57, p. 26-44.

F. Corblin, 1987, *Indéfini, défini, démonstratif*, Genève-Paris, Droz.

F. Cordier, 1980, Gradients de prototypie pour cinq catégories sémantiques, *Psychologie française*, 25, n° 3-4, p. 211-219.

F. Cordier, 1983, Inclusion de classes : existe-il un effet sémantique?, *L'Année psychologique*, 83, p. 491-503

F. Cordier et D. Dubois, 1981, Typicalité et représentation cognitive, *Cahiers de psychologie cognitive*, 1, p. 299-333.

E. Coseriu, 1964, Poour une sémantique diachronique structurale, *Travaux de linguistique et de littérature*, 2, 1, p. 139-186.

D. A. Cruse, 1977, The Pragmatics of Lexical Specificity, *Journal of Linguistics*, 13, p. 153-164.

H. Cuyckens, 1984, Towards a non-unified Theory of Word Meaning, dans *Chicago Linguistic Society, Papers from the Parasession on Lexical Semantics*, p. 71-81.

M. Denis, 1978, Normes catégorielles pour un échantillon de 16 termes générauc, Documents ERA 235, n° 125, Paris VIII.

J. -P. Desclés, 1987, Implication entre concepts : La notion de typicalité, *L'implication dans les langues naturelles et dans les langages artificiels*, M. Riegel et I. Tamba (eds.), Paris, Klincksieck, p. 179-202.

R. W. M. Dixon, 1982, *Where have all the Adjectives gone?*, Berlin, Walter de Gruyter.

D. Dubois, 1982, Lexique et représentations préalables dans la compréhension des phrases, *Bulletin de psychologie*, t. XXXV, n° 356, p. 601-606.

D. Dubois, 1983, Analyse de 22 catégories sémantiques du français, *L'Année psychologique*, 83, p. 468-489.

D. Dubois, 1986, *La compréhension de pharses : représentations sémantiques et processus*, Thèse de doctorat d'Etat, Paris VIII.

P. Encrevé et M. de Fornel, 1983, Le sens en pratique, *Actes de la Recherche en Sciences sociales*, n° 46, p. 3-30.

C. J. Fillmore, 1975, An Alternative to Checklist Theories of Meaning, *Proceedings of the 1st Annual Meeting, Berkeley Linguistic Society*, p. 123-131.

C. J. Fillmore, 1982, Towards a descriptive Framework for Spatial Deixis, in *Speech, Place and Action*, R. J. Jarvella et W. Klein (eds.), Londres, John Wiley & Sons Lt., p. 31-59.

J. A. Foder, 1975, *The Language of Thought*, Cambridge, Harvard University Press.

B. Fradin, 1984, Anaphorisation et stéréotypes nominaux, *Lingua*, 64, p. 325-369.

B. Fradin et J. M. Marandin, 1979, Autour de la définition : de la lexicographie à la sémantique, *Langue française*, 43, p. 60-83.

C. Fuchs, 1986, Le vague et l'ambigu : deux frères ennemis, *Quaderni di Semantica*, VII, n° 2, p. 235-245.

C. Fuchs, 1987, Ambiguïté, vague, polysémie et continu, *Quaderni di Semantica*, VIII, n° 2, p. 299-305.

M. Galmiche, 1985, Phrases, syntagmes et articles génériques, *Langages*, 79, p. 2-39.

D. Geeraerts, 1985a, Les données stéréotypiques, prototypiques et encyclopédiques dans le dictionnaire, *Cahiers de lexicologie*, 46, 1, p. 28-43.

D. Geeraerts, 1985b, Polysemization and Humboldt's Principle, *Cahiers de l'Institut de linguistique de Louvain*, 11, 3-4, p. 29-50.

D. Geeraerts, 1986, Functional Explanations in Diachronic Semantics, *Belgian Journal in Linguistics*, 1, p. 67-93.

D. Geeraerts, 1987a, Prototypicality as a Prototypical Notion, *Communication and Cognition*.

D. Geeraerts, 1987b, Cognitive Grammar and the History of Lexical Grammar, in *Topics in Cognitive Grammar*, B. Rudzka (ed.), Amsterdam, John Benjamins, p. 643-673.

D. Geeraerts, 1988, On Necessary and Sufficient Conditions, *Journal of Semantics*, 5, p. 275-291.

D. Geeraerts et A. Moerdijk, 1984, Lexicale Semantiek en morfologische betekenisbeschrijving, *Tijdschrift voor Nederlandse tall-en letterkunde*, 99, p. 186-206.

B. Geurts, 1985, Generics, dans *Journal of Semantics*, 4.

T. Givon, 1986, Prototypes : between Plato and Wittgenstein, *Noun Classes and Categorization*, C. Craig (ed), Amsterdam, John Benjamins, p. 77-102.

A. J. Greimas, 1966, *Sémantique structurale*, Paris, Larousse.

B.-N. Grunig et R. Grunig, 1985, *La fuite du sens*, Paris, Hatier-Crédif.

C. Hagège, 1987, Compte rendu de C. Craig (ed.), *Noun Classes and Categorization*, *Bulletin de la Société de linguistique de Paris*, LXXXII, fasc., 2, p. 64-70.

G. Heyer, 1985, Genericity, Descriptions, Default Reasoning and Typicality, *Theoretical Linguistics*, 93, p. 33-72

G. Hilty, 1983, Der distinktive und der referentielle Charakter semantischer Komponenten, *Zur Semantik des Französischen*, H. Stimm et W. Raible (eds.), Wiesbaden, ZrPh Beiheft 9, p. 30-39.

P. Hopper et S. A. Thompson, 1984, The Discourse Basis for Lexical Categories, *Language*, 60, n° 4, p. 703-752.

E. Hunn, 1975, A Measure of the degree of correspondance of Folk to Scientific biological Classification, *American Ethnologist*, 2, 2 p. 309-327.

J. R. Hurford et B. Heasley, 1983, *Semantics : a Cooursebook*, Cambridge, Cambridge University Press.

R. S. Jackendoff, 1983, *Semantics and Cognition*, The MIT Press, Cambridge.

P. Jacob, 1979, Et si les chats étaient des robots..., *Semantikos*, 3, n° 1, p. 61-79.

J. Jaeger, 1980, *Categorization in Phonology : an experimental Approach*, Ph. D. diss., Berkeley, Uinversity of California.

J. J. Katz, 1966, *The Philosophy of Language*, New York, Harper & Row.

J. J. Katz, 1972, *Semantic Theory*, New York, Harper & Row.

P. Kay et C. K. MaDaniel, 1978, The Linguistic Significance of the Meanings of Basic Color Terms, *Language*, 54, n° 3, p. 610-645.

G. Kleiber, 1976, Adjectifs antonymes : comparaison explicite et comparaison implicite, *Travaux de linguistique et de littérature*, XIV, 1, p. 276-326.

G. Kleiber, 1978a, *Le mot IRE en encien français*, Paris, Klinksieck, p. 21-66.

G. Kleiber, 1978b, Phrases et valeurs de vérité, *La notion de recevabilité en linguistique*, R. Martin (éd.), Paris, Klinsieck, p. 21-66.

G. Kleiber, 1981, *Problèmes de référence; descriptions définies et noms propres*, Paris, Kkincksieck.

G. Kleiber, 1983, Les démonstratifs (dé)montrent-ils?, *Le français moderne*, vol. 51, n° 2, p. 99-117.

G. Kleiber, 1984a, Dénomination et relations démominatives, *Langages*, 76, p. 77-94.

G. Kleiber, 1984b, Sur la sémantique des descriptions démonstratives,

Linguisticae Investigationes, VIII:I, p. 63-85.

G. Kleiber, 1985a, Sur le sens du sens : contre la représentation des noms chez Putnam, *Modèles linguistiques*, t. VIII, fasc. 2, p. 73-104.

G. Kleiber, 1985b, Du côté de la généricité verbale : les approches quantificationnelles, *Langages*, 79, p. 61-88.

G. Kleiber, 1986, Déictiques, embrayeurs, *token-reflexives*, symboles indexicaux, etc. : comment les définir? *L'information grammaticale*, n° 30, p. 3-22.

G. Kleiber, 1987a, *Du côté de la référence verbale : les phrases habituelles*, Berne, Peter Lang.

G. Kleiber, 1987b, Quelques réflexions sur le vague dans les langues naturelles, *Etudes de linguistique générale et de linguistique latine offertes en hommage à Guy Serbat*, Paris, Société pour l'information grammaticale, p. 157-172.

G. Kleiber, 1988a, Généricité et raisonnement par défaut, *Le français moderne*, LXVI, n° 1-2, p. 1-16.

G. Kleiber, 1988b, Généricité et typicalité, *Le Français Moderne*, 57, 3/4, p. 127-154.

G. Kleiber, 1988c, Prototype, stéréotype : un air de famille?, *DRLAV*, n° 38, p. 1-66.

G. Kleiber, 1989, Le générique : un massif?, *Langages*, 94, p. 73-113.

G. Kleiber, (1990), Sur l'anaphore associative : article défini et adjectif démonstratif, *Rivista di linguistica* (numéro spécial sur *L'anaphore*, M. -E. Conte(éd.), 2, 1, p. 155-175.

G. Kleiber et H. Lazzaro, 1987, Qu'est-ce un SN générique? ou Les carottes qui poussent ici sont plus grosses que les autres, *Recontre(s) avec la généricité*, G. Kleiber (éd.), Paris, Klincksieck, p. 73-111.

G. Kleiber et M. Riegel, 1978, Les «grammaires floues», *La recevabilité en linguistique*, R. Martin (éd.), Paris, Klincksieck, p. 67-123.

W. Labov, 1973, The Boundaries of Words and their Meanings, *New Ways of Analyzing Variation in English*, C. J. Baily eet R. Shuy (eds.), Washinton, Georgetown University Press, p. 340-373.

G. Lakoff, 1972, Hedges : a Study in Meaning Criteria and the Logic of Fuzzy Concepts, *Papers from the 8th Regional Meeting of the Chicago Linguistic Society*, p. 183-228.

G. Lakoff, 1973, Fuzzy Grammar and the Performance/Competence Game, *Papers from the 8th Regional Meeting of the Chicago Linguistic Society*, p. 271-291.

G. Lakoff, 1984, *There-Constructions : a Case Study, Grammatica, Constuction Theory and Prototype Theory*, Cognitive Science, Report n° 18, Berkeley, University of California.

G. Lakoff, 1986, Classifiers as a Reflection of Mind, *Noun Classes and Categorization*, C. Craig (ed.), Amsterdam, Jphn Benjamins, p. 13-51.

G. Lakoff, 1987, *Women, Fire and Dangerous Things. What categories reveal about the Mind*, Chicago and London, The University of Chicago Press.

G. Lakoff et M. Johnson, 1985, *Les métaphores dans la vie quotidienne*, Paris, Minuit.[11]

R. W. Langacker, 1987, *Foundations of Cognitive Grammar*, vol. 1, Stanford, Stanford University Press.

E. F. Loftus, 1972, Nouns, Adjectives and Semantic Memory, *Journal*

---

[11] 이 책은 G. Lakoff and M. Johnson, 1980, *Metaphors We Live By*(The University of Chicago Press)의 프랑스어판이다<역주>.

of Experimental Psychology, 96, p. 213-215.

G. Lüdi, 1985, Zur Zerlegbarkeit von Wortbedeutugen, *Handbuch der Lexikologie*, C. Schwarze et D. Wunderlich (eds.), Königstein, Athenäum, p. 64-102.

A. J. Lyon, 1969, Criteria and Meaning, *Studium Generale*, 22, p. 401-426.

J. Lyons, 1970, *Linguistique générale*, Paris, Larousse.

R. Martin, 1972, Esquisse d'une analyse formelle de la polysémie, *Travaux de linguistique et de littérature*, X, 1, p. 125-136.

R. Martin, 1977, Essai d'une typologie des définitions verbales dans le dictionnaire de langue, *Travaux de linguistique et de littérature*, XV, 1, p. 361-378.

R. Martin, 1979, La polysémie verbale. Esquisse d'une typologie formelle, *Travaux de linguistique et de littérature*, XVII, 1, p. 251-261.

R. Martin, 1983, *Pour une logique du sens*, Paris, PUF.

R. Martin, 1985, Aspects de la phrase analytique, *Langages*, 79, p. 40-54.

R. Martin, 1987, *Langage et croyance*, Bruxelles, Pierre Mardaga.

C. B. Mervis et E. Rosch, 1981, Categorization of Natural Objects, *Annual Review of Psychology*, 32, p. 89-115.

J. C. Milner, 1978, *De la syntaxe à l'interprétation*, Paris, Seuil.

G. Nunberg, 1978, *The Pragmatics of Reference*, Bloomington, Indiana University Linguistic Club.

D. N. Osherson et E. E. Smith, 1981, On the Adequacy of Prototype Theory as a Theory of Concepts, *Cognition*, 9, 1, p. 35-58.

J. Picoche, 1977, *Précis de lexicologie française*, Paris Nathan.

J. Picoche, 1986, *Structures sémantiques du lexique français*, Paris, Nathan.

J. Picoche, 1989, Polysémie n'est pas ambiguïté, *Cahiers de praxématique*.

F. Platteau, 1980, Definite and Indefinite Generics, *The Semantics of Determiners,* J. Van der (ed.), Londres, Croom Helm, p. 112-123.

M. Posner, 1986, Empirical Studies of Prototypes, *Noun Classes and*

Categorization, C. Craig (ed.), Amsterdam, John Benjamins, p. 53-61.

B. Pottier, 1963, *Recherche sur l'analyse sémantique et en traduction mécanique*, Publications Linguistiques de la Faculté des Lettres et Sciences humaines de Nancy, Nancy.

B. Pottier, 1964, Vers une sémantique moderne, *Travaux de linguistique et de littérature*, VII, 1, p. 107-137.

B. Pottier, 1965, La définition sémantique dans les dictionnaires, *Travaux de linguistique et de littérature*, VIII, 1, p. 33-39.

S. G. Pulman, 1983, *Wordmeaning and Belief*, Londres, Croom Helm.

H. Putman, 1975, The meaning of 'meaning', *Mind, Language and Reality*, Philosophical Papers, 2, Cambridge University Press, p. 215-271.

F. Rastier, 1987a, *Sémantique interprétative*, Paris, PUF.

F. Rastier, 1987b, Sur la sémantique des réseaux, *Quaderni di Semantica*, VIII, 1, p. 115-131.

R. Reiter, 1980, A Logic for Default Reasoning, *Artificial Intelligence*, 13, 1-2, p. 81-132.

L. J. Rips, F. J. Shoben et E. E. Smith, 1973, Semantic Distance and the Verification of Semantic Relations, *Journal of Verbal Learning and Verbal Behavior*, 12, p. 1-20.

E. Rosch (=E. Heider), 1971, «Focal» Color Areas and the Development of Color Names, *Developmental Psychology*, 4, p. 447-455.

E. Rosch (=E. Heider), 1972, Universals in Color Naming and Memory, *Journal of Experimental Psychology*, 93, p. 10-20.

E. Rosch, 1973, Natural Categories, *Cognitive Psychology*, 4, p. 328-350.

E. Rosch, 1975a, Cognitive Reference Points, *Cognitive Psychology*, 7, p. 532-547.

E. Rosch, 1975b, Cognitive Representation of Semantic Categories, *Journal of Experimental Psychology*, 104, p. 192-233.

E. Rosch, 1975c, Universals and Cultural Specifics in Human Categorization, *Cross-cultural Perspectives on Learning*, R. W. Brislin *et al.* (eds.), p. 177-206.

E. Rosch, 1977, Human Categorizatopm, *Studies in Cross-cultural Psychology*, N. Warren (ed.), Londres, Academic Press, p. 1-72.

E. Rosch, 1978, Principales of Categorization, *Cognition and Categorization*, E. Rosch et B. Lloyd (eds.), Hillsdale, Laurence Erlbaum Ass., p. 27-48.

E. Rosch *et al.*, 1976, Basic Objects in Natural Categories, *Cognitive Psychology*, 8, p. 328-436.

E. Rosch et C. B. Mervis, 1975, Family Resemblances : Studies in the Intenal Structure of Categories, *Cognitive Psychology*, 7, p. 573-605.

J. Ross, 1973, Nouniness, *Three Dimensions of Linguistic Theory*, O Fujimura (ed.), Tokyo, TEC Corporation, p. 137-258.

J. Rubba, 1986, Prototype Effects in some Psychological Studies of Grammar, *Papers from the 22th Regional Meeting of the Chicago Linguistic Socity*, p. 312-334.

J. M. Sadock, 1986, Remaarks on the Paper by Deirdre Wilson and Dan Sperber, *Papers from the 22th Regional Meeting of the Chicago Linguistic Socity*, p. 85-90.

R. C. Schank et R. P. Abelson, 1977, *Scripts, Plans, Goals and Understanding*, Hillsdale, Lawrence Erlbaum Ass.

S. Schlyter, 1982, Vagheit, Polysemie und Prototypentheorie, *Papers from the Institute of Linguistics University of Stockholm*, 46, 29 p.

A. Schmidt, 1985, *Young People's Dyirbal*, Cambridge University Press.

C. Schmidt, 1974, The Relevance to Semantic Theory of a Study of Vagueness, *Papers from the 10th Regional Meeting of the Chicago Linguistic Socity*, p. 617-630.

C. Schwarze, 1985, Lexique eet compréhension textuelle, *Sonderforschungsbereich* 99, Universität Konstanz, n° 112.

S. P. Schwarze, 1978, Putnam on Artifacts, *The Philosophical Review*, LXXXVII, p. 566-574.

S. P. Schwarze, 1980, Natural Kinds and Nominal Kinds, *Mind*, LXXXIX, p. 182-195.

M. Shibatani, 1985, Passives and Related Constructions : a; Prototype Approach, *Language*, 61, p. 821-848.

E. E. Smith et D. Medin, 1981, *Categories and Concept*, Cambridge, Harvard University Press.

D. Sperber et D. Wilson, 1986, *Relevance. Communication and Cognition*, Londres, Basil Blackwell.

A. Strigin, 1985, Eine Semantik für generische, Sätze, *Linguistiche Studien*, n° 125, p. 1-85.

I. Tamba-Mecz, 1988, *La sémantique*, Paris, PUF, «Que sais-je?».

L. Tasmowski-de Ryck et S. P. Verluyten, 1985, Control Mechanisms of Anaphora, *Journal of Semantics*, 4, p. 341-370.

B. Tversky, 1986, Components and Categorization, *Noun Classes and Categorization*, C. Craig (ed.), Amsterdam, John Benjamins, p. 63-75.

B. Tversky et K. Hemenway, 1983, Categories of environmental Scenes, *Cognitive Psychology*, 15, p. 121-149.

B. Tversky et K. Hemenway, 1984, Objects, Parts and Categories, *Journal of Experimental Psychology : General*, 113, p. 169-193.

C. Vandeloise, 1986, *L'espace en français*, Paris, Seuil.

J. Van Oosten, 1977, Subject and Agenthood in English, *Papers from the 13th Regional Meeting of the Chicago Linguistic Society*, p. 459-471.

J. Van Oosten, 1984, *Subject, Topic, Agent and Passive*, Ph. Diss., San Diego, University of California,

Z. Vendler, 1967, *Linguistics in Philosophy*, Ithaca, Cornell University Press.

U. Weinreich, 1966, Exploration in Sematic Theory, *Current Trends in Linguistics*, T. Sebeok (ed.), vol. III, La Haye, Mouton, p. 395-477.

B. L. Whorf, 1956, *Language, Thought and Reality : Selected Writings of Bejamin Lee Whorf*, J. B. Caroll (ed.), Cambridge, MIT Press.

A. Wierzbicka, 1965, *Lexicography and Conceptual Analysis*, Ann Arbor, Karoma Publishers.

R. Wilensky, 1983, *Planning and Understanding : a Computational Approach to Human Reasoning*, Reading Mass., Addidon-Wesley.

L. Wittgenstein, 1953, *Philosophical Investigations*, New York, The McMilan Co.

L. A. Zadeh, 1965, Fussy Sets, dans *Information and Control*, 8, p. 338-353.

D. A. Zubin et S. Svorou, 1984, Perceptual Schemata in the Spatial Lexicon : a Cross-linguistic Study, *Papers from the parasession in Lexica, Semantics of the Chicago Linguistic Society*, p. 346-358.

▌ 찾아보기 ▐

1. 인명 색인

2. 용어 색인

➡➡ ㄱ

➡➡➡ ㅇ

➡➡ ㅈ

condition) ___ 23, 32, 34, 62, 82, 89, 103, 208, 216, 227, 238, 257, 258, 266, 271

➡️➡️ ㅎ

원형의미론

범주와 어휘 의미

1판 1쇄 발행 2019년 6월 30일

지은이 | 조르주 클레베르(Georges Kleiber)
옮긴이 | 김지은
펴낸이 | 김진수
펴낸곳 | 한국문화사
등 록 | 제1994-9호
주 소 | 서울특별시 성동구 광나루로 130 서울숲 IT캐슬 1310호
전 화 | 02-464-7708
팩 스 | 02-499-0846
이메일 | hkm7708@hanmail.net
웹사이트 | www.hankookmunhwasa.co.kr

ISBN 978-89-6817-802-3 93700

· 이 책의 내용은 저작권법에 따라 보호받고 있습니다.
· 잘못된 책은 구매처에서 바꾸어 드립니다.
· 책값은 뒤표지에 있습니다.